DIE MACHT
DES ELTERLICHEN SEGENS

CRAIG HILL

CRAIG HILL

DIE MACHT DES ELTERLICHEN SEGENS

Gilgal Publishing
Ajoke Harewood

Die Macht des elterlichen Segens

Englischer Originaltitel: The Power of a Parent's Blessing
Published by Charisma House, Lake Mary, Florida 32746

www.charismahouse.com

ISBN 978-1-62136-222-7

Deutsche Ausgabe:

CH-5728 Gontenschwil/AG

www.gilgalpublishing.ch

ISBN 978-3-905963-19-9

Übersetzung: Birgit Schwab
Korrektur: Ajoke Harewood
Satz: Nicole Wiederkehr

Printed in Germany

Für meinen Vater und meine Mutter, Gilman und Vonnie Hill, die die Macht des elterlichen Segens verstanden und in meinem Leben eingesetzt haben. Ich danke Gott für meine Eltern, die alle beide in aufopfernder Weise mein Leben mit Segen überschüttet und mich fähig gemacht haben, in meiner Berufung zu wachsen und einen generationsüberschreitenden Kreislauf des Segens für meine Frau, Kinder und Enkelkinder in Gang zu setzen.

Die Macht des elterlichen Segens ist ein Buch für unsere Zeit – eine Botschaft, die die Beziehungen innerhalb deiner Familie auf den Felsen Jesus und Sein Wort stellen wird.

– *LOREN CUNNINGHAM*
Gründer von *Jugend mit einer Mission*

Die Macht des elterlichen Segens von Craig Hill ist ein Buch, das alle Eltern unbedingt gelesen haben müssen. Craig erklärt den Unterschied zwischen einem Leben mit dem elterlichen Segen und einem Leben, das ohne diesen Segen auskommen muss. Wie in seinen vorherigen Büchern kann Craig all seine Schlussfolgerungen biblisch belegen. Ich rate allen Eltern und solchen, die es werden wollen dringend, dieses Buch zu lesen und das Gelesene anzuwenden.

– *OS HILLMAN*
Autor von *TGIF Today God Is First* und *Change Agent*

Es ist mir eine Ehre gewesen, mit Craig Hill zu lehren und ihn über die unglaubliche Macht des elterlichen Segens lehren zu hören. Nun hat er seine Botschaft in einem Buch zusammengefasst, das man gelesen haben muss. Du wirst herausfinden, warum der Segen so entscheidend für dein Kind ist – und auch für dein Leben und deine Beziehungen! Er beschreibt hier umfassend und für den Hausgebrauch, wie man in den wichtigen Phasen für sein Kind, das man aus Gottes Händen empfangen hat, eintritt und es segnet.

– *JOHN TRENT, PHD*
Mitautor von *The Blessing*
und Präsident von *StrongFamilies.com*
und *The Blessing Challenge* (www.TheBlessing.com)

Es ist absolute notwendig, dass wir «in Zeiten wie diesen» als Familie Gottes in die Kraft und Bedeutung des Segens innerhalb unserer Familien hineinkommen. Craig Hill hat eine tiefe Offenbarung dessen, was «Segen» wirklich bedeutet; er vermittelt uns sehr viel Hoffnung und die Zuversicht, dass es nie zu spät ist, seine Kinder und zukünftige Generationen zu segnen. Craig hilft uns, den Segen Gottes, unseres Vaters, für unser Leben anzunehmen und hilft uns auf praktische Art, den Segen an unsere Kinder weiterzugeben, indem er Geschichten aus dem wahren Leben mit seiner umfassenden Erkenntnis der Macht des Segens kombiniert.

Craigs Lehre hat in den letzten zwanzig Jahren unser persönliches Familienleben beeinflusst. Vor zwölf Jahren veranstalteten wir – basierend auf der Lehre über die Bar Barakah – eine große Segensfeier für unseren ältesten Sohn. Wir haben eine solche Feier für jedes unserer Kinder organisiert, und der Segen Gottes, der offensichtlich auf jedem von ihnen als jungem Erwachsenen liegt, ist größer, als man erklären kann.

Wir glauben, dass die Auswirkungen nur der Gnade Gottes zugeschrieben werden können – und der Tatsache, dass Sein Segen an unsere Kinder auf greifbare Weise weitergegeben wurde. Bis heute spielt Craig eine wichtige Rolle in unserem Leben. Er hat uns nicht nur zum weltweiten Dienst an Ehepaaren zugerüstet, sondern auch seine immer neuen Erkenntnisse auf dem Gebiet des Segens mit uns geteilt.

Craig ist einer unserer engsten Freunde und Mentoren, und wir profitieren nicht nur von seiner tiefgründigen Lehre, sondern auch von dem Vorbild, das er uns gibt, indem er diese Wahrheiten in seinem eigenen Leben umsetzt.

Dieses Buch ist eine ausgezeichnete und mitreißende Informationsquelle für einzelne Personen, Eltern und Pastoren, die ihr unbegrenztes Erbe als Kinder Gottes tatsächlich in ihrem Leben gebrauchen wollen. Wir freuen uns darauf, dieses Buch an unsere Kinder weiterzugeben, wenn sie verheiratet sind, damit sie die darin enthaltenen Prinzipien des Reiches Gottes verstehen und ihre eigenen Kinder segnen können. Der Same des Segens, den wir heute säen, wird in zukünftigen Generationen eine Ernte bringen!

– BOB UND AUDREY MEISNER
Bestsellerautoren von *Marriage Under Cover*
und Moderatoren der Fernsehsendung *My New Day*

Als Elternteil habe ich immer das Beste für meine Kinder gewollt. Ich wusste genau, wie ich für ihre körperlichen und materiellen Bedürfnisse sorgen konnte, aber ich wusste nicht, wie ich ihnen am effektivsten helfen konnte, ihren wahren Wert und ihre Bestimmung im Leben zu entdecken. Dieses Buch zeigte mir nicht nur biblisch fundiert auf, warum das Segnen meiner Kinder dieses fehlende Glied war, sondern lieferte mir auch noch eine praktische Anleitung dafür, wie und wann ich sie segnen konnte.

Wie viele Eltern glaubte ich, dass bedingungslose Liebe das Beste sei, was ich meinen Kindern geben könne. Doch ich lernte, dass diese Liebe ihnen nicht dabei half, ihre Identität zu gründen oder ihre Bestimmung zu finden. Das ist es, was der Segen bewirkt. Meine Frau und ich haben diesen Segen nie von unseren Eltern erfahren, die ihn auch nie von ihren erfahren hatten. Die Macht des Segens ist in unserer modernen Gesellschaft verloren gegangen.

Wir segnen unsere Kinder nun regelmäßig als den ultimativen Ausdruck unserer Liebe zu ihnen. Und hier ist die gute Nachricht: Es funktioniert! Das Weitergeben des Segens an unsere Kinder ist keine Lehre. Es ist eine Erfahrung, die meine Frau, meine Kinder und ich nun teilen.

– SAM CASTER
Gründer von *Mannatech Inc.* und *MannaRelief Ministries*
Grand Prairie, Texas

Craigs neues Buch, *Die Macht des elterlichen Segens*, ist die Zusammenfassung von mehr als zwanzig Jahren Lehre und praktischer Lebenserfahrung. Wenn nur alle Eltern dieses einfache aber kraftvolle Konzept ergreifen und ihre Kinder segnen würden, so würde es ihre Familienbeziehungen revolutionieren. Als Pastor und Vater habe ich aus erster Hand erlebt, wie die Macht des elterlichen Segens unsere eigene Familie und das Leben so vieler anderer in ganz Nordamerika und weltweit beeinflusst hat.

– PASTOR NEIL CAMPBELL
Direktor für Nordamerika,
Family Foundations International

Craig Hill hat eine einzigartige Begabung, biblische Wahrheiten zu nehmen und sie in eine einfache Sprache zu verpacken, die jeder verstehen kann. Die Offenbarung des elterlichen Segens kommt offenbar direkt aus Gottes Mund. Sie wird nicht nur die Beziehung zwischen Eltern und Kindern verbessern und die Chancen eines Kindes auf ein erfolgreiches Leben exponentiell steigern – sie gibt uns auch die Möglichkeit, unsere Nation bis in die nächsten Generationen hinein zu beeinflussen. Alle Eltern werden dieses Buch lesen und die göttlichen Strategien darin anwenden wollen. Wenn du in deiner Familie dasselbe Ergebnis siehst, das ich bei meinen Kindern gesehen habe, wirst du die Botschaft dieses Buches an alle deine Freunde weitergeben wollen.

– FORD TAYLOR
Gründer von *Transformational Leadership Training, the FSH Consulting Group,*
und Mitbegründer von *Transformation Cincinnati*

In den frühen Siebzigerjahren hörte ich einen Rabbi darüber lehren, wie man den Segen an seine Kinder weitergibt. Das hat mich so bewegt, dass ich, als ich selbst Kinder hatte, in meinen abendlichen Gebeten mit ihnen immer einen Segen über ihrem Leben aussprach. Später im Leben, als ich einen Gefängnisdienst begann, zeigte mir Gott, dass ich als Vater einen väterlichen Segen über diese Männer aussprechen konnte. Das zu tun und zu sehen, wie mehr als die Hälfte von ihnen in Tränen ausbrach, beeindruckte mich tief. Als ich Craig Hills Buch *Die Macht des elterlichen Segens* las, sah ich zum ersten Mal, wie der Vater einen Segen über Jesus aussprach. Für uns als Väter gibt es keine wirkungsvollere Art, unsere Kinder und andere zu beeinflussen, als zu lernen, wie man segnet. Ich ermutige dich, die tiefen Wahrheiten, die in diesem Buch offenbart sind, zu lesen und aufzunehmen.

– AL CAPERNA
Vorsitzender von CMC Group und Gründer von Affirm Global

Ich habe erlebt, wie unglaublich zerstörerisch es sein kann, ohne den elterlichen Segen auskommen zu müssen, und ich habe gesehen, wie unglaublich hilfreich es sein kann, diesen Segen zu haben. Kurz bevor mein unerretteter jüdischer Vater starb, bat ich ihn, mich zu segnen. Ich glaube, dass dieser Segen nicht nur die Tür zu seiner Errettung auftat, sondern auch Gott die Tür öffnete, um meinen Dienst auf die ganze Welt auszuweiten! Die meisten Gläubigen haben die erstaunliche Kraft des Segens nicht verstanden. Dieses Buch wird zu einem unverzichtbaren Klassiker deines Waffenarsenals im Kampf um die Erfüllung deines Schicksals werden.

– SID ROTH
Autor und Fernsehmoderator von *It's Supernatural!* und
Gründer von *Messianic Vision*

Inhalt

Einleitung

«Der Herr aber hatte zu Abram gesprochen. Geh hinaus aus deinem Land und aus deiner Verwandtschaft und aus dem Haus deines Vaters in das Land, das ich dir zeigen werde! Und ich will dich zu einem großen Volk machen und dich segnen und deinen Namen groß machen, und du sollst ein Segen sein. Ich will segnen, die dich segnen, und verfluchen, die dich verfluchen: und ***in dir sollen gesegnet werden alle Geschlechter auf der Erde!***»

(1. Mose 12,1–3, Hervorhebungen hinzugefügt)

Gottes Plan ist es, jede Familie auf der Erde zu segnen. Das kommt in der obigen Verheißung zum Ausdruck, die Gott Abraham, dem Patriarchen, gab. Damit sagte er den Segen vorher, der durch Jesus Christus, den Samen Abrahams zu uns kommen sollte. Gottes erklärtes Ziel war es, Jesus, den Messias, zu schicken, um alle Familien auf der Welt zu segnen. Es ist interessant, dass er nicht sagte, er würde jeden einzelnen Menschen auf der Welt segnen; er sagte, er würde alle Familien segnen. In dieser Schriftstelle im 1. Buch Mose sehen wir, dass die wichtigste Einheit, durch die Gott zu wirken beschlossen hat, die Familie ist. Wenn es Gottes Plan ist, zu segnen, können wir auch sicher sein, dass Satan einen entgegen gesetzten Plan hat – und der ist, alle Familien auf der Welt zu verfluchen.

Was also bedeutet genau der Segen und was ist sein Gegenteil, der Fluch? Segen wird oft damit in Verbindung gebracht, dass man finanziellen Zuwachs oder irgendwelche Geschenke erhält. Fluch wird oft in Zusammenhang mit Zauberei gesehen oder damit, dass jemand einen anderen verwünscht oder unter einen «Fluch» stellt. Manchmal assoziieren wir einen Fluch auch mit dem Gebrauch einer gotteslästerlichen oder obszönen Sprache. Segen und Fluch können zweifellos auch solche Dinge beinhalten, doch in diesem Buch sprechen wir über etwas sehr Einfaches. Im Verlauf dieses Buches werden wir die folgenden Definitionen dieser Worte verwenden:

- Segen: Wenn Gott einen Menschen gebraucht, um Seine Botschaft und Sein Bild von Identität und Bestimmung in das Herz eines anderen Menschen zu bringen
- Fluch: Wenn Satan einen Menschen gebraucht, um seine Botschaft und sein Bild von Identität und Bestimmung in das Herz eines anderen Menschen zu bringen.

Sowohl Gott als auch Satan haben eine Botschaft, die sie in das Herz jedes Menschen auf der Welt transportieren wollen. Diese beiden Botschaften sind allerdings völlig konträr. Während Gottes Botschaft Liebe, Wert, Respekt und Sinn vermittelt, vermittelt Satans Botschaft Scham, das Fehlen von Liebe, das Fehlen von Sinn. Eltern können in jedem einzelnen Augenblick als Handlungsbevollmächtigte Gottes ihren Kindern Segen geben oder als Erfüllungsgehilfen Satans einen Fluch auf ihre Kinder laden. Eltern können entweder Gottes Botschaft weitergeben - «Ich liebe dich, du bist wertvoll, kostbar und meine Zeit und Energie wert» - oder Satans Botschaft - «Du bist nicht liebenswert, ungewollt und meine Zeit und Energie nicht wert.»

Das hebräische Wort für «segnen» ist *barak*. Die wörtliche Übersetzung dieses Wortes ist «vor jemandem knien».[1] Segnen kommt also von einer Einstellung und Haltung der Demut. Die meisten Leute denken beim Thema Segen an jemanden, der über einem anderen Menschen steht und ihn von einer überlegenen Position aus segnet. Jesus hingegen segnete uns, indem Er sich selbst demütigte und menschliche Gestalt annahm. Aus der Stellung eines verachteten Verbrechers heraus gab Er Sein Leben, um für unsere Sünde zu bezahlen. Dies ist das ultimative Beispiel dafür, jemanden aus einer knienden Stellung heraus zu segnen.

Während die wörtliche Bedeutung von *barak* «vor jemandem oder etwas knien» ist, so ist die wichtigste geistliche Nebenbedeutung «zum Erfolg befähigen».[2] Wenn du also jemanden segnest, dann kniest du vor ihm in Demut und befähigst diesen Menschen buchstäblich dazu, erfolgreich zu sein. Natürlich beschränkt sich die Bedeutung des Wortes Erfolg nicht auf finanziellen Erfolg. Wenn du deine Tochter segnest, dann befähigst du sie, in jedem Bereich ihres Lebens erfolgreich zu sein: in ihrem geistlichen Leben mit Gott, ihrer körperlichen Gesundheit, ihrem emotionalen Wohlbefinden, ihrer Ehe, ihren Kindern, ihren Finanzen, ihrer Karriere und ihrem Dienst. Zu fluchen bedeutet, das Gegenteil zu tun. Wenn du deine Tochter verfluchst, dann lähmst du sie und machst sie unfähig, in all diesen Bereichen ihres Lebens Erfolg zu haben.

Das griechische Wort für «segnen» ist *eulogeo.* Die wörtliche Bedeutung dieses Wortes ist «gut von jemandem sprechen».[3] Dieses Wort bedeutet auch «zum Gedeihen bringen».[4] Aus derselben Wurzel stammt unser Fremdwort «Eloge», was so viel wie «Lobrede» bedeutet. Es bedeutet also, gut von jemandem zu sprechen, aber diese Art Rede wird meist auf Beerdigungen gehalten. Es ist offensichtlich, dass Worte, die bei einem Begräbnis gesprochen werden, den Verstorbenen nicht zum Gedeihen bringen werden. Damit jemand zum Gedeihen gebracht werden kann, muss der Segen ausgesprochen werden, während der Betreffende am Leben ist und den Segen in Empfang nehmen kann. Zu fluchen bedeutet also, schlecht von jemandem zu sprechen oder Satans Vision oder Bild in das Leben eines Menschen hineinzusprechen, während zu segnen bedeutet, dass man gut von jemandem spricht oder Gottes Vision und Bild in das Leben eines Menschen transportiert.

NÄHRSTOFFREICHES WASSER ODER SALZSÄURE

Eines der besten Bilder bezüglich Segen und Fluch kam mir eines Tages, als ich meiner Frau Jan dabei zusah, wie sie gerade die Pflanzen im Haus goss. Jan ist eine Expertin für Pflanzen. Unter ihrer Obhut gedeihen sie. Sie werden überaus groß und sind gesund. Wenn Leute zu uns zu Besuch kommen, machen sie oft Bemerkungen darüber, dass Jan offensichtlich einen «grünen Daumen» hat.

Bevor Jan die Pflanzen gießt, mischt sie ein blaues Pulver mit Nährstoffen ins Wasser; dann gießt sie genau die richtige Menge dieser Mischung auf jede Pflanze. Ich habe bemerkt, dass die

Pflanzen immer nachdem sie mit diesem «blauen Wasser» gegossen worden sind, offensichtlich aufleben und voller Saft und Kraft werden. Nehmen wir einmal an, Jan würde eines Tages beschließen, ihre Pflanzen mit Salzsäure statt mit dem nährstoffreichen Wasser zu gießen. Wie würden sie wohl reagieren? Anstatt zu gedeihen, ihre Poren zu öffnen und nach mehr zu lechzen, würden die Pflanzen all ihre kleinen Poren verschließen und versuchen, so viel Säure wie möglich abzuhalten.

Dieses Beispiel gibt uns ein gutes Bild für die Macht von Segen und Fluch. Eltern besitzen die Fähigkeit, durch ihre Worte, Einstellungen und Handlungen die Identität ihrer Kinder zu segnen oder zu verfluchen. Segnen ist wie blaues, nährstoffreiches Wasser auf den inneren Menschen des Kindes zu gießen, während Fluchen bedeutet, Salzsäure auf das Kind zu schütten. Das eine befähigt das Kind zum Erfolg; das andere lähmt und macht unfähig. Segen gibt Gottes Botschaft von Identität und Bestimmung weiter, während Fluch die entsprechende Botschaft Satans vermittelt.

SELBST JESUS BRAUCHTE DEN SEGEN SEINES VATERS

Es ist interessant festzustellen, dass der Segen eines Vaters so wichtig ist, dass selbst Jesus Christus nicht ein Wunder vollbrachte oder eine Predigt hielt, bevor Er öffentlich den Segen Gottes, Seines Vaters, erhalten hatte. Im Lukasevangelium lesen wir:

> *«...und der Heilige Geist stieg in leiblicher Gestalt wie eine Taube auf ihn herab, und eine Stimme ertönte aus dem Himmel, die sprach: Du bist mein geliebter Sohn; an dir habe ich Wohlgefallen!»*
>
> – Lukas 3,22

Der Satz, den der Vater über Jesus aussprach ist heute kein gängiger Satz, den wir Väter über ihre Kinder aussprechen hören würden. Aber man sagte mir, dass den Juden in der damaligen Zeit oft von ihren Vätern gesagt wurde: «Dies ist mein geliebter Sohn, an ihm habe ich Wohlgefallen.» Ich habe gehört, dass es für jüdische Väter normal war, diese Worte über ihren Söhnen auszusprechen, wenn sie sie in das Erwachsenenleben und in ihre Berufung entließen. Folglich war jeder, der jemals einen solchen hebräischen Übergangsritus ins Erwachsenenleben erlebt hatte, mit den Worten vertraut, die Gott, der Vater, über Jesus aussprach.

Der einzige Mensch, über dem dieser Satz nicht ausgesprochen werden konnte, war jemand, der als uneheliches Kind oder unter fragwürdigen Umständen zur Welt gekommen war. Wegen der merkwürdigen Umstände bei Jesu Geburt betrachteten ihn viele als unehelich. Außerdem konnte Josef wahrscheinlich diesen Segen über Jesus nicht aussprechen, als er ins Erwachsenenleben entlassen wurde, weil er nicht sein biologischer Sohn war.

In Seiner Menschlichkeit mag Jesus versucht gewesen sein, sich deshalb unsicher zu fühlen. Hast du jemals darüber nachgedacht, was es für Jesus bedeutet haben muss, Gott selbst zu sein, der in einer menschlichen Gestalt lebte? An einem bestimmten Punkt in seiner Kindheit muss Er begonnen haben zu bemerken, dass Er anders war als all die anderen Kinder. Er hatte Gedanken wie: «Ich bin Gott. Die Fülle der Gottheit wohnt in mir in körperlicher Form.»

Bei wem hätte Er sich Rat holen sollen? Wer hätte Ihn verstanden? Kannst du dir vorstellen, zum Rabbi zu gehen und zu sagen: «Verzeihung, Rabbi, aber ich habe in letzter Zeit sehr merkwürdige Gedanken. Ich denke tatsächlich, dass ich Gott selbst bin. Was hältst du davon?»

Vielleicht war Seine Mutter die einzige Person, die wirklich verstehen konnte, wie das Leben für Jesus gewesen sein muss. Ich glaube, dass Er in Seiner Menschlichkeit von denselben Unsicherheiten und Ängsten versucht wurde wie wir.

Doch wenn irgendjemand irgendwelche Zweifel bezüglich der Identität oder Bestimmung Jesu gehegt hatte – sie wurden absolut zum Schweigen gebracht, als der Vater am Jordan öffentlich verkündete: «Du bist mein geliebter Sohn, an dir habe ich Wohlgefallen.» Ich glaube, dass dieser Segen seines himmlischen Vaters Jesus die Kraft gab, in seiner wahren Identität zu wandeln und seine Bestimmung auf Erden zu erfüllen. Wenn Jesus den Segen seines Vaters brauchte, um seine Bestimmung zu erfüllen, wie viel mehr sind unsere Kinder darauf angewiesen, einen ähnlichen Segen von ihren Eltern zu erhalten?

DIE WIEDERHERSTELLUNG EINER KULTUR DES SEGNENS

Leider ist in unserer modernen westlichen Kultur der zeremonielle Segen zu bestimmten wichtigen Zeiten im Leben und der wöchentliche elterliche Segen in den meisten Familien praktisch abgeschafft worden. Wenn ich auf Konferenzen und in verschiedenen Gemeinden spreche, frage ich die Anwesenden oft: «Wer von euch ist in einer Zeremonie gesegnet worden oder wem ist zumindest auf kraftvolle Weise von seinem Vater ein Segen vermittelt worden, der ihn während seiner Pubertät in seine Identität und Bestimmung als Erwachsener entlassen hat?»

Ich stellte genau diese Frage kürzlich auf einer Gemeindekonferenz vor etwa zweihundert Leuten. In dieser Gruppe hoben nur zwei Personen die Hand und gaben an, von ihrem Vater in der Pubertät gesegnet worden zu sein.

In vielen Gruppen setze ich das Frage- und Antwortspiel fort indem ich frage: «Wie viele hier haben einen Segen von ihrem Vater, ihrer Mutter oder von beiden erhalten - und zwar auf einer wöchentlichen Basis?» Auch hier ist es so, dass diese Frage von sogar noch weniger Menschen bejaht wird als die Frage nach einem Segen während einem Übergangsritus in der Pubertät. Außerdem stammen die Menschen, die die Frage bejahen, gewöhnlich nicht aus einer traditionellen westlichen Kultur.

Das Verständnis der Macht des elterlichen Segens ist unserer Kultur systematisch gestohlen worden. In diesem Buch wirst du lernen, wie du die Kultur des Segnens in deiner Familie wiederherstellen kannst und für deine Gemeinschaft und die Menschen in deiner Umgebung zu einem Botschafter des Segens wirst.

Während ich mich mit dem Thema Segen und Fluch in der Bibel beschäftigte, stieß ich auf sechs wichtige Phasen im Leben eines Kindes, in denen es durch seine Eltern einen Segen von Gott erhalten sollte, und auf eine siebte, in der Kinder ihre Eltern segnen sollten. Diese sieben kritischen Zeiten sind: (1) bei der Empfängnis, (2) im Mutterleib, (3) bei der Geburt, (4) während der Kindheit, (5) in der Pubertät (in einer Übergangszeremonie), (6) in der Ehe und (7) im fortgeschrittenen Alter.

Für jemanden, der in der Kultur der alten Hebräer aufwuchs, war es praktisch unmöglich, diese Segnungen zu den kritischen Zeiten zu verpassen. Die Kultur war so strukturiert, dass sowohl zeremonielle als auch alltägliche Segnungen in den meisten Familien ganz selbstverständlich waren. Familien, die das Segnen regelmäßig praktizierten, erlebten geistliches, emotionales, körperliches und finanzielles Wohlergehen. In den folgenden Kapiteln wirst du lernen, wie man eine umfassende Kultur des Segnens in seiner eigenen Familie wiederherstellt und wie man seinen Kindern jede Woche einen bedeutenden Segen mit auf den Weg gibt.

Wenn du dieses Buch liest, wirst du die Botschaft aus zwei verschiedenen Blickwinkeln sehen: Zuerst aus dem eines erwachsenen Sohnes oder einer erwachsenen Tochter, und dann aus dem eines Elternteils seinen Kindern gegenüber. In jedem Kapitel, das den Segen beschreibt, den Gott für einen der sieben kritischen Zeiten im Leben bestimmt hat, werden wir die Macht des Segens betrachten und auch die Folgen eines Mangels an Segen oder eines Fluches.

Ich ermutige dich, die Botschaft zuerst für dich als Sohn oder Tochter anzunehmen. Dann wirst du in der Lage sein, als Gottes Handlungsbevollmächtigter deinen Kindern in jeder entscheidenden Phase ihres Lebens den Segen zu vermitteln.

Vielleicht erkennst du während des Lesens, dass du es bereits zu einigen der wichtigen Zeiten versäumt hast, deine Kinder zu segnen. Das ganze Buch hindurch wirst du lernen, wie du als Elternteil deinen älteren oder erwachsenen Kindern immer noch Segen vermitteln kannst, auch wenn du das in den entsprechenden Lebensphasen versäumt hast.

Am Ende der Kapitel 4 bis 10 findest du einen Abschnitt, den ich den «Werkzeugkasten des Segens» genannt habe. Dort wirst du praktische Vorschläge und Gebetsmodelle finden, die du gebrauchen kannst, um die Macht der Flüche in deinem Leben und im Leben deiner Kinder zu brechen. Du wirst auch lernen, wie man geistliche Türen innerhalb der Familie verschließt, die vielleicht dem Feind geöffnet wurden, und wie man geistliche Türen öffnet, um Gottes Segen auf dir und deinen Kindern freizusetzen.

In jeder Familie tobt ein Kampf darum, wessen Botschaft von Identität und Bestimmung weitergegeben wird – Gottes oder Satans. In diesem Buch wirst du lernen, an welchen Punkten genau in deinem Leben und im Leben deiner Kinder der Feind es geschafft hat, seine Botschaft zu vermitteln und wie man dieses Bild mit der Wahrheit Gottes tatsächlich ersetzen kann. Du wirst auch lernen, wie du deine Familie bewusst jeden Tag, jede Woche und zu den sieben wichtigen Zeiten im Leben segnen kannst. Wenn du das tust, wirst du nicht nur deine eigenen Kinder zum Gedeihen bringen, sondern auch für viele weitere Generationen ein Vermächtnis des Segens schaffen.

Du bist geschaffen, um als Gottes Handlungsbevollmächtigter deine Kinder zu segnen. Wenn du die folgenden Kapitel liest, wirst du ausgerüstet werden, deine eigenen Kinder zu befähigen, ihre Bestimmung in Gott zu erfüllen. Ich glaube allerdings, dass, während du lernst, die Macht des elterlichen Gebets freizusetzen, der Herr dich auch zurüsten wird, ein Teil der wachsenden Armee von gesegneten Familien zu sein, die andere ermutigen, in Gemeinschaften auf der ganzen Welt eine Kultur des Segnens zu schaffen!

— 1 —

DER SCHREI ESAUS

In 1.Mose 27 gibt es eine markante Schriftstelle, die die Botschaft eines Sohnes an seinen Vater beinhaltet. In Vers 34 heißt es: *«Esau...schrie laut auf und wurde über die Maßen betrübt und sprach zu seinem Vater: Segne doch auch mich, mein Vater!»* Dieser Schrei aus dem Herzen Esaus, des Sohnes, zu seinem Vater, Isaak, ist der Schrei vieler heutiger erwachsener oder heranwachsender Kinder zu ihren Vätern und Müttern. Es ist offensichtlich, dass es Gottes Absicht war, dass jedes Kind viele Male im Leben von seinem Vater und seiner Mutter gesegnet werden sollte. Die ganze Schrift hindurch sehen wir hebräische Eltern die Hände auf ihre Kinder legen und sie mit Worten und Taten segnen.

In dem biblischen Bericht über den Segen, den Isaak an seine Söhne Jakob und Esau weitergeben sollte, sehen wir die Macht und Bedeutung des elterlichen Segens. Isaak, seine Frau und seine Söhne verstanden alle, dass der Segen eines Vaters für seinen erstgeborenen Sohn über eine gewaltige Kraft verfügte, diesen Sohn und seine Familie über Generationen hinweg erfolgreich sein zu lassen. Man wusste, dass dieser Segen so kraftvoll war, dass Jakob mit der Hilfe seiner Mutter Rebekka bereit war zu lügen und zu betrügen, um den Segen zu erhalten, der rechtens seinem älteren Bruder Esau zustand.

Jakob gab vor, sein Bruder zu sein und überzeugte seinen halb erblindeten Vater davon, dass er Esau sei. So erhielt er von seinem Vater den Segen des Erstgeborenen. Als Esau in der Folge zu seinem Vater kam, um seinen Segen zu erhalten, und entdeckte, dass Jakob bereits den unwiderruflichen Segen ihres Vaters empfangen hatte, berichtet die Bibel folgendes:

«Esau sprach zu seinem Vater: Hast du denn nur einen Segen, mein Vater? Segne doch auch mich, mein Vater! Und Esau erhob seine Stimme und weinte…Und Esau wurde dem Jakob feind, wegen des Segens, womit sein Vater ihn gesegnet hatte; und Esau sprach in seinem Herzen: Die Zeit, da man um meinen Vater trauern wird, ist nicht mehr weit; dann will ich meinen Bruder Jakob umbringen!»

– 1.Mose 27,38.41

Warum machte dieser gestohlene Segen Esau so zornig, dass er seinen Bruder umbringen wollte? Esau war am Boden zerstört, weil er etwas verstand, das in unserer modernen Zeit nur noch sehr wenige Leute wissen. Esau wusste, dass ein Vater einen Schlüssel zur Zukunft seiner Kinder in der Hand hält; wenn dieser Schlüssel zum Einsatz kommt, wird er sie freisetzen, damit sie erfolgreich sein können. Wenn wir Jakobs Leben über mehrere Generationen betrachten, sehen wir, dass seine Familie sich zahlenmäßig multiplizierte, überaus wohlhabend wurde, gesund blieb, weder Seuchen noch Krankheit erlebte, ihre Feinde überwand und für viele Generationen in ihrem Land herrschte. Der Stamm Esaus hingegen war nicht erfolgreich, nahm zahlenmäßig nicht zu, wurde nicht wohlhabend und wurde häufig von seinen Feinden überwunden.

Ich habe dasselbe Phänomen in vielen modernen Familien beobachtet. Kinder, die von ihren Eltern gesegnet werden, werden in ihrem Erwachsenenleben eher erfolgreich sein; Kinder, die nie von ihren Eltern gesegnet werden, werden eher verkümmern. Warum ist das so? Ich glaube, der Grund dafür liegt darin, dass Gott die Macht des Segens eingesetzt hat und wollte, dass er in jeder Familie auf der Welt installiert werden sollte. Segen ist Gottes wichtigster Mechanismus, wenn es darum geht, Sein Bild (Gedanken, Gefühle und Erfahrungen) der Identität («Wer bin ich?») und Bestimmung («Warum bin ich hier?») tief in das Herz eines Menschen zu transportieren. Das ist von entscheidender Bedeutung, weil die Vision für das Leben, körperliche und emotionale Gesundheit, finanzieller Wohlstand und die Dynamik der Familienbeziehung alle direkt verbunden sind mit den Bildern, die wir von Gott, uns selbst und anderen in unserem inneren Menschen (in der Seele) eingeprägt tragen. (3.Johannes 2).

IDENTITÄT UND BESTIMMUNG

Lass uns das Thema Identität und Bestimmung ein wenig genauer betrachten und sehen, wie diese Konzepte in Zusammenhang mit Segen und Fluch stehen. Ob wir es merken oder nicht - jeden Tag beantwortet jeder von uns zwei entscheidende Fragen für sich selbst: «Wer bin ich?» und «Warum bin ich hier?» Wir beantworten diese Fragen aufgrund vorgefertigter Bilder, die sich tief in unserem Inneren geformt haben. Wie wir diese Fragen beantworten bestimmt die Art, auf die wir auf unsere Lebensumstände reagieren.

Wie ich schon früher bemerkt habe, gehört die erste Frage - «Wer bin ich?» zum Bereich der Identität. Sehr einfach ausgedrückt ist Identität die Wahrnehmung eines Menschen seiner selbst. Das wichtigste Thema, um das es bei der Beschäftigung mit unserer Identität geht, ist Wert («Was bin ich wert?»). Wenn wir also über Identität sprechen, sprechen wir über die Wahrnehmung eines Menschen seiner selbst und den Wert seines Lebens und Seins.

Die zweite Frage - «Warum bin ich hier?» gehört zum Bereich der Bestimmung. Das hat mit der Wahrnehmung eines Menschen seiner Funktion und Bedeutung auf Erden zu tun. Das wichtigste Thema, um das es bei der Beschäftigung mit unserer Bestimmung geht, ist Sinn («Warum bin ich hier? Was ist meine Aufgabe?»). Identität und Bestimmung sind Schlüsselfaktoren, die nach Gottes Plan ordnungsgemäß in unser Leben transportiert und dort etabliert werden sollten. Diese Vermittlung von Identität und Bestimmung während unserer Kindheit legt den Verlauf unseres Erwachsenenlebens fest.

Es ist immer Gottes Absicht gewesen, jedem Menschen Seine Botschaft von Identität und Bestimmung zu vermitteln; besonders in speziellen Lebensphasen. Er hat Spezialagenten auf dieser Erde dazu bestimmt, sicherzustellen, dass Seine Botschaft von Identität und Bestimmung unseren Herzen offenbart wird. Viele mögen unser Leben beeinflussen, doch diese Spezialagenten Gottes, die gesalbt sind, Identität und Bestimmung weiterzugeben, sind weder Engel noch Lehrer, Trainer oder Pastoren. Es sind *Eltern.*

Auch wenn Eltern nichts weiter für ihre Kinder tun - eine Aufgabe, die Gott ihnen gegeben hat, ist, sicherzustellen, dass ihre Kinder Seine Botschaft von Identität und Bestimmung während der Jahre ihres Erwachsenwerdens erhalten. Im Gegensatz dazu ist es Satans

Absicht, sich Zugang zu diesen Spezialagenten Gottes zu verschaffen und sie zu benutzen, um den Kindern seine alternative Botschaft von Identität und Bestimmung zu vermitteln.

Gottes Botschaft von Identität und Bestimmung an seine Kinder weiterzugeben ist, was ich «Segnen» nenne. Satans alternative Botschaft von Identität und Bestimmung weiterzugeben ist, was ich als «Fluchen» bezeichne. Oft werden Eltern ohne ihr Wissen dazu benutzt, eine geistliche und emotionale Botschaft des Teufels weiterzugeben anstatt eine Botschaft von Gott.

SATANS BOTSCHAFT VERSUS GOTTES BOTSCHAFT

Was ist der grundsätzliche Unterschied zwischen Gottes Botschaft und der Botschaft Satans? Satans Botschaft der Identität lautet ungefähr so: «Du bist ein Nichts, ein Niemand. Du hast keinen Wert. Du bist ganz schön gestört und etwas stimmt mit dir ganz und gar nicht. Du gehörst nicht hierher. Du bist dumm. Du bist hässlich. Du bist zu klein (oder zu groß), zu dick (oder zu dünn). Deine Nase ist zu groß. Deine Haut hat die falsche Farbe. Du bist ein Fehler. Niemand wollte, dass du auf die Welt kommen solltest. Du solltest nicht einmal da sein. Du bist nur ein Produkt von jemandes Lust. Du bist nicht geliebt und niemand wird dich jemals lieben, weil du nicht liebenswert bist.» Er kann auch die Geschlechtsidentität eines Kindes angreifen und sagen: «Du hast das falsche Geschlecht. Deine Eltern wollten ein Mädchen (oder einen Jungen). Du wirst niemals akzeptiert werden und deine Eltern werden dich immer verachten.» Dies ist die Art Botschaft, die der Teufel den Kindern schon früh im Leben weitergeben möchte.

In Bezug auf Bestimmung («Warum bin ich hier?») klingt Satans Botschaft etwa folgendermaßen: «Du solltest nicht hier sein. Du gehörst nicht hierher und du passt hier nicht hinein. Dein Leben hat keinen Sinn, du hast keine Bestimmung. Du verbrauchst nur Sauerstoff, Nahrung und Wasser auf diesem Planeten. Du bist ein völlig wertloser Versager. Du bist völlig unfähig und unproduktiv. Du bist in jedem Lebensbereich völlig unzulänglich. Selbst wenn du eine Bestimmung von Gott hättest, so bist du doch so gestört, dass selbst Gott dir nicht helfen kann, deine Bestimmung zu erfüllen.

Jemand sollte ein Buch über dein Leben schreiben und es *Die sieben Gewohnheiten hochgradig gestörter Menschen nennen.* Du wirst niemals bei irgendetwas erfolgreich sein. Nichts wird jemals für dich funktionieren.»

Gottes Botschaft von Identität und Bestimmung ist das Gegenteil. Gottes Antwort auf die Frage nach der Identität («Wer bin ich?») ist: «Ich liebe dich. Du bedeutest mir alles. Du bist mir das Leben Meines Sohnes Jesus Christus wert, weil Er der Preis war, mit dem Ich dich erkauft habe. Du gehörst hierher und du sollst hier sein. Du bist ganz besonders. Du bist einzigartig. Niemand ist wie du. Du bist schön. Ich liebe dein Haar, deine Augen, deine Haut – alles an dir. Wenn Ich in dein Gesicht sehe, bringst du Mich zum Lächeln. Vielleicht haben deine Eltern dich nicht erwartet, aber Ich habe das getan. Du hast Mich nicht überrascht. Deine Mutter hat dich neun Monate lang in ihrem Bauch getragen, aber Ich habe dich tausende Jahre in meinem Geist getragen. Und in genau dem richtigen Moment habe Ich dich auf der Erde zur Welt kommen lassen. Ich wusste genau, wer du sein würdest und wo du geboren werden würdest. Du bist genau zur rechten Zeit gekommen. Du hast das richtige Geschlecht, genau das, mit dem Ich dich geschaffen habe. Nichts ist falsch, nichts ist gestört. Du kannst erwarten, von anderen geliebt und geschätzt zu werden, weil Ich dich liebe und dich geschaffen habe, damit du geliebt wirst.»

Gottes Antwort auf unsere Fragen bezüglich Bestimmung ist eine ganz ähnliche. Er sagt: «Du gehörst hierher und du bist hier, weil Ich dich für diese Zeit geschaffen und mit einzigartigen Talenten ausgestattet habe. Du hast einen einzigartigen Zweck und eine Bestimmung, die Ich für dich gestaltet habe; niemand anderer kann sie erfüllen. Niemand anderer kann ein Vater oder eine Mutter für deine Kinder sein oder ein Kind für deine Eltern. Niemand sonst hat diese einzigartige Lebenserfahrung, Begabungen und Fähigkeiten, die du hast. Du entsprichst vollkommen und bist fähig, deinen Zweck und deine Bestimmung zu erfüllen, aber du wirst das nicht alleine tun müssen. Ich habe wunderbare Gefährten, die dich auf deiner Reise begleiten und dir helfen werden, deine Bestimmung zu erfüllen. Ich selbst werde dir helfen und immer bei dir sein. Ich werde dich nicht versäumen noch verlassen. Du kannst erwarten, aufzublühen und in allem erfolgreich zu sein, zu dem Ich dich in deinem Leben berufen habe. Ich liebe dich!»

DIE AUSWIRKUNGEN DER LÜGEN SATANS

Oftmals sind sich Eltern der Macht, die sie als Handlungsbevollmächtigte Gottes oder Erfüllungsgehilfen Satans haben, nicht bewusst. Nicht viele Eltern wachen morgens auf und sagen sich: «Ich frage mich, wie ich heute zu Satans Erfüllungsgehilfen werden und seine Botschaft an mein Kind weitergeben kann - auf einer tiefen geistlichen und emotionalen Ebene.» Allerdings ist das genau das, was viele Eltern tun, ohne zu merken, was sie getan haben. Genau das passierte mit Joe.

Joe war ein gut gekleideter, erfolgreicher Geschäftsmann Ende dreißig als wir uns zum ersten Mal begegneten. Er und seine Frau waren zu einem der Wochenendseminare über Gottes Wege der Vorzeit gekommen, die unser Dienst veranstaltet. Als wir uns in die Dienstzeit in den Kleingruppen begaben, begann Joe etwas schüchtern zu erzählen, welch großes Problem der Zorn in seinem Leben geworden war.

«Durch meinen Zorn bringe ich mich immer wieder selbst in Verlegenheit, und dann fühle ich mich schuldig», erklärte John. Er erzählte weiter, dass er erst vor ein paar Monaten aus dem Parkplatz eines Shoppingcenters in die Straße einbiegen wollte. Gerade als er losfahren wollte, merkte er, dass zwischen den vorbeifahrenden Autos nicht wirklich genug Platz für sein Manöver war; also bremste er, um auf eine größere Verkehrslücke zu warten. Offensichtlich von Joes plötzlicher Entscheidung überrascht, begann der Mann im Auto hinter ihm zu hupen. An dieser Stelle nahm Joes Geschichte eine recht merkwürdige Wendung.

«Ich war so zornig darüber, dass er mich angehupt hatte, dass ich die Schaltung in Parkstellung brachte und aus meinem Auto sprang, wobei ich fast die Tür aus den Angeln riss», sagte Joe. «Ich stürmte zurück zum Auto dieses Mannes, ergriff ihn an seinem Hemd und zog sein Gesicht durch das offene Fenster an mich heran. Dann ließ ich ihn wissen, was ich von ihm hielt. Die ganze Zeit über schrie ich den Fahrer an. Ich konnte mich gerade noch davon abhalten, ihn zu schlagen.»

Als Joe die Schimpfwörter ausgegangen waren und er dachte, er hätte seinen Standpunkt klar gemacht, kehrte er zu seinem Auto zurück und immense Schuld- und Schamgefühle begannen ihn zu überwältigen. «Es fühlte sich beinahe so an, als hätte jemand anderer diese Worte gebrüllt», sagte Joe. «‹Wer war dieser verrückte, tobende Irre?› dachte ich bei mir. ‹Was für ein Zeugnis der Liebe Christi habe ich gerade diesem Mann gegeben?› Dann erinnerte ich mich an den Aufkleber, den meine Frau erst kürzlich auf unsere beiden Autos geklebt hatte: ‹Hupe, wenn du Jesus liebst›. Den Heimweg verbrachte ich in einem Loch der Scham und der Depression.»

Joe sagte, er sei so zornig auf seine Frau geworden, dass er befürchtete, sie tatsächlich zu schlagen. Als sein zwei Jahre alter Sohn nachts immer wieder aufwachte und weinte, musste Joe aus dem Haus gehen und einen Spaziergang machen; er befürchtete, andernfalls seinen kleinen Sohn vielleicht zu verletzen. «Ich habe gebetet und gebetet, um diesen Zorn loszuwerden», vertraute Joe uns an. «Ich habe Buße getan. Ich hasse ihn. Ich habe Gott gesagt, dass ich alles tun werde, um ihn loszuwerden, aber nichts scheint zu funktionieren. Er ruiniert mein Leben und meine Ehe.»

Joe war offensichtlich erschöpft, und ich fühlte mit ihm. Ich schlug Joe und seiner Frau vor, zu beten und den Heiligen Geist zu bitten, die Wurzel dieses Zorns in seinem Leben zu offenbaren. Joe war einverstanden und wir begannen zu beten. Wir baten den Herrn einfach, Joe alles zu zeigen, was mit diesem Zorn in Zusammenhang stand und warteten still. Nach ein paar Minuten fragte ich Joe, ob der Herr ihm irgendetwas gezeigt hätte. «Nein», erwiderte er, «nichts Relevantes».

«Was ist dir in den Sinn gekommen?», bohrte ich weiter.

«Oh, nur eine dumme Erfahrung, die ich vor Jahren als Kind gemacht habe», sagte er. «Ich hatte sie tatsächlich bis eben vergessen gehabt, aber sie hat nichts mit meinem heutigen Leben zu tun.»

Ich bat Joe dringend, mit uns über diese Erfahrung zu sprechen, aber er bestand darauf, dass sie nicht relevant sei. Schließlich sagte ich ihm: «Wir haben den Heiligen Geist gebeten, dir alles Wichtige zu offenbaren, und diese Erfahrung war das einzige, das dir in den Sinn gekommen ist. Warum also vertrauen wir nicht darauf, dass Gott dich aus einem bestimmten Grund an diese Erfahrung erinnert hat? Vielleicht stellt sich heraus, dass sie wichtig ist.»

Ich habe entdeckt, dass oft, wenn Menschen tief verletzt sind, weil ihnen – besonders von ihren Eltern und anderen einflussreichen Personen – die Botschaft des Feindes bezüglich Identität und/oder Bestimmung vermittelt wurde, der Schmerz so groß ist, dass sie ihn tief in sich vergraben und sich niemals wirklich damit befassen. Weil der Schmerz so heftig ist, verbannen sie Schlüsselerlebnisse vielleicht aus ihrem Gedächtnis. Wenn diese Erinnerungen dann an die Oberfläche gebracht werden, haben die Menschen keinen Bezug mehr zu dem emotionalen Schmerz, der von diesem Ereignis hervorgerufen wurde.

Als Folge davon werden Menschen oft Dinge sagen wie: «Oh, damit habe ich mich bereits beschäftigt», oder «Ich habe das meinem Vater schon vor langer Zeit vergeben», oder «Oh, das tut nicht mehr weh.» Christen werden sogar sagen: «Ich habe das unter das Blut Jesu gebracht. Er hat diese Last von mir genommen.» Allerdings haben sie diesen Schmerz oft nicht dem Herrn übergeben, sondern ihn tief in sich vergraben.

Die Wahrheit ist, dass es da immer noch eine Wunde gibt, die nie verheilt ist, sondern nur bedeckt wurde, so wie eine Auster ein Sandkorn bedeckt. Der Prophet Jesaja beschreibt diesen Zustand folgendermaßen: *«Von der Fußsohle bis zum Scheitel ist nichts Unversehrtes an ihm, sondern klaffende Wunden und Striemen und frische Verletzungen, die nicht ausgedrückt, noch verbunden, noch mit Öl gelindert sind.»* (Jesaja 1,6)

Stelle dir vor, du hättest eine Armverletzung erlitten. Anstatt die Wunde zu säubern und zu behandeln, kümmerst du dich nicht darum und lässt sie offen, wodurch allerlei Schmutz hineinkommt. Nach einer Weile überzieht sich die Wunde mit einer Hautschicht und es kann sogar so aussehen, als würde sie heilen; doch unter dieser äußeren Schicht gibt es immer noch einen Herd von infektiösem Eiter. In einem solchen Fall wird jedes Mal, wenn Druck auf die Wunde ausgeübt wird, der infektiöse Eiter weiter in den Körper gelangen. Damit schließlich wirkliche Heilung geschehen kann, muss jemand die Wunde öffnen, den Infektionsherd ausspülen, die Wunde säubern und wieder verbinden.

Das ist das Bild, das Jesaja uns bezüglich unseres inneren Menschen gibt. Wenn jemand geistlich und emotional tief verwundet ist, muss eine geistliche Reinigung stattfinden. Wenn das nicht der Fall ist, kann dieser Mensch sein ganzes Leben lang mit ernsthaften geistlichen oder emotionalen «Infektionen» herumlaufen, die von den tiefen Wunden herrühren, die niemals «ausgedrückt, noch verbunden, noch mit Öl gelindert sind.»

Dies war bei Joe der Fall. Schließlich war er einverstanden, die Kindheitserinnerung, die ihm während des Gebets in den Sinn gekommen war, mit uns zu teilen, obwohl er weiterhin darauf bestand, dass sie nicht wichtig sei. Er sagte, sie sei so unbedeutend, dass er sich bis zu diesem Moment nicht einmal mehr daran erinnert hätte; außerdem würde sie nicht mehr schmerzen, weil er seinem Vater schon vor Jahren vergeben hätte.

Joe erzählte, dass er acht Jahre alt war, als an einem Freitag zwei Freunde bei ihm übernachten durften. Er war deshalb sehr aufgeregt und freute sich eine ganze Weile auf dieses Ereignis. Schließlich war der Tag gekommen. Die drei Buben durften länger als gewöhnlich wach bleiben, Popcorn essen und Gruselfilme ansehen. Sie hatten riesigen Spaß und schliefen um etwa ein Uhr in der Nacht ein. Als Joe am nächsten Morgen aufwachte, entdeckte er zu seinem großen Entsetzen, dass etwas Schreckliches in der Nacht passiert war. Er hatte sein Bett nass gemacht. Er wollte verhindern, dass seine zwei Freunde seinen «Unfall» bemerkten; so zog er schnell das Bett ab und versteckte die Bezüge und das Leintuch.

Joes Mutter allerdings fand das Bettzeug und entdeckte, was passiert war. Sie erzählte es prompt Joes Vater. Er beschloss, dass am Frühstückstisch vor Joes Freunden und dem Rest der Familie der richtige Ort für Erziehungsmaßnahmen wäre. Der Vater erklärte nicht nur allen, was passiert war - er begann auch noch, Joe vor den anderen lächerlich zu machen. Er nannte ihn einen «Bettnässer» und meinte, man müsste wohl eine große Windel für ihn kaufen. Joes Vater ließ seinen Sohn wissen, wie enttäuschend es für ihn war, einen achtjährigen Sohn zu haben, der immer noch ins Bett machte. Nachdem er seinen Sohn verspottet hatte, zog er ihm die Hosen herunter, legte ihn übers Knie und gab ihm ein paar ausgiebige Schläge auf das bloße Hinterteil - gerade am Frühstückstisch vor seinen beiden Freunden.

Nach dieser Demütigung, sagte Joe, wollte er einfach nur im Boden versinken und sich in Luft auflösen. In diesem Moment wünschte er sich, er hätte seinen Vater töten können, und wenn er die Mittel dazu gehabt hätte, dann hätte er es wahrscheinlich getan. «Aber es belastet mich nicht mehr, und ich habe mich seit dreißig Jahren nicht mehr an diese Begebenheit erinnert», erzählte Joe.

Ich merkte, dass Joe wahrscheinlich eine unbewältigte, abgekapselte emotionale Wunde in sich trug. Deshalb bat ich ihn, Jesus im Gebet zu sagen, wie er sich fühlte, während sein Vater ihn an diesem Morgen vor vielen Jahren vor seinen Freunden bloßstellte und demütigte. Er willigte ein. Doch nach eineinhalb Minuten hatte er immer noch nichts gesagt. Ich dachte, er hätte vielleicht nicht verstanden, dass er laut beten sollte, also lud ich ihn erneut ein und sagte: «Fang an und sag dem Herrn einfach, wie du dich an diesem Morgen gefühlt hast.»

Plötzlich brach Joe in Tränen aus und dreißig Jahre angestauter Schmerz, Ablehnung und Zorn flossen in den nächsten 15 Minuten aus ihm heraus. Er weinte und weinte und weinte, als die überdeckte Wunde endlich geöffnet wurde. Danach konnte ich ihm zeigen, wie Satan seinen ahnungslosen Vater dazu benutzt hatte, seine Botschaft von Identität und Bestimmung an Joe weiterzugeben, als er noch ein kleiner Junge war. Die Botschaft Satans war: «Du bist nichts als ein Bettnässer. Mit dir stimmt etwas ganz und gar nicht. Egal, wie sehr du es auch versuchst, du wirst niemals bei irgendetwas im Leben Erfolg haben. Du bist eine Schande für deine Familie und eine Enttäuschung für Gott.»

Später gab Joe zu, dass er sich sein ganzes Erwachsenenleben hindurch tief innen drin genau so gefühlt hatte. Er hatte immer geglaubt, dass das Schicksal gegen ihn wäre, und dass Umstände, die sich außerhalb seiner Kontrolle befanden, immer für sein Versagen sorgen würden – egal, wie sehr er sich auch bemühte. Das führte zu großer Frustration und zu Zorn – und wenn er dann aufgrund dieser Gefühle handelte, zu noch mehr Peinlichkeit und Scham.

Nachdem all dieser infektiöse Eiter aus seiner inneren Wunde entfernt war, konnte Joe seinem Vater von Herzen vergeben; dann konnte er zu Gott, seinem himmlischen Vater gehen und Ihn bitten, ihm die Wahrheit über sich und den Grund seines Daseins zu offenbaren. Joes ganzes Leben lang wollte Gott ihm Seine Botschaft von Identität und Bestimmung geben, doch die Botschaft des Teufels hatte sich bereits tief in seinem Inneren festgesetzt. Bis zu diesem Moment konnte Joe die Gedanken Gottes über ihn gar nicht annehmen. Als Folge davon, war Joe – obwohl er fast vierzig Jahre alt war – im emotionalen Bereich immer noch ein verängstigter, unsicherer achtjähriger Junge.

Schließlich knallte an diesem Tag der Korken und all der Schmerz und Zorn des gedemütigten achtjährigen Buben in Joe wurde freigesetzt. Zum ersten Mal war er in der Lage, Gottes Botschaft von Identität und Bestimmung anzunehmen und der Mann zu sein, als den Gott ihn geschaffen hatte. Er musste sich nicht mehr wie ein Bettnässer fühlen. Später sagte er, es sei, als ob er sein ganzes Leben lang in schwarzweiß gelebt und an diesem Tag eine völlig neue Welt in Farbe entdeckt hätte.

Es ist leicht erkennbar, wie Satan Joes Vater dazu benutzte, seine Botschaft von Identität und Bestimmung weiterzugeben. Joes Vater hatte keine Ahnung, welche Auswirkung diese Erfahrung in den kommenden Jahren auf das Leben seines Sohnes haben würde; er versuchte lediglich, seinen Sohn zu disziplinieren. Joes Vater verstand nichts von Segen und Fluch oder von Gottes Botschaft von Identität und Bestimmung, die im Gegensatz zu Satans Botschaft steht. In der Folge gab er unbewusst eine Botschaft weiter, die tief in Joes Herz ein inneres Bild erzeugte, das ihn Jahre seines Erwachsenenlebens damit verbringen ließ, zu versuchen, Gefühle von Wertlosigkeit und Versagen zu überwinden.

Die Bibel sagt uns: *«Mein Volk kommt um aus Mangel an Erkenntnis»* (Hosea 4,6). Joes Vater verletzte seinen Sohn nicht absichtlich; er wusste einfach nicht, wie er seinem Sohn die Botschaft Gottes weitergeben sollte anstatt der Botschaft Satans. Ohne es zu merken, hatte Joes Vater seinen Sohn mit einem Fluch belastet anstatt ihn zu segnen.

DIE MACHT DES VÄTERLICHEN SEGENS

Bei vielen Menschen, die niemals gesegnet worden sind, verschwindet die Sehnsucht danach niemals. Ein enger Freund erklärte mir anhand eines starken Beispiels, welche Veränderung der elterliche Segen bewirken kann - in jedem Alter. Mein Freund Pablo war sehr traurig, als sein Vater ihm eröffnete, dass seine Mutter, die neun Monate zuvor von zu Hause ausgezogen war, die Scheidung wollte.

Als Pablo darüber nachdachte, was er tun oder beten könnte, um seinen Eltern zu helfen, kam ihm ein sehr merkwürdiger Gedanke. Er hatte kürzlich eine starke Veränderung im Leben seines einundzwanzigjährigen Sohnes José gesehen, der ziemlich unentschlossen und ziellos gewesen war. José konnte sich nicht entscheiden, ob er sich an der Bibelschule anmelden sollte oder an der Universität oder ob er sich eine Arbeit suchen sollte. Schließlich saß er zu Hause und tat gar nichts. Pablo sagte mir, dass, wenn er in die Augen seines einundzwanzig Jahre alten Sohnes blickte, einen furchtsamen kleinen Jungen sah, der nicht wusste, was er machen sollte und der Angst hatte, eine Entscheidung zu treffen.

Ungefähr zu dieser Zeit besuchten Pablo und seine Frau eines unserer Seminare über Gottes Pfade der Vorzeit und erkannten, was wahrscheinlich die Ursache für die Ziellosigkeit ihres Sohnes war: Sein Vater hatte ihn nie gesegnet und er war nie in seine Identität als Erwachsener entlassen worden. Folglich hing er geistlich und emotional immer noch wie ein kleiner Junge an seiner Mutter.

Nachdem sie unser Seminar besucht hatten, arrangierten Pablo und seine Frau eine Segnungszeremonie für ihren Sohn. Pablo sagte mir, dass er, als er seinem Sohn unmittelbar nach der Zeremonie in die Augen blickte, zum ersten Mal einen zuversichtlichen einundzwanzigjährigen Mann sah, der seinen Blick erwiderte - und nicht mehr einen ängstlichen kleinen Jungen. Die geistliche und emotionale Nabelschnur, die José an seine Mutter gebunden hatte, war buchstäblich durchtrennt worden. Kurz danach schrieb er sich am College ein und begann, eine Karriere anzustreben, von der er sicher war, dass Gott ihn dazu berufen hatte.

Nun, da er von der bevorstehenden Scheidung seiner Eltern erfahren hatte, kam ihm ein sehr merkwürdiger Gedanke in den Sinn. Vielleicht war die tiefe Not im Herzen seines Vaters die, dass er von seinem eigenen Vater gesegnet werden musste. Pablo erinnerte sich daran, seinem vierundsechzigjährigen Vater in die Augen geschaut und denselben verängstigten kleinen Jungen erblickt zu haben, den er schon in seinem einundzwanzigjährigen Sohn gesehen hatte. Plötzlich wurde ihm klar, dass sein Vater, Luis, niemals von seinem eigenen Vater gesegnet worden war und im Alter von vierundsechzig Jahren immer noch wie ein kleiner Junge an seine Mutter gebunden war. Der Grund, warum Luis Probleme in der Beziehung mit seiner Frau hatte, war, dass er «Vater und Mutter» emotional nie verlassen hatte, und so nicht wirklich «seiner Frau anhangen» konnte (1.Mose 2,24).

Mit diesem Verständnis ausgerüstet rief Pablo seinen siebenundachzigjährigen Großvater an, der immer noch in der Gegend lebte, aus der die Familie kam. Der Großvater war ziemlich schockiert, als

Pablo versuchte, ihm sein Anliegen zu erklären: An Luis' fünfundsechzigstem Geburtstag sollte er seinem Sohn seinen Segen geben und ihn dazu freisetzen, ein Mann zu sein. Der Großvater rief aus: «Du möchtest, dass ich was mache? Mein Sohn feiert seinen fünfundsechzigsten Geburtstag. Wenn er jetzt kein Mann ist, dann wird er nie einer sein.» Pablo aber bestand darauf und schließlich willigte der Großvater ein, zu kommen.

Gleich bei der Ankunft des Großvaters erklärte Pablo ihm die Macht des elterlichen Segens - ein Schlüssel, den er als Vater in seiner Hand hielt und mit dem er seinen Sohn freisetzen konnte, erfolgreich zu sein. Pablo erklärte weiter, dass Luis emotional immer noch wie ein kleiner Junge an seine Mutter gebunden war und immer noch den Schrei Esaus - *«Segne doch auch mich, o mein Vater»* (1.Mose 27,38) - in seinem Herzen trug; auch im Alter von fünfundsechzig Jahren. Der Großvater verstand den Zusammenhang nicht völlig, aber er willigte ein, zu versuchen, seinen Sohn Luis an dessen Geburtstag zu segnen.

Als der Tag des Festes gekommen war, saßen sich der Großvater und Luis am Tisch gegenüber. Der Großvater versuchte seinem Sohn «Ich liebe dich» zu sagen, aber er brach schon nach den ersten Silben in Tränen aus. Auch Luis wurde sofort emotional und die beiden Männer konnten für die nächsten zehn Minuten nichts anderes tun als dasitzen und weinen. Als der Großvater erneut versuchte, seinem Sohn zu sagen, dass er ihn liebte, brachen die beiden wieder in Tränen aus. Schließlich, beim dritten Anlauf, war der Großvater in der Lage ihm zu sagen, dass er ihn liebte und wie stolz er auf ihn sei. Er sagte Luis, dass er ihn als sehr erfolgreich ansah, weil alle seine drei Kinder den Herrn liebten, mit gläubigen Ehepartnern verheiratet waren und alle von Luis' Enkelkindern Jesus dienten.

Dann fragte der Großvater: «Sohn, erinnerst du dich an die Zeit, als du fünfzehn Jahre alt warst?» Als sein Vater ihm diese Frage stellte, begann Luis plötzlich eine riesige Welle eines emotionalen Schmerzes in sich aufwallen zu fühlen. Ja, Luis erinnerte sich daran, was passiert war, als er fünfzehn Jahre alt war. Was niemand wusste war, dass Luis und sein Vater einen schlimmen Streit hatten, der in Handgreiflichkeiten ausartete. An diesem Tag schrie Luis' Vater seinem Sohn schreckliche Dinge ins Gesicht. Er sagte Luis, dass er wertlos sei und warf ihn buchstäblich aus dem Haus.

Er sagte ihm, dass er ihn hasste und hoffte, ihn niemals wieder zu sehen. Luis war natürlich genauso zornig geworden und sagte seinem Vater ebenfalls schreckliche Dinge. Er sagte seinem Vater, dass er ihn ebenso hasste und ihn auch niemals wieder sehen wollte. Voller Rebellion verließ Luis das Haus im Alter von fünfzehn Jahren, um sein Erwachsenenleben zu beginnen. Offensichtlich war das nicht der Segen gewesen, den er gebraucht hätte, damit seine Identität als Erwachsener freigesetzt hätte werden können.

Luis und sein Vater hatten sich irgendwann versöhnt, aber in fünfzig Jahren niemals über diesen Vorfall gesprochen. Als Luis' Vater das Thema ansprach, wühlten seine Worte fünfzig Jahre Bitterkeit, Hass, Ablehnung und Zorn auf, die sich in Luis' Herz festgesetzt hatten. Jahre zuvor hatte er gesagt, er habe seinem Vater vergeben, aber sein Herz hatte den Schmerz niemals losgelassen und er hatte seinem Vater niemals wirklich vergeben oder über seine Bitterkeit, seine Verachtung und seine Rebellion Buße getan, die er seinem Vater gegenüber in seinem Herzen hegte.

Nun, fünfzig Jahre später, als sein Vater die infektiöse Wunde öffnete, brach Luis in heftiges Schluchzen aus. Luis vergrub sein Gesicht in der Brust seines Vaters, während dieser ebenfalls heftig schluchzte. Als das Schluchzen des Großvaters so weit nachgelassen hatte, dass er wieder sprechen konnte, flüsterte er Luis zu: «Sohn, es tut mir so Leid. Ich hatte an diesem Tag Unrecht. Vergib mir bitte. Ich wurde zornig und sagte Dinge, die ich nicht so meinte, und ich habe dich verflucht anstatt dich zu segnen. Bitte vergib mir. Ich liebe dich!» Diese Worte brachten seinen Sohn nur noch mehr zum Schluchzen.

Als Luis schließlich aufhörte zu weinen, sah sein Vater ihm in die Augen und sagte: «Sohn, ich liebe dich. Ich war im Unrecht. Wirst du mir die Worte, die ich gesagt habe, vergeben? Wirst du mir vergeben, wie ich dich behandelt habe, während du aufwuchsest und besonders an dem Tag, an dem du von zu Hause fort gingst?» Luis antwortete: «Ja, Papa, ich vergebe dir. Ich liebe dich. Ich hatte auch Unrecht mit meiner Einstellung und mit den Worten, die ich gesagt habe. Wirst du mir vergeben?»

Der Großvater antwortete: «Ja, natürlich. Ich liebe dich, Sohn. Und heute spreche ich über dir die Worte aus, die ich vor fünfzig Jahren hätte sagen sollen. Sohn, ich bin stolz auf dich. Du bist kein dummer kleiner Junge. Du bist ein Mann. Heute segne ich dich. Ich trenne dich emotional und geistlich von deiner Mutter und ich gebe dir meinen Segen und setze dich frei, damit du deine Identität als erwachsener Mann haben kannst. Gehe und sei und tue alles, wozu Gott dich berufen hat.»

Während Pablo mir seine Geschichte erzählte, berichtete er mir, dass etwas Übernatürliches im Herzen seines Vaters, Luis, geschehen war, als er an diesem Tag den Segen seines Vaters erhalten hatte. Pablo sagte, dass er, als er nach der Segnungszeremonie seinem Vater in die Augen blickte, einen kühnen, zuversichtlichen fünfundsechzigjährigen Mann sah, der Frieden hatte. Luis war nicht länger dieser verängstigte kleine Junge, und das konnte man sehen.

Die übernatürliche Heilung, die an diesem Tag in Luis' Herz stattfand, war so tiefgehend, dass Pablos Mutter zwei Wochen später ihre Scheidungspläne aufgab und zurück nach Hause zog. Sie sagte: «Ich weiß nicht, was mit meinem Mann passiert ist, aber ich habe endlich den Mann, von dem ich dachte, dass ich ihn geheiratet hätte. Die letzten vierzig Jahre habe ich versucht, einem zornigen kleinen Jungen zu folgen, der nicht wusste, wohin er ging, und der mir immer wieder die Schuld dafür gab, dass er versagte und frustriert war. Irgendwie sind die Angst, der Zorn, die Frustration und die Vorwürfe nun verschwunden. Das ist der Mann, in den ich mich vor fünfundvierzig Jahren verliebt habe. Ich will mich nicht von ihm scheiden lassen. Ich liebe ihn und möchte den Rest meines Lebens mit ihm verbringen.»

Luis und seine Frau verbrachten die nächsten Monate mit einer neuen Hochzeitsreise. Sie erlebten noch viele Jahre zusammen, ihr Geschäft florierte, und sie setzten einen großen Teil ihrer Zeit dafür ein, anderen Paaren in ihrer Stadt zu helfen. Später erzählte Luis Pablo: «Ich hatte keine Ahnung, dass sich mein Herz fünfzig Jahre lang so sehr nach dem Segen meines Vaters gesehnt hatte. Ich wusste, es würde gut sein, meinen Vater zu sehen, aber ich hatte keine Ahnung, dass sein Segen ein solcher Schlüssel dafür sein würde, die Art und Weise, wie ich mich selbst und mein Leben sah und erlebte, zu verändern.

Nach der Segnungszeremonie sprach Pablo auch mit seinem Großvater. Der sagte ihm: «Wenn ich gewusst hätte, dass mein Segen als Vater der Schlüssel ist, der meinem Sohn eine Zukunft voller Erfolg erschließt, dann hätte ich ihn schon vor Jahrzehnten benutzt. Es tut mir nur Leid, dass ich das erst so spät im Leben meines

Sohnes entdeckt habe und dass mein Enkelsohn mich erst noch dazu motivieren musste, das zu tun, was ich schon vor Jahrzehnten hätte tun sollen.»

In dieser Geschichte sehen wir die Macht des elterlichen Segens. Ohne es zu bemerken hatte Luis sein ganzes Erwachsenenleben hindurch darauf gewartet, den Segen seines Vaters zu bekommen. Diesen Segen nicht zu haben, hatte negative Auswirkungen auf seine Ehe – genauso wie auf sein Selbstwertgefühl und seinen Sinn im Leben. Die zwei Hauptgründe, aus denen Luis' Vater ihn nie gesegnet hatte sind dieselben, aus denen viele von uns ihre Söhne und Töchter nicht segnen. Der erste Grund ist Mangel an Wissen. Niemand hat uns jemals über die Macht des elterlichen Segens gelehrt, der unsere Kinder entweder in eine erfolgreiche Zukunft entlässt oder sie behindert.

Der zweite Grund ist Mangel an Erfahrung. Es ist sehr schwierig, etwas zu geben, das wir selbst nie bekommen haben. Wenn unsere eigenen Eltern nichts über den Segen wussten oder ihn auch nicht erfahren hatten, während sie aufwuchsen, waren sie weder in der Lage, uns zu den entscheidenden Zeiten im Leben zu segnen, noch uns in einer Kultur und in einem Lebensstil des Segnens großzuziehen. Als Folge davon ist es für viele von uns, die jetzt Eltern sind, sehr schwierig, den Segen an ihre Kinder weiterzugeben. Wie Luis rufen wir als erwachsene Kinder aus, was Esau gerufen hat: «Segne doch auch mich, o mein Vater.» Du kannst dieses Muster ändern und künftigen Generationen ein neues Vermächtnis hinterlassen, indem du eine Familienkultur des Segnens schaffst.

— 2 —

EINE FAMILIENKULTUR DES SEGENS SCHAFFEN

Ich glaube, dass nach Gottes Plan jedes Kind den Segen seiner Eltern mehr als einmal im Leben erhalten sollte. Gott möchte, dass Kinder in einer Kultur des Segnens groß werden. Du fragst dich vielleicht, was genau eine Kultur des Segnens ist. Es ist ganz einfach ein Umfeld, in dem Familienmitglieder sich gegenseitig regelmäßig Gottes Wertebotschaft übermitteln anstatt Satans Botschaft der Wertlosigkeit weiterzugeben. In einer Kultur des Segnens begießen die Familienmitglieder einander regelmäßig mit dem blauen Pflanzendünger anstatt mit der Salzsäure. Sie sehnen sich danach, den anderen aufblühen zu sehen. Niemand wird in der Lage sein, das in 100 Prozent der Fälle zu bewerkstelligen. Aber in einer segnenden Familie wird jemand, der unbeabsichtigt oder auch absichtlich die Identität eines anderen Familienmitglieds mit einem Fluch belastet, sofort wenn das Vergehen erkannt wird Buße tun und die Sache in Ordnung bringen. In einer Kultur des Segnens werden Familienmitglieder einander als Gottes segnende Handlungsbevollmächtigte zur Verantwortung ziehen.

Viele ethnische Gruppen auf der ganzen Welt praktizieren Gebräuche, Zeremonien und Traditionen, die wie selbstverständlich eine generelle Kultur des Segnens hervorbringen. Gott hat dem jüdischen Volk eine wunderbare Tradition gegeben: eine wöchentliche Familiensegnung, die bis zum heutigen Tag praktiziert wird. Ich spreche von der Tradition, die Familie an jedem Freitagabend (*Erev Shabbat* im Hebräischen) für eine besondere Mahlzeit und eine Segensverkündigung zu versammeln. (Mit dem vollen Terminkalender der meisten modernen Familien wäre es schon ein Wunder für sich, könnte man alle Mitglieder für eine gemeinsame Mahlzeit an einen Tisch bringen.)

Jede Woche zu dieser Zeit betet der jüdische Vater einen Segen über seine Frau. Dann spricht er den Segen über jedes seiner Kinder. In vielen jüdischen Familien proklamiert der Vater auch Vision und Wohlergehen über jedes seiner Kinder. So sorgt er dafür, dass sein Nachwuchs für die Zukunft Erfolg erwartet. Ein solcher Vater pflanzt dadurch das Bild Gottes von Identität und Bestimmung in die Gedanken und Herzen seiner Kinder - ob er es weiß oder nicht. In vielen jüdischen Familien, die diese Tradition praktizieren, sind die Segensworte, die der Vater über seine Kinder spricht, prophetisch; und im Erwachsenenleben erfüllen die Kinder exakt, was der Vater Woche für Woche über ihnen prophezeit hat.

Warum sollte ein jüdischer Jugendlicher denken: «Ich sollte die Bank besitzen», während der christliche Jugendliche denkt: «Ich sollte bei der Bank arbeiten»? Ich glaube, dass dies oft auf der Vision basiert, die Woche für Woche durch den elterlichen Segen weitergegeben wurde. Während der christliche Jugendliche denkt: «Ich hoffe, ich bekomme einen Job im Filmstudio», denkt der jüdische Jugendliche: «Ich sollte das Filmstudio besitzen» oder «Ich sollte der wichtigste Regisseur aller Zeiten werden». Das ist die Kraft der Vision, die durch den elterlichen Segen weitergegeben wird.

Ich habe auch beobachtet, dass in einigen christlichen Familien, in denen es keinen traditionellen regelmäßigen Segen gibt, die Kinder hauptsächlich Worte der Korrektur und der Kritik von ihren Eltern zu hören bekommen. Manchmal übermitteln diese Worte unabsichtlich eher die Vision und das Bild von Satan als das von Gott. Die meisten Eltern haben keine Ahnung davon, dass ihre Worte und Taten die Macht haben, ihre Kinder entweder zu segnen oder zu verfluchen.

Ein Vater kann zum Beispiel zu seiner fünfzehnjährigen Tochter sagen: «Du gehst mir nicht in diesen Kleidern aus dem Haus. Das Oberteil hat einen viel zu tiefen Ausschnitt und die Jeans sind zu eng. Man sieht zu viel Haut. Du siehst aus wie eine Prostituierte! Wenn du dich weiter so anziehst und mit deinen jetzigen Freunden herumhängst wirst du wahrscheinlich in einem Jahr schwanger sein.»

Solche Worte können sich als prophetisch erweisen, und die Kinder erfüllen genau, was ihre Eltern über ihnen ausgesprochen haben. Ich denke wirklich nicht, dass Gott den jüdischen Familien mit den wöchentlichen Segnungen ihrer Kinder eine Monopolstellung geben wollte. Jeder von uns kann diese Tradition in seiner eigenen Familie übernehmen. Wenn du gerne ein Beispiel davon sehen möchtest, wie es aussehen kann, wenn ein Vater seinen Sohn segnet, dann gehe auf meinen YouTube Kanal unter CraigHill3 und klicke das Video «Speak Blessing Over Your Children» an.

KONTROLLE VERSUS AUTORITÄT

So wichtig es ist, besondere regelmäßige Segnungszeiten zu haben - wie zum Beispiel bei einem wöchentlichen Essen - so wichtig ist es auch, dass die Eltern in ihrem Heim eine generelle Atmosphäre schaffen, in der gesegnet und nicht verflucht wird. Dazu müssen die Eltern lernen, die Identität ihrer Kinder von ihrem Verhalten zu trennen. Das ist besonders dann von Bedeutung, wenn ein Kind diszipliniert werden muss.

Ich erinnere mich an eines der ersten Male, als der Herr mir zeigte, dass ich dabei war, meinen Sohn eher zu verfluchen als zu segnen, als ich ihn disziplinieren musste. Mein jüngster Sohn Jonathan war vier Jahre alt und ich war in meinem ersten Jahr als Pastor tätig. Nach einem wunderbaren Gottesdienst ging ich ins Foyer und sah dort Jonathan mit seiner Sonntagsschullehrerin stehen.

Sie begrüßte mich und sagte: «Herr Pastor, wir hatten ein kleines Problem mit Jonathan heute Morgen im Unterricht. Ich hatte ihn gebeten, etwas zu tun, und er verweigerte es. Ich bat ihn noch einmal und er verweigerte es wieder, und sagte ein sehr unanständiges Wort zu mir. Wir haben uns gleich im Unterricht um das Problem gekümmert, aber ich dachte, dass Sie als sein Vater darüber Bescheid wissen wollten.»

Ich fühlte mein Gesicht um drei Nuancen röter werden. Ich dachte: «Wie konnte er mir das antun? Die Lehrerin denkt nun wahrscheinlich, dass wir solche Wörter zu Hause benutzen.» Dann fiel mir unweigerlich 1.Timotheus 3,5 ein, eine Bibelstelle, in der es um die Anforderungen an christliche Älteste und Gemeindediener geht. Dort heißt es: «Wenn jemand nicht weiß, wie er seinem eigenen Haushalt vorstehen soll, wie kann er sich um die Gemeinde Gottes kümmern?» Ich dachte: «Das ist das Ende für meinen Dienst! Mein Sohn ist außer Kontrolle geraten, und ich werde mein Amt niederlegen müssen.»

Ich fühlte, wie mich eine Welle von Scham und Verlegenheit überrollte, die bald von Zorn gefolgt wurde. Ich dachte: «Ich werde Jonathan hier und jetzt ein paar Schläge verabreichen und dieser Lehrerin zeigen, dass ich ein guter Vater bin und dass ich das hier sehr ernst nehme!» Doch als ich auf Jonathan zuging, hielt mich der Heilige Geist auf und fragte mich: «Was tust du da?»

«Ich diszipliniere meinen Sohn», sagte ich.

«Nein, das tust du nicht. Du bist dabei, dich zu einem Handlanger Satans zu machen und seine Identität zu verfluchen.»

«Was?», antwortete ich. «Nein, Jonathan hat etwas Falsches getan, und er muss gemaßregelt werden. Und ich als sein Vater bin der bestimmte und gesalbte Bevollmächtigte, um ihm diese Maßregelung zukommen zu lassen.»

Darauf sagte der Herr zu mir: «Das ist wahr, aber gerade in diesem Moment bist du nicht qualifiziert.»

«Nicht qualifiziert? Warum?» bohrte ich nach.

Der Herr erinnerte mich an Matthäus 7,3, wo es heißt, dass man, bevor man den Splitter aus dem Auge seines Bruders ziehen will, erst den Balken aus seinem eigenen Auge entfernen soll. Dann sagte der Herr zu mir: «Du hast einen so großen Balken in deinem eigenen Auge, dass du nicht klar genug sehen kannst, um den Splitter aus dem Auge deines Sohnes zu entfernen. Du möchtest ihn nicht um seiner selbst willen disziplinieren. Dein Herz ist voller Zorn. Du möchtest ihn maßregeln, um dich in den Augen der Lehrerin zu rechtfertigen und du möchtest deinen Zorn an ihm auslassen, weil er dich blamiert hat.»

Der Herr sagte weiter zu mir: «Weil du meinst, du hättest als Vater versagt, hast du vor, all deine Frustration an deinem kleinen Sohn auszulassen und ihn aus Zorn dazu zu bringen, sich schlechter zu fühlen als du dich jetzt fühlst. Du bist dabei, deinem Sohn die Botschaft Satans zu überbringen. Das Anti-Evangelium Satans koppelt Wert an Leistung, während mein Evangelium Wert von Leistung trennt.

«Satans Anti-Evangelium sagt: ‹Wenn du gehorchst und es richtig machst, werde ich dich lieben, wertschätzen und segnen. Doch wenn du ungehorsam bist und es falsch machst, werde ich dir Liebe vorenthalten, deinen Wert nehmen und dich verfluchen.› Du warst dabei, die Identität deines Sohnes zu verfluchen, weil er ein unanständiges Wort benutzt und dich blamiert hat.»

Der Herr fuhr fort: «Mein Evangelium sagt folgendes: ‹Wenn du gehorchst und es richtig machst, werde ich dich lieben, wertschätzen und segnen. Wenn du allerdings ungehorsam bist und es falsch machst, werde ich dich immer noch lieben, wertschätzen und segnen. Aber ich werde auch dein Verhalten maßregeln - mit einer Konsequenz, die deiner falschen Entscheidung angemessen ist. Doch meine Liebe und meine Wertschätzung dir gegenüber sind unveränderlich und nicht abhängig von dem, was du tust.› Das ist die Botschaft, von der ich möchte, dass du sie deinem Sohn weitergibst.»

Das war eine schockierende Offenbarung für mich und ich verstand nicht ganz, was da gerade in meinem Herzen vor sich ging. Ich fragte den Herrn: «Warum bin ich so verlegen und zornig auf Jonathan?»

Ich hörte Gott unverzüglich sagen: «Sohn, das ist deshalb, weil du immer noch nicht glaubst, dass ich dich liebe und dass dein Wert in meinen Augen nicht von deiner Leistung abhängt.

Du musst alles perfekt machen, damit du dich wertvoll fühlst, und nun wolltest du dieselbe Lüge deinem Sohn auftischen. Wenn er sündigt oder einen Fehler macht, dann fühlst du dich als Vater wertlos und siehst ihn als denjenigen an, der deine Glaubwürdigkeit untergräbt. Also hängt dein emotionales Wohlergehen in Wahrheit vom richtigen Verhalten eines vierjährigen Jungen ab.

Für das emotionale Wohlergehen eines anderen verantwortlich zu sein ist schon eine ziemlich schwere Last für einen Erwachsenen, doch einen Vierjährigen für deinen emotionalen Zustand verantwortlich zu machen, ist ihm gegenüber absolut unfair. Wenn er sich richtig benimmt, fühlst du dich wertvoll und dein Seelenleben ist in Ordnung. Doch wenn er sich danebenbenimmt, fühlst du dich wertlos und zornig - also gibst du ihm die Schuld an deinen Gefühlen, verfluchst seine Identität und bringst ihn dazu, sich noch wertloser zu fühlen als du dich fühlst. Indem du das tust, wirst du zum Handlanger Satans und gibst sein Anti-Evangelium an deinen Sohn weiter.»

Was für eine Offenbarung! Anstatt meinen ursprünglichen Plan weiterzuverfolgen sagte ich Jonathan, dass ich zu Hause mit ihm sprechen wollte. Nachdem ich eine Stunde mit dem Herrn verbracht hatte, um an die Wurzel meiner eigenen Scham zu gelangen und meiner Unfähigkeit, mich wertvoll zu fühlen, wenn mein Sohn gesündigt hatte, war ich schließlich in der Lage, Jonathan zu sagen, dass ich ihn liebte und dass er mir, auch wenn er etwas Falsches getan hatte, immer noch wertvoll war, und dass sich an meiner Liebe zu ihm nichts geändert hatte. Dann konnte ich ihn ohne Zorn dafür maßregeln, dass er seiner Lehrerin gegenüber respektlos gewesen war. Ich konnte in respektvollem Ton sprechen und seinen Geist segnen, selbst während ich ihn disziplinierte. So weit ich weiß war er niemals wieder seiner Lehrerin gegenüber derart respektlos.

Wenn sich Identität und Verhalten im Verständnis der Eltern vermischen, werden sie denken, dass es falsch ist, die Identität eines Kindes im Falle eines Fehlverhaltens zu segnen, weil sie damit praktisch das Verhalten des Kindes gutheißen würden. In der Folge werden die Eltern bei dem Versuch, das Verhalten ihres Sohnes oder ihrer Tochter zu disziplinieren, die Identität des Kindes verfluchen. Ist es richtig, ein rebellisches Kind, das sich schlecht benimmt, zu segnen? Gewiss! Der Segen sollte auf dem gegründet sein, was das Kind ist, nicht auf dem, was es tut.

Oftmals ist die Hauptwurzel der Rebellion bei Teenagern Mangel an elterlichem Segen. *Nach Gottes Plan sollen wir den Menschen segnen und das Verhalten disziplinieren.*

Ich bin dankbar, dass Gott in der Lage ist, unser Verhalten von unserer Identität zu trennen und Seine Liebe zu uns nicht auf dem gegründet ist, was wir tun.

Die Bibel sagt uns: *«Gott aber beweist seine Liebe zu uns dadurch, dass Christus für uns gestorben ist, als wir noch Sünder waren.»* (Römer 5,8).

Ich kann mir keinen größeren Segen und Liebesbeweis vorstellen als für einen anderen Menschen zu sterben. Die Tatsache, dass Jesus für dich gestorben ist und dir Seine Annahme vermittelt hat, während du noch gegen Ihn rebelliertest bedeutet nicht, dass Er dein sündiges Verhalten gutgeheißen hat. Er trennte das, was du bist (Identität) von dem, was du tust (Verhalten). So kann Gott segnen, was du bist, ohne unbedingt zu dulden, was du tust.

Wenn Eltern die Identität nicht vom Verhalten trennen, dann tappen sie in eine Falle. Sie werden entweder falsches Verhalten dulden, weil sie versuchen, ihr Kind zu segnen, oder aber die Identität des Kindes verfluchen, weil sie versuchen, ihr Kind zu disziplinieren. Wenn das geschieht, werden Eltern versuchen, die Familie gemäß dem teuflischen System von Leiterschaft zu führen anstatt gemäß dem göttlichen. Satan benutzt ein System von Leiterschaft, das auf Kontrolle basiert. Gott hingegen regiert durch ausgeübte Autorität. Lasse mich diese Ausdrücke, die ich hier verwenden werde, genau definieren.

1. Kontrolle führt dazu, dass man die manipulative Macht der Seele benutzt um andere zu zwingen (zu bedrohen oder einzuschüchtern) seinen Willen zu tun.
2. Ausgeübte Autorität führt dazu, dass man die Persönlichkeit und den Willen anderer respektiert, indem man ihnen Entscheidungsmöglichkeiten mit Konsequenzen vorlegt.

Während Kontrolle den freien Willen anderer nicht respektiert und oft nicht einmal anerkennt, respektiert ausgeübte Autorität beständig die Entscheidung der Menschen, während sie ebenso beständig falschen Entscheidungen die passenden Konsequenzen folgen lässt. Gott hat die Entscheidungen der Menschen immer respektiert. Er hat niemals jemanden gezwungen, Jesus Christus anzunehmen. Er bietet uns Entscheidungsmöglichkeiten mit Konsequenzen an. Er bietet dir zum Beispiel an (a) Jesus Christus anzunehmen und für alle Ewigkeit in Seiner Gegenwart zu leben, oder (b) Jesus Christus abzulehnen und getrennt von Ihm für alle Ewigkeit in der Hölle zu leben. Er beschwört dich, dich für A zu entscheiden, weil es wesentlich besser für dich ist, aber die Entscheidung liegt bei dir.

In 5. Mose 30,19 sagt Gott: «*Ich nehme heute Himmel und Erde gegen euch zu Zeugen:* ***Ich habe euch Leben und Tod, Segen und Fluch vorgelegt;*** *so erwähle nun das Leben, damit du lebst, du und dein Same*» (Hervorhebungen hinzugefügt). Wieder sehen wir, dass Gott uns Entscheidungsmöglichkeiten mit Konsequenzen vorlegt. Ich glaube, dass es Seine Absicht für uns ist, unsere Kinder auf dieselbe Art zu führen, auf die Er uns führt. Leider kennen die meisten Eltern aus eigener Erfahrung nur das System der Kontrolle. Ihre Eltern haben sie kontrolliert, und sie benutzten dieselben Methoden bei ihren Kindern. Sie merken wahrscheinlich nicht, dass Satans System der Kontrolle ein verfluchendes Umfeld schafft. Gottes System der Autorität hingegen fördert ein segnendes Umfeld.

Für viele Eltern ist es sehr schwer, an der Kultur des Segnens festzuhalten, wenn ihre Kinder ungehorsam oder rebellisch sind. Es ist leicht, die zu segnen, die das tun, was du willst. Es ist schwerer, ein Kind zu segnen, das sich der elterlichen Autorität widersetzt, das eigenwillig und rebellisch ist. Am Ende verfluchen viele Eltern ohne es zu merken die Identität ihrer Kinder, wenn sie sie eigentlich disziplinieren wollen.

DREI WICHTIGE BESTANDTEILE DER DISZIPLIN

Vor vielen Jahren lernte ich, dass ich die drei Bestandteile der Familienführung aus Sprüche 6,23 implementieren musste, um eine Kultur des Segnens zu schaffen und im Umgang mit meinen Kindern Identität von Verhalten zu trennen. Diese Schriftstelle sagt uns: *«Denn das Gebot ist eine Leuchte und das Gesetz ist ein Licht; Unterweisung und Ermahnung sind ein Weg des Lebens.»* Wir sehen also die drei Bestandteile der Disziplin:

1. Ein Gebot
2. Eine Lehre
3. Eine Ermahnung

Die erste Komponente - das Gebot - soll sicherstellen, dass ich meinem Kind klar vermittelt habe, was von ihm erwartet wird. Wenn ich mein Kind für etwas diszipliniere, von dem es gar nicht gewusst hat, dass es von ihm erwartet worden war, wird das sein Herz verwunden und Verwirrung stiften. Also ist der erste Schritt, klar zu sagen, was vom Kind erwartet wird.

Als zweites haben wir die Lehre. Es ist wichtig, dem Kind in altersgemäßer Sprache zu erklären, warum diese Regel wichtig ist. Wenn du einem Kind ein Gebot gibst, ohne zu erklären, warum es da ist, wird das Kind lernen, nur dann zu gehorchen, wenn du in der Nähe bist, um die Konsequenz folgen zu lassen. Wenn aber ein Kind die Weisheit hinter dem Gebot versteht, kann es sich entscheiden, diesem Gebot zu gehorchen - nicht aus Angst vor Strafe, sondern weil es den Sinn der Einschränkung versteht.

Der dritte Bestandteil ist die Ermahnung. Das ist die Durchführung einer Konsequenz wenn ein Gebot übertreten wird. Erinnere dich daran, dass Gott regiert, indem er Entscheidungsmöglichkeiten mit Konsequenzen anbietet. Die Ermahnung steht für diese

Konsequenz. Wenn Eltern niemals Konsequenzen folgen lassen, wenn ein Gebot übertreten worden ist, dann sagen sie damit, dass das Gebot im Leben ihrer Kinder nichts gilt und bringen ihnen bei, dass die Befehle der Eltern ohne Bedeutung sind.

Viele Eltern schaffen es nicht, Identität und Verhalten zu trennen und ihre Kinder zu segnen, wenn sie sie disziplinieren (sie disziplinieren sie also im Zorn), und zwar aus drei einfachen und praktischen Gründen. Manche haben nie etwas von Gottes Führungssystem erfahren. Andere verstehen das System, aber schaffen es nicht, im Vorhinein festzulegen, wo dem Kind Freiheiten gelassen werden sollten und wo es Grenzen mit durchführbaren Konsequenzen braucht. Wieder andere setzen Grenzen und informieren ihre Kinder über den Sinn der Gebote, nehmen dann aber fälschlicherweise an, dass die Kinder naturgemäß gehorchen werden.

Leider entspricht es der menschlichen Natur, festgelegte Grenzen auszutesten. Wenn Eltern also nicht im Vorhinein übereinkommen, wo Grenzen gesetzt werden sollen und welche Konsequenzen durchgeführt werden sollen, wenn ihre Kinder die Grenzen austesten und das Gebot übertreten, dann werden sie sich im Nachhinein den Kopf darüber zerbrechen, wie sie reagieren sollen.

Wenn Eltern nicht darüber nachgedacht haben, welche Konsequenz eine Übertretung für ihre Kinder haben sollte, können sie sehr leicht in die Führungsmethode Satans abrutschen, indem sie bei dem Versuch, das Verhalten des Kindes zu kontrollieren, seine Identität mit einem Fluch beladen. Das resultiert dann - besonders bei Teenagern - in hitzigen emotionalen Debatten und schafft eher ein fluchbeladenes Umfeld als ein segnendes. Das hat in vielen Familien zu großem emotionalen Schaden geführt, in denen sowohl die Eltern als auch die Kinder im Grunde nur versucht haben, einander zu tolerieren. In ernsteren Situationen führen diese Verletzungen zu einer noch tieferen Abneigung oder zu Hass. Lasse mich ein Beispiel anführen.

BRINGE DEN MÜLL HINAUS

Emily war eine frustrierte Mutter, die ihre siebzehnjährige Tochter scheinbar nie dazu bewegen konnte, ihre Pflichten zu erfüllen. Emilys Tochter Cathy war dafür zuständig, allen Müll am

Dienstagabend hinauszubringen, damit er früh am Mittwochmorgen abgeholt werden konnte. Doch Woche für Woche verging der Dienstagabend, während Cathy im Pyjama in ihrem Zimmer saß und ihren Freunden SMS schrieb oder mit ihnen auf Facebook chattete, ohne dass der Müll am Gehsteig stand.

Emily erinnerte ihre Tochter immer wieder an ihre Aufgabe, und Cathy versprach immer wieder, den Müll am Morgen vor der Schule hinauszubringen. Doch Emily bestand darauf, dass sie das sofort erledigen sollte. «Nein», sagte Emily dann immer. «Du hast schon gesagt, du würdest ihn am Morgen hinausbringen, aber dann haben wir den Müllwagen verpasst, weil du nicht früh genug aufgestanden bist, und wir sind eine Woche lang auf unseren stinkenden Müllsäcken gesessen. Bitte steh auf und bringe den Müll jetzt nach draußen.»

Cathy versprach dann wieder, ihre Aufgabe am nächsten Tag vor der Schule zu erledigen. «Nein, Mama», sagte sie. «Ich stelle meinen Wecker und stehe auf, um ihn am Morgen hinauszubringen. Ich verspreche es.»

Emily regte sich dann immer auf, weil sie wusste, dass ihre Tochter nur selten am Morgen den Müll hinausbrachte, und Cathy jammerte, dass sie doch schon im Pyjama sei. «Sag nicht ‹Aber Mama›!», sagte Emily dann immer, und ihre Stimme wurde lauter. «Ich möchte, dass du aufstehst, und das jetzt erledigst.»

Emily bestand immer weiter auf ihren Punkt, und Cathy leistete weiter Widerstand: «Mama, du bist ein Müllnazi! Du behandelst jeden, als ob du Hitler wärst und ein Gefangenenlager leiten würdest. Es gibt keinen Grund, warum ich das nicht morgen Früh machen sollte. Warum muss alles immer genau nach deinem Willen passieren?»

Diese Diskussion dauerte gewöhnlich eine ganze Weile, Emily regte sich immer mehr auf, bis sie zu schreien begann und Cathy ihre elektronischen Geräte wegnahm, damit sie aufstehen und den Müll hinausbringen würde. Cathy rannte dann unter Tränen hinaus und schrie, dass sie ihre Mutter hasste. Dann gab Emily meist auf und sagte Cathy, dass der Müll wohl besser morgen Früh hinausgebracht werden sollte. Natürlich verschlief Cathy dann und der Müll blieb wo er war.

An diesem Punkt verlor Emily dann komplett die Beherrschung und schrie Cathy an und nannte sie eine wertlose, faule, unverantwortliche Nervensäge. Cathy rannte dann aus dem Haus, während sie ihrer Mutter noch einige Beleidigungen nachbrüllte. Dieser Kreislauf wiederholte sich Woche für Woche.

Ohne es zu merken war Emily zu einem Handlanger Satans im Leben ihrer Tochter geworden, anstatt eine Handlungsbevollmächtigte Gottes zu sein. Anstelle einer Segenskultur hatte sie eine Fluchkultur in ihrem Haus geschaffen. Emily hatte keine Ahnung, was sie tun sollte, weil sie niemals über Gottes System der Autorität gelehrt worden war.

Zum Glück besuchte Emily eines unserer Seminare über die Segnung der Generationen, das in ihrer Gemeinde veranstaltet wurde. An diesem Wochenende wurde Emily überführt und sie merkte, dass sie von Satan als Erfüllungsgehilfin benutzt worden war, um ihre Tochter zu verfluchen anstatt sie zu segnen. Emily weinte bitterlich vor dem Herrn, als sie sich an all die Gelegenheiten erinnerte, bei denen sie Cathys Identität angegriffen und ihrer Tochter Satans Botschaft der Wertlosigkeit vermittelt hatte. Sie wusste einfach nicht, wie sie mit Cathys starkem Willen umgehen sollte.

Als Emily am Samstagabend nach Hause kam, fragte sie Cathy, ob sie mit ihr sprechen konnte. Nachdem sie eine SMS fertig geschrieben hatte, setzte sich Cathy zu ihrer Mutter an den Küchentisch.

«Cathy», begann Emily mit Tränen in den Augen. «Ich habe an diesem Wochenende gerade erkannt, dass ich dich wie ein Kommandant in einem Nazilager behandelt habe, anstatt wie eine Mutter. Ich habe versucht, dich dazu zu bringen, das zu tun, was ich wollte. Ich habe dich bedroht, gezwungen und dich angeschrieen. Ich habe dich mit Verachtung und nicht mit Respekt behandelt. Ich habe das niemals als falsch oder als Sünde gegen dich angesehen – bis zu diesem Wochenende. Ich habe keinen anderen Weg gesehen, dich zu korrigieren. Könntest du bitte dein Herz durchforschen, ob du mir vergeben kannst? Ich möchte mich wirklich ändern und die Mutter sein, die Gott für dich haben möchte.»

Cathy brach fast in Tränen aus, weil sie niemals erwartet hätte, ihre Mutter so etwas sagen zu hören. Nachdem sie den ersten Schock überwunden hatte, erwiderte Cathy: «Ja, Mama. Ich vergebe dir. Ich habe nie gedacht, dass ich diese Worte von dir hören würde. Mein ganzes Leben hindurch hast du mich so behandelt, als wäre nichts was ich jemals sage oder tue in deinen Augen richtig. Das ist das erste Mal, dass ich gehört habe, wie du zugegeben hast, dass du etwas falsch gemacht hast.»

Während des Seminars über die Segnung der Generationen erkannte Emily, dass sie von ihrer Mutter gelernt hatte, niemals einen Fehler zuzugeben oder anzuerkennen, dass man etwas falsch gemacht hat. «Cathy», sagte Emily, «Ich weiß jetzt dass das, was du sagst, die Wahrheit ist. Meine Mutter ist genauso mit mir umgegangen. Ich dachte, dass ich als deine Mutter dafür sorgen müsste, dass du mir gehorchst. Ich habe erst gestern erkannt, dass das die Art und Weise ist, wie Satan mit den Menschen umgeht, nicht wie Gott Seine Kinder behandelt. Ich habe dich so falsch behandelt. Bitte vergib mir.»

«Ich vergebe dir, Mama», sagte Cathy. «Und ich weiß, dass ich dir auch verletzende und respektlose Dinge gesagt habe. Würdest du bitte auch mir vergeben?»

Emily, die nun offen weinte, stand von ihrem Stuhl auf und umarmte ihre Tochter. «Natürlich tue ich das», sagte sie. «Es tut mir so Leid, dass ich dich so behandelt habe. Ich liebe dich! Du bist eine wunderbare junge Frau Gottes mit einem unglaublichen Potential. Du bist klug, du bist hübsch, und Gott hat dich mit einer Führungsgabe ausgestattet. Ich habe bemerkt, dass andere dir folgen - wohin immer du dich auch hineinbegibst. Ich bin so stolz darauf, dass du meine Tochter bist, und ich liebe dich sehr.»

Mutter und Tochter umarmten sich lange Zeit, bevor Emily zu ihrem Stuhl zurückging. Dann sagte sie zu Cathy: «Ich möchte mir morgen gerne etwas Zeit nehmen, um mit dir darüber zu reden, wie dein Vater und ich dein Verhalten in Zukunft korrigieren wollen.»

«Klar, Mama», sagte Cathy.

Am nächsten Tag erklärten Emily und ihr Mann Kurt ihrer Tochter, was sie am Wochenende über das Führen nach Gottes System der ausgeübten Autorität anstatt nach Satans System der Kontrolle gelernt hatten. «Ich habe deinen Willen nie anerkannt oder respektiert», sagte Emily zu Cathy. «Ich habe dich behandelt, als gäbe es nur einen einzigen Willen: *Meinen Willen.* Ich erkenne jetzt, dass das falsch ist. Von nun an werde ich dir Wahlmöglichkeiten mit Konsequenzen geben, anstatt zu versuchen, dich zu zwingen, unseren Willen zu tun.»

«Zum Beispiel», fügte Kurt hinzu, «bezüglich deiner Aufgabe, den Müll am Dienstagabend hinauszubringen, tut es uns beiden sehr Leid, wie wir dich in der Vergangenheit behandelt haben. Würdest du uns bitte vergeben?»

«Ja», sagte Cathy.

«Von nun an werden wir dir eine Wahlmöglichkeit mit einer Konsequenz geben. Stimmst du mit uns überein, dass es deine Verantwortung ist, den gesamten Müll hinauszubringen, bevor du am Mittwochmorgen in die Schule gehst?»

«Ja», sagte Cathy. «Und ich werde wirklich versuchen, das rechtzeitig zu erledigen.»

«Großartig», erwiderte Kurt. «Auf jeden Fall werden dich weder deine Mutter noch ich deswegen bedrängen. Wie und wann du die Aufgabe erledigst, ist deine Entscheidung. Allerdings wird deine Entscheidung Konsequenzen haben. Wenn du dich dafür entscheidest sicherzustellen, dass der Müll rechtzeitig am Mittwochmorgen draußen ist, wird die Konsequenz sein, dass wir alle in der nächsten Woche müllfrei leben können. Du könntest aber auch entscheiden, den Müll nicht rechtzeitig hinauszubringen. Die Konsequenz dieser Entscheidung ist, dass du die persönliche Verantwortung für den Müll, der nicht mitgenommen wurde, übernehmen musst. Verstehst du das?»

Cathy verstand zwar nicht völlig, was ihr Vater ihr da sagte, aber ihr gefiel die neue Einstellung ihrer Eltern und sie war froh, dass ihre Mutter versprochen hatte, dass es wegen dem Müll keine Schreierei mehr geben würde. Also sagte sie: «Klar, Papa, das ist in Ordnung.»

«Eine letzte Sache», merkte Emily an. «Wir empfehlen dir dringend, den Müll rechtzeitig hinauszubringen. Ich denke, das wird wesentlich angenehmer für dich sein und du wirst mehr Freude mit dieser Entscheidung haben.»

Cathy erwiderte: «OK, Mama.»

Am nächsten Dienstagabend beschloss Cathy den gesamten Müll hinauszubringen, bevor sie sich bettfertig machte. Emily war glücklich und dachte, ihr Gespräch hätte eine Wendung zum Besseren bewirkt. In der nächsten Woche allerdings saß Cathy am Dienstag spätabends im Pyjama mit ihrem iPad herum, ohne den Müll hinausgebracht zu haben. Diesmal blieb Emily ganz ruhig, da sie erkannte, dass es nicht ihre Verantwortung war, Cathy zu «kontrollieren». Sie hatte Cathy klare Entscheidungsfreiheit gegeben. Anstatt ihre Tochter anzubrüllen, ging Emily in Cathys Zimmer und gab ihr einen Gute-Nacht-Kuss. Alles, was sie sagte, war: «Denke daran, meine Süße, morgen kommt die Müllabfuhr.»

Cathys Antwort lautete: «Ich weiß, Mama. Ich mache das morgen früh.»

Emily sagte Gute Nacht und machte ihre abendlichen Erledigungen. Am nächsten Morgen stand Cathy natürlich spät auf. Sie hatte keine Zeit, sich um den Müll zu kümmern; sie schnappte sich schnell eine Scheibe Toast und rannte im letzten Moment aus dem Haus, um in die Schule zu kommen. Emily war völlig ruhig, weil ihr erneut bewusst wurde, dass es nicht ihre Aufgabe war, Cathy zu kontrollieren. Es war ihre Aufgabe, den Befehl zu erteilen - die Anleitung zu geben - und die Konsequenz durchzuführen. Gott war der einzige, der Cathy ändern konnte.

Als Cathy an diesem Nachmittag aus der Schule nach Hause kam, begrüßte sie ihre Mutter auf dem Weg in ihr Zimmer. Sie fühlte sich etwas schuldig, weil sie wusste, dass sie den Müll an diesem Morgen nicht hinausgebracht hatte. Cathy erwartete irgendwie, dass ihre Mutter sie deshalb wieder anschreien würde, aber Emily war ganz ruhig. Sie sagte keinen Ton über den Müll; sie fragte Cathy nur, wie es ihr in der Schule gegangen war. Cathy war etwas schockiert von der Gelassenheit ihrer Mutter. «Vielleicht hat sie sich wirklich geändert», dachte Cathy.

Nach einem kurzen Wortwechsel mit ihrer Mutter ging Cathy nach oben in ihr Zimmer. Nach ungefähr zwanzig Sekunden kam sie wieder herunter gerannt, und zwar mit einem entsetzten Ausdruck auf ihrem Gesicht. «Mama, da stehen fünf Säcke mit Müll in meinem Zimmer!» rief sie aus.

«Ich weiß», sagte Emily ruhig. «Erinnerst du dich an unser Gespräch über Entscheidungen und Konsequenzen?»

«Ja», sagte Cathy, «aber warum stehen die fünf Säcke Müll mitten in meinem Zimmer?»

«Nun, wie du dich erinnerst, haben wir dir erklärt, dass jede Entscheidung eine Konsequenz nach sich ziehen würde. Du hast entschieden, den Müll nicht rechtzeitig hinauszubringen. Wir haben dir erklärt, dass du in diesem Fall persönlich die Verantwortung für den Müll übernehmen musst. Da du beschlossen hast, den Müll nicht rechtzeitig hinauszubringen, sodass er nicht abgeholt werden konnte, ist es nur fair, dass du den Müll bis zur nächsten Woche in deinem Zimmer aufbewahrst. Kein anderer in der Familie ist für diesen Müll verantwortlich, und niemand möchte ihn in seinem Zimmer haben.»

«Aber Mama!», rief Cathy. «Er stinkt und belegt mein halbes Zimmer.»

«Es tut mir so Leid, Schatz», sagte Emily. «Ich weiß, es ist nicht angenehm. Darum haben wir dir dringend geraten, den Müll hinauszubringen. Wir dachten, du würdest die Folgen davon angenehmer finden. Aber du hast dich für die andere Möglichkeit entschieden. Das bedeutet, dass du den Müll bis nächsten Dienstagabend in deinem Zimmer aufbewahren musst. Ich möchte, dass du weißt, meine Süße, dass wir das nicht tun, weil wir zornig auf dich sind. Wir lieben dich sehr. Du bist unsere Tochter. Du bist hübsch, du bist klug, und Gott hat einen unglaublich guten Plan für dein Leben. Aber du hast deine Entscheidung getroffen, und dies ist die Konsequenz. Gott segne dich, meine Süße. Gute Nacht.»

Das war das letzte Mal, dass Cathy vergaß den Müll am Mittwochmorgen vor der Schule hinauszubringen. Kurt und Emily lernten, wie sie Wahlmöglichkeiten mit einer klaren Konsequenz anbieten konnten; sie ließen Cathy wählen, anstatt zu versuchen, sie mit Schreien und Drohen zu kontrollieren und zu manipulieren. Als sie Gottes Führungssystem benutzten, mussten sie die Konsequenz für die falsche Entscheidung nur einmal durchführen. Hätten sie weiterhin Satans System verwendet, hätten sie praktisch jede Woche an Cathy herumnörgeln müssen, um sie dazu zu bewegen, den Müll hinauszubringen.

Dies war die erste von vielen Erfahrungen, die dazu beitrugen, eine gesunde Beziehung zwischen Cathy und ihren Eltern herzustellen. Autorität auszuüben, die den freien Willen eines Menschen respektiert, während sie Konsequenzen für falsche Entscheidungen durchführt, kann die Atmosphäre in deiner Familie völlig verändern, auch wenn du diese Art Erziehung nie selbst erlebt hast. Gottes Führungssystem funktioniert!

WIE MAN EINE ZEIT DES FAMILIENSEGENS EINFÜHRT

Ohne eine strukturierte, regelmäßige Segnungszeit, werden Kinder wahrscheinlich nur Worte der Korrektur und der Disziplinierung von ihren Eltern zu hören bekommen. Warum solltest du nicht die Tradition einer wöchentlichen Segnung für deine Familie einführen? Der Schlüssel, wie dies praktisch funktionieren kann, ist, dem Modell jüdischer Familien zu folgen und dieser Segnungszeit Priorität vor allen anderen Aktivitäten zu geben, in die du oder deine Kinder vielleicht involviert sind. Du kannst deine eigene Tradition in deinem Haus beginnen, indem du diesen drei Schritten folgst.

1. *Trefft euch bei einer gemeinsamen Mahlzeit.*

2. *Beginne nach dem Essen mit einer Zeit der Buße und des Segnens.* Weil niemand einen Segen von jemandem annehmen kann, der ihn emotional verwundet hat, schlage ich vor, dass du deine Segnungszeit damit beginnst, dass du Verletzungen - ob real oder subjektiv wahrgenommen - ansprichst. Ich habe herausgefunden, dass du deinem Kind nur direkt in die Augen schauen musst, um zu erkennen, ob es eine Verletzung oder unverheilte emotionale Wunde gibt. Ein verletzter Mensch wird Schwierigkeiten damit haben, mit jemandem, der ihn verletzt hat, Augenkontakt zu halten.
   Wenn du eine Verletzung oder emotionale Distanz zwischen dir und deinem Kind wahrnimmst, schlage ich vor, dass du deine Segnungszeit mit Buße beginnst. Wenn du weißt, dass du während der Woche eines deiner Kinder emotional verletzt oder seine Identität verflucht hast, erkenne dieses Vergehen an und bitte um Vergebung. Selbst wenn du nicht völlig falsch gelegen bist - wenn du eine emotionale Distanz zwischen dir und deinem Kind spürst, versuche dennoch, eine Verletzung oder Wunde in seinem Herzen zu reparieren, indem du dein Vergehen eingestehst und Buße darüber tust, dass du es verletzt hast. Sei entschlossen, jede emotionale Distanz zwischen euch zu überwinden.

3. *Segne jedes Familienmitglied.* Wenn alle Wunden und Verletzungen behandelt sind, kannst du jedes Kind einzeln segnen. Ich schlage vor, dass du die fünf Schlüsselkomponenten des Segnens verwendest, die von John Trent und Gary Smalley in ihrem Standardwerk über dieses Thema *The Blessing* aufgelistet wurden. Diese Komponenten eines Segens sind:

- angemessene bedeutsame Berührung
- ein gesprochenes Wort
- dem zu Segnenden einen hohen Wert beimessen
- dem zu Segnenden eine besondere Zukunft vor Augen malen
- eine aktive Verpflichtung, den Segen erfüllen zu helfen.[1]

Vielleicht hast du den Film *Fiddler on the Roof* gesehen. Das Sabbatgebet, das Tevye und Golda über ihren Töchtern sprechen, ist ein gutes Beispiel für die Art Segen, die du vielleicht über deinen Kindern aussprechen möchtest.

> Möge der Herr euch beschützen und verteidigen.
> Möge Er euch immer vor Schande bewahren.
> Möge euer Name in Israel leuchten.
>
> Möget ihr sein wie Ruth und Esther.
> Möget ihr ein Leben führen, das Lob verdient.
> Stärke sie, o Herr,
> und halte sie fern von den Wegen der Fremden.
>
> Möge Gott euch segnen und euch ein langes Leben geben.
> Möge der Herr euch zu guten Müttern und Ehefrauen machen.
> Möge Er euch Ehemänner schicken, die sich um euch kümmern.
>
> Möge der Herr euch beschützen und verteidigen.
> Möge der Herr euch vor Schmerz bewahren.
> Gewähre ihnen, o Herr, Glück und Frieden.
> O, höre unser Sabbatgebet. Amen[2]

Der Familiensegen breitet sich über deinen Kindern aus. Wenn du verheiratet bist, mache es dir zur täglichen Gewohnheit, Segen über deinen Ehepartner zu beten. Du brauchst dafür nicht viel Zeit aufzuwenden; ein paar Minuten am Tag genügen. Findet heraus, welche Tageszeit für euch als Ehepaar passend ist und bleibt dabei. Wenn ihr einander segnet, dann wendet euch einander zu und betet mit offenen Augen. Ihr müsst einander in die Augen sehen, damit ihr den Segen nicht nur mit euren Worten, sondern auch mit euren Augen und eurem Gesichtsausdruck übermitteln könnt. Ihr könnt ein bis zwei Minuten mit den folgenden Aktivitäten verbringen:

1. Tue Buße, wenn Gott dir zeigt, dass du deinen Ehepartner in den letzten vierundzwanzig Stunden verletzt oder dich gegen ihn versündigt hast
2. Danke Gott für deinen Ehepartner (erkenne die Eigenschaften an, die du an ihm schätzt)
3. Sprich einen Segen über deinem Ehepartner und seinem Tag aus

Wenn du diese Tradition des Segnens einführst, wird das die Beziehung mit deinem Ehepartner und mit deinen Kindern transformieren. Du sprichst Leben in ihre Gegenwart und in ihre Zukunft und bringst die tiefe Liebe zum Ausdruck, die du für sie empfindest. Wenn du jede Woche Zeit für einen Familiensegen reservierst, dann lehrst du auch anhand deines Beispiels, dass deine Familie den Vorrang vor allen anderen Verpflichtungen hat. Wenn du solcherart in deine Familie investierst, wird das in den kommenden Generationen Früchte tragen.

— 3 —

GOTTES WEGE DER VORZEIT: DIE SIEBEN WICHTIGEN SEGNUNGSZEITEN

Wenn du es dir zum Lebensstil machst, Segen weiterzugeben - besonders in den sieben wichtigen Lebensphasen, dann legst du damit das Fundament für Identität und Bestimmung, das künftige Generationen erfolgreich sein lässt. Obwohl dieser segnende Lebensstil in der Bibel beschrieben ist und in der jüdischen Kultur seinen Ausdruck findet, ist er nicht nur eine jüdische Lebensweise. Gott hat diesen Segensprinzipien für alle Familien Gültigkeit verliehen. Ein segnender Lebensstil ist einer von Gottes «Wegen der Vorzeit», ein Ausdruck, der aus dem Buch Jeremia stammt.

> *«So spricht der Herr: Tretet hin an die Wege und schaut und* ***fragt nach den Pfaden der Vorzeit,*** *welches der gute Weg ist, und wandelt darauf,* ***so werdet ihr Ruhe finden für eure Seelen!*** *Sie aber sprechen: ‹Wir wollen nicht darauf wandeln!›»*
>
> – Jeremia 6,16 (Hervorhebung hinzugefügt)

Auf diese Bibelstelle wurde ich vor vielen Jahren aufmerksam, weil mir klar wurde, dass viele Störungen innerhalb der Familie heute - die Abhängigkeiten, der Missbrauch, der Ehebruch und die Nichtannahme - direkt von der Tatsache herrühren, dass es vielen Eltern an Ruhe für ihre Seelen mangelt. Wenn ein Mensch kein tiefes, fest gegründetes Empfinden für den ihm innewohnenden Wert (Identität) und den Sinn seines Lebens (Bestimmung) hat, wird seine Seele keine Ruhe finden. Stattdessen wird sie ständig nach Liebe,

Bedeutung und Sinn suchen. Wie ich bereits gesagt habe, ist der Segen Gottes Mechanismus, der innerhalb einer Familie dafür sorgen soll, die Seele eines Kindes zur Ruhe zu bringen und das Bewusstsein für seinen Wert und seine Bestimmung zu festigen.

Ein Elternteil, der selbst niemals den Segen seiner Eltern empfangen hat, ist ständig auf der Suche nach Segen und kann sich deshalb nicht darauf konzentrieren, den Segen an die nächste Generation weiterzugeben. In dieser Schriftstelle in Jeremia sagt uns der Prophet, dass wir wie von selbst Frieden für unsere Seelen finden werden, wenn wir nach Gottes Wegen der Vorzeit fragen, sie von ganzem Herzen annehmen und darauf gehen. Kinder, die in einem solchen familiären Umfeld aufwachsen, werden ganz selbstverständlich Frieden in ihren Seelen erleben.

In den folgenden Kapiteln werden wir jede der sieben wichtigen Segnungszeiten einzeln betrachten und herausfinden, dass Gott in der Kultur der alten Hebräer Zeremonien, Traditionen, Gesetze und allgemeine soziale Einstellungen installiert hat, die es für einen Menschen praktisch unmöglich machten, nicht in allen sieben wichtigen Phasen gesegnet zu werden. In dieser Kultur war es in jeder Familie ganz normal, zu diesen Zeiten gesegnet zu werden. Eltern hätten von dieser Norm abweichen müssen, um das Segnen ihrer Kinder zu vermeiden.

Leider ist heute keine der kulturellen Sicherheitsmaßnahmen mehr intakt, die Gott eingeführt hatte, um sicherzustellen, dass jeder in diesen wichtigen Phasen gesegnet werden sollte. Selbst christliche Eltern müssten beträchtlich von der kulturellen Norm abweichen, um sicherzustellen, dass ihre Kinder in den sieben wichtigen Phasen ihres Lebens gesegnet werden.

WARUM IST DAS JÜDISCHE VOLK SO ERFOLGREICH?

Ich habe viele Nationen bereist und festgestellt, dass Juden tendenziell finanziell, bildungsmäßig und in ihren Familienbeziehungen erfolgreicher sind als beinahe jede andere Kultur auf der Welt. Es ist egal ob du dich in New York, Paris, Tel Aviv, Sao Paulo, Sydney oder Hong Kong befindest – jüdische Familien sind tendenziell erfolgreicher als andere in dieser Kultur. Ich habe mich insgeheim oft gefragt, warum das so ist. Ich habe mich auch gefragt, ob das nur mein persönlicher Eindruck war, oder ob dieser Eindruck auf einer Tatsache beruhte.

Dann stieß ich kürzlich auf ein Buch mit dem Titel *The Jewish Phenomenon* (Das jüdische Phänomen), von Steven Silbiger.[1] Dieses Buch bestätigte, was ich vermutet hatte. Silbiger stellt gleich am Anfang seines Buches klar, dass es «bestätigt, dass der Erfolg des jüdischen Volkes auf eine Kombination von Faktoren zurückzuführen ist, die mit der jüdischen Religion und Kultur und einer gemeinsamen historischen Erfahrung in Zusammenhang stehen.» Weiter sagt er, dass es Dinge gibt, die *«von jedem Menschen und von jeder Gruppe untersucht werden können, und von denen man lernen kann»* (Hervorhebung hinzugefügt).[2]

Silbiger, der Jude ist, sagte, dass seine Eltern erwartet hatten, dass er in Schule und Berufsleben erfolgreich sein würde, und dass er zahlreiche Vorbilder in seiner Familie, seinem Umfeld, in den Medien und in Städten auf der ganzen Welt hatte, die diesen Gedanken unterstützten. Wirtschaftlicher Erfolg war die Norm in der jüdischen Gemeinschaft, in der er aufwuchs. Er schreibt:

> War ich auf eine Klischeevorstellung hereingefallen, die sich aufgrund von ethnischem Stolz etabliert hatte, oder steckte eine Wahrheit darin? Da ich von Natur aus kritisch bin, entdeckte ich schnell einige zwingende Beweise dafür, dass der Erfolg des jüdischen Volkes in Amerika eine Tatsache ist:
>
> - Der Prozentsatz der jüdischen Haushalte mit einem Einkommen von mehr als 50.000 Dollar ist doppelt so hoch als der von Nichtjuden.
> - Der Prozentsatz der jüdischen Haushalte mit einem Einkommen von unter 20.000 Dollar ist hingegen nur halb so hoch wie der von Nichtjuden.
> - «Bis zum heutigen Tag befindet sich das jüdische Volk wirtschaftlich gesehen im Vorteil; sein Lebensstandard ist nach wie vor höher als der von weißen Protestanten und Katholiken, selbst wenn man Haushalte vergleicht, die sich bezüglich Alter, Zusammensetzung und geographischer Lage ähneln.»
> - Vierzig Prozent der Top 40 der 400 reichsten Amerikaner nach der Forbes-Liste sind Juden.

- «Ein Drittel der amerikanischen Multimillionäre sind jüdisch.»
- Zwanzig Prozent der Professoren an den führenden Universitäten sind Juden.
- Vierzig Prozent der Partner in den führenden Anwaltskanzleien in New York und Washington sind jüdisch.
- Dreißig Prozent der amerikanischen Nobelpreisgewinner für Wissenschaft und 25 Prozent aller amerikanischen Nobelpreisgewinner sind jüdisch.[3]

Wie konnte ein solch kleiner Prozentsatz der amerikanischen Bevölkerung - nur 2 Prozent - einen so großen Prozentsatz der gebildeten, wohlhabenden und einflussreichen Bevölkerungsschicht stellen? Warum sollten Christen, von denen die Bibel in Römer 11 sagt, dass sie durch das Blut Jesu Christi in den Bund mit dem Gott Abrahams, Isaacs und Jacobs mit hinein genommen sind, nicht zumindest dieselben Statistiken vorzuweisen haben wie das jüdische Volk? Das erstaunte mich, bis mir der Herr ein tieferes Verständnis von 3.Johannes 2 gab: «*Mein Lieber, ich wünsche dir in allen Dingen Wohlergehen und Gesundheit,* ***so wie es deiner Seele wohl geht!***» (Hervorhebung hinzugefügt).

Als ich diesen Vers las, sah ich den tatsächlichen Grund dafür, warum das jüdische Volk im natürlichen Leben auf eine Art erfolgreich ist, die viele Christen nie erleben. Sie folgen Bräuchen und Traditionen (den Wegen der Vorzeit), die Gott eingesetzt hat, und die dafür gesorgt haben, dass es den Seelen ihrer Kinder wohl geht. Viele Christen sind geistlich lebendig und haben geistliche Traditionen, die dafür sorgen, dass der Geist ihrer Kinder gedeiht. Allerdings hängt laut dem Vers in 3.Johannes Erfolg im Leben und Gesundheit vom Wohlergehen der Seele (Verstand, Wille und Gefühle) ab.

Während in christlichen Familien *vielleicht* ein Umfeld geschaffen wird, in dem der Geist ihrer Kinder gedeihen kann, werden jüdische Familien *wahrscheinlich,* ein Umfeld gestalten, in dem die Seele ihrer Kinder gedeihen kann. Wenn wir also Gläubige des neuen Bundes sind - warum lernen wir nicht, wie man eine Familienkultur schafft, in der sowohl der Geist als auch die Seele unserer Kinder gedeihen kann?

Vielleicht fragst du dich: «Welche Bräuche und Traditionen sind es nun, die die Juden praktizieren, und die dafür sorgen, dass es ihren Seelen wohl geht?» Ich glaube, die Antwort liegt in dem Brauch, über den wir im vorhergehenden Kapitel gesprochen haben: dem elterlichen Segen. Wie wir bereits gesehen haben, sind alle Eltern Propheten für ihre Kinder, doch nicht alle Prophetien sind von Gott. Ich glaube, den Seelen der jüdischen Kinder geht es tendenziell nicht nur wegen des wöchentlichen Sabbatsegens ihrer Eltern gut, sondern auch, weil ihre Kultur ganz selbstverständlich das Segnen von Kindern in den sieben verschiedenen wichtigen Phasen des Lebens vorsieht.

Obwohl das Konzept des Segnens in der biblischen hebräischen Kultur klar zum Ausdruck kommt und wir Reste davon in der modernen jüdischen Kultur sehen können, glaube ich nicht, dass Gott dem jüdischen Volk ein Segnungsmonopol zukommen lassen wollte. Ich glaube, Gott wollte diesen segnenden Lebensstil und die Weitergabe des Segens zu den sieben wichtigen Zeiten im Leben ganz selbstverständlich in jeder Familie und Kultur auf der Erde etabliert sehen. Diese Segnungstraditionen stammen nicht aus dem jüdischen Volk, sondern sind die Wege der Vorzeit, die ihren Ursprung in Gott selbst haben und für jeden Menschen auf der ganzen Welt vorgesehen waren.

DER SEGEN IM AMERIKA DES ACHTZEHNTEN JAHRHUNDERTS

Obwohl der elterliche Segen ein Weg der Vorzeit ist, der von Gott eingesetzt wurde, scheint es, dass er und das daraus folgende Wohlergehen der Seele selbst in der amerikanischen Kultur noch im achtzehnten Jahrhundert überaus weit verbreitet war. Vor einiger Zeit war ich schockiert über eine Vorlesung des christlichen Historikers David Barton über amerikanische Geschichte. Ich hatte gewusst, dass es den amerikanischen Siedlern enorm viel Mut und Integrität abverlangt haben muss, sich gegen das damals mächtigste Imperium der Welt zu stellen. Mir wurde klar, dass sie einen ausgeprägten Sinn für ihre Bestimmung und Berufung gehabt haben müssen, um das tun zu können.

Ich nahm an, dass die meisten dieser frühen Amerikaner Veteranen mit einer langen Lebenserfahrung sein mussten; Menschen im Alter von mindestens fünfzig oder auch sechzig Jahren. Ich dachte, dass sie ansonsten nicht über den Mut, den Charakter und den gefestigten Sinn für Identität und Bestimmung verfügen hätten können, der notwendig war, um eine neue Nation zu gründen. Ich war schockiert, als ich erfuhr, dass einige der bekannten Gründer und Anführer Amerikas noch Teenager oder Anfang Zwanzig waren, als sie die Taten vollbrachten, für die sie heute berühmt sind.

Der vielleicht bemerkenswerteste von ihnen war John Quincy Adams. Er begann seine diplomatische Karriere offensichtlich im Alter von vierzehn Jahren, als er Francis Dana, den der Kontinentale Kongress zum US-Minister für Russland ernannt hatte, als Sekretär und Dolmetscher für Französisch begleitete. Die beiden waren in einer offiziellen Mission nach Russland unterwegs, um die diplomatische Anerkennung der neu gegründeten Vereinigten Staaten sicherzustellen. Adams wurde später - noch in seinen Zwanzigern - zum US-Minister für Holland ernannt.[4]

Betsy Ross soll die erste amerikanische Flagge hergestellt haben, als sie erst vierundzwanzig Jahre alt war. Dann waren da Alexander Hamilton, James Monroe, James Madison, John Marshall und der französische Marquis de Lafayette, die alle zwischen neunzehn und fünfundzwanzig Jahren alt waren, als sie bedeutende Rollen im amerikanischen Unabhängigkeitskrieg spielten.[5]

Wie viele Vierzehnjährige kennst du, die du als Sekretäre und Übersetzer für Diplomaten nach Übersee schicken würdest? Wenn du einen durchschnittlichen Vierzehnjährigen nach seiner Aufgabe und Bestimmung fragst, wirst du wahrscheinlich etwas von Videospielen, Fernsehshows und Zielen wie reich sein und «Spaß haben» zu hören bekommen. Vor zweihundert Jahren waren die Menschen gewöhnlich im Alter von sechzehn, siebzehn und achtzehn Jahren als Anwälte und Ärzte tätig, gründeten Firmen und heirateten.

Es ist ein erschreckender Gedanke: Wie viele Dreißigjährige kennst du, die du guten Gewissens als Botschafter für dein Land nach Übersee schicken könntest? Heute ist an vielen Dreißigjährigen weder die Integrität noch das Wissen um ihre Bestimmung zu sehen, die vor zweihundert Jahren schon bei Vierzehnjährigen klar erkennbar waren. Warum? Wir sind von Gottes Wegen der Vorzeit abgewichen.

Offensichtlich hatten junge Leute in den Vereinigten Staaten vor zweihundert Jahren eine ganz andere Zuversicht, Reife und einen anderen Charakter als heute. Warum? Ich glaube, dass die Antwort darin liegt, dass Eltern ihren Segen an die Kinder weitergaben – eine Tradition, die selbst in der amerikanischen Kultur vor zweihundert Jahren noch ziemlich intakt war. Vor der industriellen Revolution in den 1840er Jahren hatte jedes Kind *einen Vater, eine Familie und eine Zukunft.* Familien aßen jeden Tag ihre Mahlzeiten gemeinsam, und Eltern segneten ihre Kinder regelmäßig. Vor zweihundert Jahren bereiteten Eltern ihre Kinder darauf vor, eine Bestimmung zu erfüllen – nicht nur einen Job auszuüben.

Heute sind viele Menschen auf dem Planeten unterwegs, weil sie einfach nur versuchen, ihre Rechnungen zu bezahlen und ihre Ehen und Familien vor dem Untergang zu bewahren. Sie suchen nach Bedeutung und Sinn und werden von ständiger Ruhelosigkeit gequält. Sie fragen sich dauernd: «Bin ich wirklich geliebt oder wertvoll? Tue ich irgendetwas, das wirklich wichtig oder bedeutsam ist?» Diese tiefen Fragen der Seele sollten eigentlich von Gott beantwortet werden, und zwar durch eine kraftvolle Übermittlung von Identität und Bestimmung, die stattfindet, wenn der Vater oder die Mutter eines Kindes es in den wichtigen Phasen des Lebens segnet.

SEGEN UND FLUCH BEEINFLUSSEN GENERATIONEN

Wie wir schon gesagt haben, bestimmen ein Familiensegen oder -fluch oft den Verlauf des Schicksals eines Kindes nicht nur für eine sondern gleich für mehrere Generationen. Sowohl Segen als auch Fluch sind Samen, die in den folgenden Generationen Früchte nach ihrer Art hervorbringen. Noel und Phyl Gibson haben in ihrem Buch *Evicting Demonic Squatters and Breaking Bondages* (Dämonische Hausbesetzer ausquartieren und Bindungen lösen), einige sehr interessante Statistiken über zwei amerikanische Familien aufgedeckt, die sie über zweihundert Jahre zurückverfolgt hatten.

> Max Jukes war ein Atheist, der eine ungläubige Frau heiratete. Man fand etwa 560 Nachkommen: 310 starben verarmt, 150 wurden kriminell, 7 davon waren Mörder, 100 waren als

Trunkenbolde bekannt und die Hälfte der Frauen waren Prostituierte. Die Nachkommen von Max Jukes kosteten die Regierung der Vereinigten Staaten mehr als 1,25 Millionen Dollar - in Dollar des neunzehnten Jahrhunderts gerechnet.

Jonathan Edwards war ein Zeitgenosse von Max Jukes. Er war ein hingegebener Christ, der Gott die erste Stelle in seinem Leben gab. Er heiratete eine gläubige junge Dame, und man fand etwa 1.394 Nachkommen. 295 machten ihren Hochschulabschluss, 13 von ihnen wurden Hochschulpräsidenten und 65 wurden Professoren. 3 wurden zu US-Senatoren gewählt, 3 zu Staatsgouverneuren und weitere wurden als Minister ins Ausland entsandt. 30 waren Richter, 100 waren Rechtsanwälte, einer der Vorstand einer bedeutenden juristischen Fakultät, 56 praktizierten als Ärzte, einer war der Vorstand einer medizinischen Fakultät, 75 wurden Offiziere beim Militär, 100 waren bekannte Missionare, Prediger und berühmte Autoren; weitere 80 hatten ein öffentliches Amt inne, 3 von ihnen waren Bürgermeister großer Städte, einer war der oberste US-Schatzminister und ein weiterer war der Vizepräsident der Vereinigten Staaten.[6]

Es ist beeindruckend, dass keiner von Edwards Nachkommen jemals die Regierung in irgendeiner Art geschädigt hat. Wenn man die natürlichen Konsequenzen der Entscheidungen versteht, die in diesen Familien getroffen wurden, dann kann man daraus schließen, dass jemand, der in der Familie Jukes auf die Welt gekommen war, mit größerer Wahrscheinlichkeit Schwierigkeiten in der Ehe und bei der Kindererziehung hatte als jemand, der in die Familie Edwards hineingeboren worden war.

Das bedeutet nicht, dass die Familie, in die ein Mensch hineingeboren wird, sein Schicksal bestimmt. Ungeachtet ihres familiären Hintergrundes kann ein Mensch immer beschließen, weise, gottgemäße Entscheidungen zu treffen, die seine Ehe und Familienbeziehungen verbessern werden. Er kann sich entscheiden, einen segnenden Lebensstil zu führen, der seine Kinder und künftige Generationen auf eine gänzlich andere Spur bringen wird. Es ist an jedem Punkt möglich, die Macht von negativen generationsübergreifenden Mustern zu erkennen, zu brechen und ein gottgemäßes Vermächtnis zu hinterlassen.

DER SEGEN BEANTWORTET SCHLÜSSELFRAGEN

In der Einführung habe ich erwähnt, dass es sieben kritische Phasen im Leben gibt, in denen innerhalb der Familie Segen vermittelt werden sollte. Ich glaube, dass Gott zu jeder dieser wichtigen Zeiten eine geistliche und emotionale Schlüsselfrage in unserem Herzen beantworten wollte. In den nächsten Kapiteln werden wir jede dieser wichtigen Phasen und die tiefen Herzensfragen, die zu diesen Zeiten beantwortet werden sollen, genauer betrachten. Weil das für jeden Elternteil, der eine Kultur des Segnens in seiner Familie etablieren möchte, von so großer Bedeutung ist, habe ich hier eine Tabelle eingefügt, die zusammenfassend zeigt, was in jeder Phase erwartet wird.

Entscheidende Lebensfragen, die durch den Segen beantwortet werden

Wichtige Segnungszeit	Antwort auf entscheidende Lebensfragen
Empfängnis	Bin ich gewollt und in dieser Familie willkommen?
Zeit im Mutterleib	Bin ich angenommen und sicher? Gehöre ich hierher?
Geburt	Bin ich was ihr erwartet und gewollt habt? Bin ich in Ordnung oder stimmt etwas nicht mit mir? Wird sich jemand um mich kümmern?
Frühe Kindheit	Gibt es jemanden dem ich wirklich vertrauen kann, dass er meine Bedürfnisse erfüllt? Gibt es jemanden, der größer, stärker und klüger ist als ich, der mich wirklich liebt und dem ich wichtig bin?
Pubertät	Habe ich was es braucht um ein Mann/eine Frau zu sein? Bin ich gut genug um meine Berufung als Erwachsener zu erfüllen?
Ehe	Bin ich wirklich liebenswert? Wird mich irgendjemand lieben und langfristig in einem Bund zu mir halten?
Fortgeschrittenes Alter	Werde ich noch gebraucht und habe ich wirklich etwas Bedeutendes in meinem Leben erreicht?

— 4 —

WIE MAN SEIN KIND BEI DER EMPFÄNGNIS SEGNET

Wir werden in den nächsten Kapiteln einen genauen Blick auf jede der wichtigen Segnungszeiten werfen. Bevor wir tiefer in die Materie eindringen möchte ich dich daran erinnern, dass ein heftiger geistlicher Kampf darum tobt, wessen Botschaft von Identität und Bestimmung tief in das Herz eines Kindes transportiert wird. Wenn sich Eltern dieses Kampfes nicht bewusst sind, wird der Teufel sie dazu benutzen, seine Botschaft der Wertlosigkeit und Sinnlosigkeit in das Herz des Kindes zu bringen, ohne dass sie es merken. Also ist es wichtig, dass du dich als Elternteil auf Gottes Wahrheit über dein Kind – und über dich selbst – konzentrierst. Gottes Botschaft von Liebe und Wert gilt genauso auch für dich. Oft ist es so, dass wir, weil wir uns selbst als wertlos empfinden, dieselbe gottlose Botschaft auch an unsere Kinder weitergeben.

DIE SCHLÜSSELFIGUREN

Satan versucht von Anfang an, das Selbstbild eines Kindes von Identität und Bestimmung zu beeinflussen. Deshalb ist die erste kritische Segnungszeit bei der Empfängnis, und Gott möchte in dieser strategisch wichtigen Zeit beide Elternteile als Seine Handlungsbevollmächtigten gebrauchen. Der Vater und die Mutter spielen eine gleichermaßen wichtige Rolle bei der Gestaltung eines sicheren und gesegneten Umfelds, in das das Kind eintreten kann. Beide Eltern sind gleichermaßen notwendig und verantwortlich dafür, das Kind in dieser Zeit zu segnen.

SCHLÜSSELFRAGEN, DIE BEANTWORTET WERDEN MÜSSEN

Wie schon im vorigen Kapitel erwähnt gibt es zu jeder wichtigen Segnungszeit eine Schlüsselfrage, die im Herzen des Kindes beantwortet wird. Wiederum kann diese Frage entweder von Gott oder von Satan beantwortet werden, und zwar durch die Botschaften, die die Eltern weitergeben. Ich glaube, dass die wichtigste Frage, die bei der Empfängnis beantwortet werden muss, die folgende ist: *Bin ich gewollt und in dieser Familie willkommen?*

Satan und sein Reich der Finsternis möchte natürlich, dass die Eltern diese Frage folgendermaßen beantworten: «Nein, du bist nicht willkommen. Wir wollen dich nicht. Niemand will dich. Wir wollten gar kein Kind. Du bist eine lästige Plage und dringst in unser Leben ein. Du bist ein Fehler, nichts als ein Produkt der Lust ohne Sinn und Bestimmung.»

Gottes Antwort ist das genaue Gegenteil. Er möchte, dass die Eltern folgendes übermitteln: «Ja, du bist absolut willkommen. Wir wollen dich und freuen uns sehr auf deine Geburt. Gott hat dir eine einzigartige Aufgabe und Bestimmung gegeben, und wir werden alles tun, was in unserer Macht steht, um dich zu beschützen und anzuleiten, damit du diese Aufgabe erfüllen kannst.»

Zur Zeit der Empfängnis gesegnet oder verflucht zu werden bedeutet folgendes:

Gesegnete Empfängnis:

1. Beide Eltern wollen das Kind und erwarten seine Geburt mit großer Freude.
2. Die Eltern stehen in einem legitimen Ehebund.
3. Die Empfängnis findet in Liebe und nicht in Lust statt.

Fluchbeladene Empfängnis:

1. Einer oder beide Elternteile freuen sich nicht auf das Kind und wollen es nicht.
2. Ein Elternteil bedauert die Empfängnis und sieht das Kind als ein Eindringling.

3. Die Empfängnis findet außerhalb des Ehebundes statt.
4. Die Empfängnis geschieht in Lust und nicht in Liebe.

MÖGLICHE FOLGEN VON SEGEN UND FLUCH

Wenn ein Kind zur Zeit der Empfängnis gesegnet wird, geben die Eltern Gott die Autorität, von Anfang an Seine Botschaft in das Herz des Kindes zu transportieren. Das bedeutet, dass genau zur Zeit der Empfängnis die Empfindung, wertgeschätzt, geliebt, gewollt, angenommen und willkommen zu sein, sehr stark sein wird. Von Anfang an wird dem Kind ein klares Bewusstsein von Sinn und Bestimmung vermittelt. Wenn die Empfängnis gesegnet ist, erkennen die Eltern an, dass das Kind kein Unfall ist. Sie wissen, dass Gott dieses bestimmte Kind geschaffen und in dieser bestimmten Zeit in diese bestimmte Familie geschickt hat, um einen göttlichen Auftrag und eine Bestimmung zu erfüllen.

Ein weiterer wichtiger Vorteil des elterlichen Segens zur Zeit der Empfängnis ist, dass Vater und Mutter durch diesen Akt einen geistlichen Schutzwall um das Kind aufbauen, der dämonischen Zugriff auf das Kind im Mutterleib verhindert. Viele Eltern wissen nicht, dass der Ehebund einen geistlichen Schutzwall um die Empfängnis und das Wachstum eines Kindes im Mutterleib aufbaut. Wenn Eltern ein Kind außerhalb des Schutzwalls des Ehebundes empfangen, kann das ungeborene Kind allen möglichen dämonischen Geistern ausgesetzt sein, die in dem Moment anwesend sein mögen.

Wir werden dieses Konzept in diesem Kapitel noch genauer beleuchten, aber ich wollte diesen Gedanken hervorheben, um dich an die Macht des Ehebundes zu erinnern. Vor gar nicht allzu langer Zeit wurde es als unmoralisch angesehen, wenn ein Paar eine sexuelle Beziehung außerhalb des Ehebundes hatte. Heute sind vorehelicher Sex und Zusammenleben allgemein so üblich geworden, dass es als normal betrachtet wird. Die Menschen haben keine Vorstellung davon, welch verheerende Auswirkungen das auf die kommenden Generationen haben wird.

Als ich anfing, mich eingehender mit dem zu beschäftigen, was die Bibel über die Folgen der Empfängnis außerhalb des Schutzwalls des Ehebundes zu sagen hat, war eine der ersten Schriftstellen, auf die ich stieß, 5.Mose 23,2: «*Es soll auch kein Bastard in die Gemeinde des Herrn kommen; auch die zehnte Generation ihrer Nachkommen soll nicht in die Gemeinde des Herrn kommen auf ewig.*» (aus dem Englischen übersetzt).

Das schien mir eine sehr ernste Konsequenz zu sein, also fragte ich den Herrn, was dieser Vers bedeutete. Ich fragte mich, ob Gott sagen wollte, dass er einen unehelich Geborenen und die nächsten zehn Generationen nicht in seiner Versammlung haben wollte. Als ich darüber betete, hörte ich den Vater klar sagen: «Es ist nicht so, dass ich einen unehelich Geborenen nicht annehmen werde; doch es ist so, dass der Feind ein legales Recht hat, ihn bis zu zehn Generationen danach aus meiner Versammlung herauszuhalten. Ich bin bereit, jeden anzunehmen, der im Namen Jesu zu mir kommt.»

Wenn durch einen Akt der sexuellen Sünde dämonische Geister ein legales Anrecht darauf haben, bis zu zehn künftige Generationen zu plagen, dann ist das eine verheerende Konsequenz. Wenn jede Generation nur vier Kinder hat, werden in der zehnten Generation mehr als eine Million Menschen belastet sein. Also hat der Feind durch einen Akt der sexuellen Unmoral das Potential, das Leben von mehr als einer Million Menschen zu verwüsten. Meiner Meinung nach ist dies ein höchst effektiver Zerstörungsplan. Wenn ich der Teufel wäre, würde ich diesen Plan sorgfältig ausarbeiten – und es scheint, dass er das gerade tut. Laut den Zentren für Krankheitskontrolle und Vorbeugung sind in den Vereinigten Staaten 40 Prozent aller Geburten unehelich.[1]

DAS PRINZIP DES STARKEN

Vor vielen Jahren entdeckte ich ein biblisches Prinzip, dessen Verständnis für alle Eltern von großer Bedeutung ist. Ich habe es inzwischen das «Prinzip des Starken» genannt. Ob sie es merken oder nicht – alle Eltern sind «Starke». Sie sind sozusagen die Torwächter für ihre Kinder. Durch die Entscheidungen, die Eltern treffen, setzen sie ihre Kinder entweder den Dingen Gottes oder den Dingen des Teufels aus. Das mag ungerecht erscheinen, aber so ist das Leben auf dem Planeten Erde konzipiert.

In der Bibel ist das Prinzip des Starken im Matthäusevangelium beschrieben. Jesus sagte: «*Wie kann jemand in das Haus des Starken hineingehen und seinen Hausrat rauben, wenn er nicht zuerst den Starken bindet? Erst dann kann er sein Haus berauben»* (Matthäus 12,29).

In dieser Schriftstelle erklärt Jesus, wie man dämonische Geister austreibt. Er deutet offensichtlich an, dass hier eine Hierarchie dämonischer Geister besteht, gegen die man vorgehen muss. Die niedrigeren scheinen durch die Autorität der stärkeren geschützt zu sein. Wenn man also versucht, einen dämonischen Geist auszutreiben, der in der Befehlskette weiter unten steht und der unter dem Schutz eines stärkeren Dämons steht, erlaubt die Autorität dieses stärkeren Dämons dem Geist, zu bleiben wo er ist.

Folglich muss man den höchstrangigen Geist finden, der in dieser Situation am Wirken ist – den, den Jesus in diesem Vers den «Starken» nennt. Nur wenn du ihn bindest, ist es möglich, alle niedrigeren Dämonen auszutreiben und das Haus zu reinigen. Ich habe persönlich die Erfahrung gemacht, dass dieses Prinzip wahr ist, und ich weiß von vielen erfahrenen Leuten im Befreiungsdienst, die es ebenfalls bestätigen.

Als ich eines Tages über diese Schriftstelle nachsann, kam mir der Gedanke, dass das Prinzip des Starken genauso funktioniert, wenn Satan und seine dämonischen Geister versuchen, in dein Haus einzudringen. Das griechische Wort, das mit «Haus» übersetzt ist, lautet *oikos*. Doch in Matthäus 12,29 bezieht sich *oikos* nicht auf einen physischen Wohnort, sondern auf die Familie. In Apostelgeschichte 16,30–31 zum Beispiel fragt der Gefängniswärter in Philippi Paulus, was er tun muss, um errettet zu werden. Paulus sagte: *«Glaube an den Herrn Jesus Christus, so wirst du gerettet werden, du und dein Haus! [oikos]»* Offensichtlich sagte Paulus nicht, dass die physikalische Struktur, in der der Gefängniswärter lebte, errettet werden würde; er bezog sich auf die Familie des Mannes und seinen erweiterten Haushalt.

Wenn also der Feind kommt, um dein Haus *(oikos)* zu plündern, ist er hinter deiner Familie her. Sein Ziel ist es, deine Ehe, deine Kinder und Enkelkinder zu zerstören. Aber um das tun zu können, muss er den Starken binden. Wer ist der Starke deines Hauses? Der Ehemann ist der Starke für die Ehefrau, und beide Eltern sind die Starken für ihre Kinder. *Folglich kann der Feind in jedem Lebensbereich, in dem er die Eltern binden oder sich Zugang zu ihnen verschaffen kann, sich auch Zugang zu den Kindern verschaffen und sie binden.*

Satan, der sich auf das Gesetz versteht, weiß über die universellen Gesetze Gottes und die Prinzipien von Autorität Bescheid. Folglich weiß der Teufel und jeder dämonische Geist, dass er Kinder, die unter der Autorität ihrer Eltern stehen, nicht direkt angreifen kann; sie müssen sich durch die Eltern Zugang zu den Kindern verschaffen. Traurigerweise kann der Feind direkten Zugang zum Herz und zum Leben der Kinder erlangen, wenn die Eltern ihm unbewusst Türen öffnen, weil sie Satans Machenschaften gegenüber blind sind oder ihre Rolle als Starke nicht verstehen (Hosea 4,6).

Lasse mich dir ein paar praktische Beispiele dafür geben, wie das Prinzip des Starken funktioniert. Nehmen wir an, ein Vater fährt leichtsinnig mit seinem dreijährigen Sohn und seiner zweijährigen Tochter, die beide auf dem Rücksitz angeschnallt sind. Gerade als er in eine scharfe Kurve fährt, läuft ein Hase vors Auto und der Vater verliert bei einem Ausweichversuch die Kontrolle über das Auto. Es gibt einen Unfall, bei dem der Vater und seine zwei kleinen Kinder ums Leben kommen.

In diesem Fall ist es klar, dass die beiden Kinder wegen dem, was ihr Vater tat, sterben mussten. Es war nicht der Fehler der Kinder; sie hatten in dieser Sache kein Mitspracherecht. Ein Vater, der mit seinen Kindern im Auto leichtsinnig fährt, setzt sie einer Gefahr aus. Der Vater war von Gott beauftragt, seinen Kindern zu dienen und sie zu beschützen, aber in diesem Fall hat er das nicht getan. Das ist unfair, aber so funktioniert das Leben. Es ist tatsächlich so, dass Kinder von den Entscheidungen ihrer Eltern entweder profitieren oder aber Schaden davontragen.

Lasse mich dir ein paar andere praktische Beispiele für die Verantwortung geben, die Eltern bezüglich dem Erkennen von Gefahren und der Errichtung von schützenden Grenzen für ihre Kinder haben. Kleine Kinder haben generell kein wirkliches Verständnis von Schwerkraft, Straßenverkehr oder giftigen Substanzen. Gott setzte in seiner Weisheit Handlungsbevollmächtigte ein, die mehr über die Gefahren dieser Welt wissen sollten als die Kinder, deren Leben sie beschützen sollten. Selbstverständlich nennt man diese Handlungsbevollmächtigten «Eltern».

Darum werden weise und liebevolle Eltern schützende Grenzen setzen, um ahnungslose Kinder vor Schaden zu bewahren. Weise Eltern errichten vielleicht einen Zaun mit einem verschlossenen Tor um den Rasen ihres Hauses herum, um ein kleines Kind davon abzuhalten, auf eine belebte Straße zu laufen und womöglich von einem Auto angefahren zu werden. Oder die Eltern stellen ein Türgitter am oberen Ende einer Treppe auf, damit das Kleinkind nicht hinunterpurzelt und sich verletzt. Eltern werden auch Medikamente, die für das Kind giftig sein können, in einem verschlossenen Schrank aufbewahren, damit das Kind keine tödlichen Substanzen isst oder trinkt. Es mag für die Eltern mühsam sein, Tore und Schränke verschlossen zu halten, aber sie tun es zum Wohl der Kinder.

Nehmen wir nun an, die Eltern verstünden nichts von den Gefahren des Straßenverkehrs, der Schwerkraft oder giftiger Substanzen. Diese Eltern würden wahrscheinlich keine schützenden Grenzen für ihre Kinder schaffen, um sie vor diesen Gefahren zu bewahren. Es ist klar, dass die Kinder dieser unwissenden Eltern sehr gefährdet sind, und viele werden zugrunde gehen, einfach wegen der Unwissenheit ihrer Eltern. Ich glaube, dass das ein genaues Bild der Situation in vielen modernen Familien ist.

Die meisten Eltern verstehen, dass es wichtig ist, Kindern physische Grenzen zu setzen, aber sie scheinen zu vergessen, dass sie auch geistliche Grenzen setzen müssen, um ihre Kinder zu beschützen. Über die Jahre habe ich eine bestimmte Art von Zeugnis immer wieder gehört. Ein Vater auf Geschäftsreise befindet sich alleine in seinem Hotelzimmer. Er steht in der Arbeit unter großem Druck und fühlt sich ein wenig unbeachtet. Er macht den Fernseher an und schaltet von einem Kanal auf den nächsten. Bald schon stolpert er über einen Pornofilm und lässt sich verlocken, ihn anzusehen. Danach fühlt er sich schuldig, und am nächsten Morgen bittet er Gott, ihm zu vergeben.

Frage: Hat die Entscheidung des Vaters außer ihm selbst noch jemand anderem geschadet? Antwort: Absolut! Als Vater ist er der geistliche Starke für seine Frau und Kinder. Satan hat Zugang zum Kind gläubiger Eltern in genau dem Bereich, in dem er einen Elternteil binden kann. Doch der Vater in meinem Beispiel hat kein Verständnis seiner Rolle als geistlicher Starker für seine Kinder. Deshalb ist er überrascht und am Boden zerstört, als er ein paar Wochen später erfährt, dass seine Tochter mit Jungs aus der Jugendgruppe der Gemeinde «gesextet» (Textbotschaften mit anzüglichen Bildern im Anhang ausgetauscht) hat.

«Wie konnte das passieren?» fragt er sich. Der Feind hat den Vater erfolgreich im Bereich der Lust gebunden und durch diese geöffnete Tür hatte Satan Zugang zur Tochter. In 1.Petrus 5,8 sagt uns die Bibel, dass unser Gegner, Satan, umherstreift wie ein brüllender Löwe und sucht, wen er verschlingen kann. Ohne es zu merken hat dieser Vater eine Tür geöffnet, die es dem brüllenden Löwen erlaubte, seine Tochter zu verschlingen. Es ist nun wichtig, dass der Vater diese geistliche Tür, die er geöffnet hat, wieder verschließt, indem er vor Gott über das, was er getan hat, Buße tut. Dann muss er das Territorium in seinem Leben und im Leben seiner Kinder wieder einnehmen, das er dem Feind überlassen hat.

Gott hat durch Zeremonien, Traditionen und kulturelle Werte viele schützende Grenzen für Familien installiert, aber unsere Gesellschaft hat sie meist wieder eingerissen, weil wir ihren Zweck nicht verstanden haben. Viele dieser Zeremonien, Traditionen und Werte hielt man für sinnlos und unpassend, selbst unter Christen. Eltern erkannten einfach nicht, dass diese Traditionen einen geistlichen Schutzwall um ihre Familien herum aufbauten.

Tatsächlich ist eine Familie eine geistliche Einheit, nicht nur eine Ansammlung von Menschen, die unter demselben Dach leben. Es gibt eine Art geistlichen Klebstoff, der eine Familie vereint – genauso wie es eine Art «nuklearen Klebstoff» gibt, der die Partikel eines Atoms zusammenhält. Wird es aufgespalten, kommt es zu einer Kettenreaktion mit weit reichenden und oft zerstörerischen Folgen, da dieser Prozess eine Energie freisetzt, die Atomwaffen zum Explodieren bringt. Ein ähnliches Prinzip ist in einer Familie am Wirken. Es gibt innerhalb der Begrenzungen einer Familie einen geistlichen Schutz; wenn er unterbrochen wird, sind die Folgen weit reichend und möglicherweise verheerend.

Ich habe versprochen, mich detaillierter mit der Bedeutung des Ehebundes zu befassen. Viele Menschen scheinen zu denken, dass die Ehe ein etwas verstaubtes Konzept ist, nicht mehr als ein offizielles Stück Papier. Geistlich gesehen ist das absolut unzutreffend. Könnten wir eine offizielle Zeremonie, bei der ein Ehebund geschlossen wird, mit einer geistlichen Videokamera filmen, dann würden wir meiner Meinung nach im geistlichen Bereich zwei Dinge passieren sehen. Ich glaube, wir würden etwas sehen wie die Schaffung eines neuen Atoms, das vorher noch nicht existierte.

Zuerst würden wir zwei einzelne Familien (Atome) sehen, jede mit ihrem eigenen nuklearen Klebstoff und ihrem geistlichen Schutzwall. Dann, in dieser Zeremonie, würden wir sehen, wie der junge Mann (ein Partikel des Atoms) auf richtige und gesunde Weise von seinen Eltern (dem Atom) gelöst wird und eine junge Frau (ein anderes Partikel von einem anderen Atom) von ihren Eltern (einem zweiten Atom) getrennt wird. Das wird in 1.Mose 2,24 beschrieben: *«Darum wird ein Mann seinen Vater und seine Mutter verlassen.»*

Dann, wenn der Pastor oder der Standesbeamte verkündet: «Kraft des mir verliehenen Amtes erkläre ich euch hiermit zu Mann und Frau», glaube ich, dass eine geistliche Videokamera die Entstehung einer völlig neuen Familie (eines neuen Atoms) aufzeichnen würde, das nun seinen eigenen nuklearen Klebstoff und geistlichen Schutzwall hat. Dieser Teil des Prozesses wird auch in Genesis 2,24 beschrieben, wo es heißt, dass der Mann *«seiner Frau anhängen, und sie werden* ***ein Fleisch*** *werden.»* (Hervorhebung hinzugefügt). Ich glaube, dass der Ausdruck «ein Fleisch» sich auf diese neu geschaffene geistliche Einheit bezieht.

Lass uns dies nun in den Kontext des geistlichen Kampfes einfügen, in dem wir zur Zeit stehen. Wie bereits erwähnt ist es Gottes Plan, jeden Menschen zu befähigen, seine gottgegebene Aufgabe und Bestimmung zu erfüllen, während es Satans Plan ist, die Identität und Bestimmung jedes Menschen zu vernichten. Daher tobt ein geistlicher Kampf um den Zugang zum Leben jedes Menschen, und zwar vom Tag seiner Empfängnis an. Wie gut, denkst du, kennt sich ein Kleinkind - oder noch krasser - ein Kind im Mutterleib mit geistlichem Kampf aus und kann sich selbst vor dämonischen Wesen schützen? Überhaupt nicht! Das Kind ist ohne jede Verteidigung.

Ein Baby im Mutterleib hat also nicht einmal die Chance, den gefräßigen Löwen zu verstehen, der versucht, sein Leben zu zerstören. Gott, der wirklich weise ist, wusste das und hat seine Handlungsbevollmächtigten eingesetzt, die das Leben dieses Kindes beschützen und bewahren sollten. Wie gesagt heißen diese Handlungsbevollmächtigten «Eltern». Gott hatte geplant, dass Eltern die geistliche Bedrohung ihrer Familie verstehen sollten und auch ihre eigene Rolle bei der Errichtung eines geistlichen Schutzwalls für ihre Kinder durch den Ehebund.

Kinder, die außerhalb des Ehebundes empfangen wurden, haben keinen geistlichen Schutz. Selbst viele Christen erkennen nicht, dass der Ehebund der geistliche Schutzwall ist, der ungeborene Kinder vor dämonischem Zugriff schützt. Er ist so viel mehr als ein Stück Papier.

Vom Standpunkt des geistlichen Kampfes aus gesehen ist ein Kind, das außerhalb des Ehebundes empfangen wird, absolut preisgegeben und ungeschützt. Man kann es mit einem Kind vergleichen, das in einem Kriegsgebiet auf einem Stapel von Ziegeln sitzt. Ein Kind, dass in den schützenden Grenzen der Ehe empfangen wird, kann hingegen mit einem Kind verglichen werden, das sich in einem Kriegsgebiet in einer aus Ziegeln gebauten Festung befindet. Wenn sich deine Kinder tatsächlich in einem Kriegsgebiet befänden, in dem ein brutaler Feind versucht, sie zu zerstören, würdest du sie lieber im Inneren einer Festung oder auf einem Stapel Ziegel wissen, wo sie dem Feind völlig ausgeliefert sind?

Einige Teenager haben mir gesagt: «Ich sehe nicht, was falsch daran ist, mit meiner Freundin zu schlafen, wenn wir uns wirklich lieben und sicher sind, dass wir heiraten werden.» Sie wissen es nicht, aber sie haben das Problem bereits formuliert: sie sehen nicht, was falsch daran ist. Viele Menschen *sehen nicht,* dass ihre Entscheidungen längerfristige oder generationsübergreifende Folgen haben. Aus diesem Grund hat uns Gott in seinem Herstellerhandbuch, der Bibel, geschriebene Anweisungen gegeben.

Während manche Menschen damit beschäftigt sind, auszuprobieren, wie es ist, Gottes Anweisungen zu missachten, öffnen sie möglicherweise Türen für den Bereich des Dämonischen in ihrem eigenen Leben und im Leben ihrer Kinder. Leider bringen die meisten Menschen niemals die anschließende Frucht im Leben ihrer Kinder oder in späteren Generationen mit dem Samen in Zusammenhang, den sie in ihrer Generation gesät haben.

«Wollen Sie mir sagen, Herr Pastor, dass es einen Unterschied macht, ob ich mit meiner Verlobten fünf Minuten vor der Hochzeitszeremonie Geschlechtsverkehr habe oder mit meiner Ehefrau fünf Minuten nach der Zeremonie?» Wenn junge Menschen mich das fragen, muss ich ihnen sagen: «Absolut – besonders, wenn dabei ein Kind empfangen wird.» Diese Hochzeitszeremonie ist nicht nur eine Formalität; sie ist eine geistliche Realität. Sie schafft einen geistlichen Schutzwall sowohl für das Paar als auch für jedes Kind, das vielleicht empfangen wird. Ich habe viele Menschen, die dieses Prinzip verletzt haben, bitterlich weinen sehen, als sie die Folgen ihrer selbstsüchtigen Entscheidungen erkannten. Ich habe diese Lektion erstmals bei einer dramatischen Begegnung mit einer Familie vor vielen Jahren verstanden.

FREIHEIT FÜR SUSANS SOHN

Susan kam während eines unserer Seminare zu mir, um mit mir über ihren fünfjährigen Sohn Billy zu sprechen. Obwohl er nur ein kleiner Junge war, hatte Billy mit einer ungewöhnlichen sexuellen Lust zu tun. Er gab ständig Obszönitäten von sich. Er kannte all die neuesten Witze über Sex und verschlang jede Art von Pornografie, die er finden konnte.

«Das Schlimmste ist», erzählte mir Susan, «dass ich Billy vor einigen Wochen alleine in einem Raum mit seiner eineinhalb Jahre alten Schwester gelassen habe. Ich war nicht länger als drei Minuten weg, aber als ich zurückkam, fand ich Billy unbekleidet dabei, wie er versuchte, sich seiner kleinen Schwester sexuell zu nähern. Es erschreckte mich zu Tode.»

Susan wusste, dass das kein normales Verhalten für einen Fünfjährigen war – es ist nicht normal, wenn sich ein so kleines Kind solcher Dinge auch nur bewusst ist. «Ich weiß nicht, wo er diese Gedanken und dieses Verhalten aufgeschnappt haben könnte», schluchzte Susan. «So weit wir wissen, war er niemals mit Menschen zusammen, die so etwas denken oder tun. Mein Mann und ich wählen die Kinder, mit denen Billy spielt, sehr sorgfältig aus. Er ist nie sexuell belästigt worden. Natürlich ist es jetzt so, dass die anderen Eltern ihre Kinder nicht mehr mit Billy spielen lassen.

«Wir wissen einfach nicht mehr, was wir tun sollen. Er bringt mich dauernd in peinliche Situationen. Ich kann ihn nirgendwohin mitnehmen, weil ich nie weiß, was er als nächstes tut oder sagt. Ich muss zu Hause ständig auf ihn aufpassen, damit er die Kleine nicht belästigt. Wir haben es mit Gebet versucht und ihn zu einem Psychiater gebracht – alles, was uns eingefallen ist – aber nichts scheint zu helfen.»

Susans Pastor saß neben mir als sie Billys Verhalten beschrieb. Der Pastor bestätigte, dass die Situation wirklich so schlimm war, wie Susan sie geschildert hatte, und dass sie alles getan hatten, was sie konnten. Ich hatte keine Antworten für sie, also schlug ich vor, zu beten. Als wir still vor dem Herrn wurden, fühlte ich, wie der Heilige Geist mich anleitete, Susan ein paar Fragen zu stellen.

«Lass uns ganz am Anfang von Billys Leben beginnen», sagte ich. «Kannst du mir sagen, wie dein Sohn empfangen wurde?»

Susan saß einige Sekunden ganz still da, während Tränen ihre Wangen hinunterzulaufen begannen. «Ich ging zu dieser Zeit nicht mit Gott», sagte sie. «Tatsächlich hatte ich einen sehr unmoralischen Lebenswandel. So weit ich sagen kann, war ich in der Nacht, als Billy empfangen wurde, mit mehreren Männern zusammen. Ich habe keine Ahnung, wer davon sein biologischer Vater ist. Ich habe noch drei Monate so gelebt, bevor ich mein Leben dem Herrn gab. Seit damals gehe ich mit dem Herrn und habe nichts mehr mit sexueller Unmoral zu tun. Kurz nachdem Billy geboren wurde lernte ich meinen Ehemann kennen, der ein gläubiger Mann ist. Wir haben geheiratet und dem Herrn unsere ganze Ehe hindurch gedient.»

Als Susan mir diese Information gab, gab mir der Herr einen sehr merkwürdigen Gedanken. Vielleicht war der kleine Billy bei seiner Empfängnis tatsächlich von einem Geist der sexuellen Lust dämonisiert worden. Sein gegenwärtiges Verhalten könnte auf den Einfluss zurückzuführen sein, den dieser dämonische Geist auf sein Leben hatte. Ich hatte noch nie zuvor an diese Möglichkeit gedacht, doch ich fühlte sehr stark, dass ich sie dem Pastor und Susan gegenüber erwähnen sollte. Als ich diesen Gedanken ausgesprochen hatte, begann Susan hemmungslos zu schluchzen. «Ich bin mir sicher, dass genau das passiert ist», sagte sie unter Tränen.

«Ist dein Sohn mit dir zusammen hier?», fragte ich.

«Nein, er ist zu Hause bei seinem Vater», antwortete Susan. «Was sollen wir tun? Ich habe bereits über mein früheres unmoralisches Leben Buße getan. Wie können wir Billy von diesem Geist der Lust befreien?»

Ich erklärte Susan und dem Pastor dann das Prinzip des Starken, und wie ein Kind, das außerhalb des Ehebundes empfangen wird, dämonischen Angriffen schutzlos ausgesetzt ist. Weder dem Pastor noch Susan war das bewusst gewesen.

Ich sagte Susan, dass sie die Starke war und dass sie die Tür im Leben ihres Sohnes geöffnet hatte, die es einem dämonischen Geist erlaubt hatte, ihn in demselben Bereich zu plagen, in dem sie gebunden gewesen war. Gute Nachrichten werden gewöhnlich erst dann bedeutsam, wenn wir das wahre Ausmaß der schlechten Nachrichten verstehen. Also erklärte ich Susan, dass sie als Mutter nicht nur die Autorität hatte, die Tür zu öffnen, sondern dass sie als Mutter und als Gläubige an Jesus Christus auch die Autorität hatte, dieselbe geistliche Tür zu schließen und dem dämonischen Geist zu befehlen, ihren Sohn zu verlassen.

Dann fragte ich den Pastor, ob er irgendwelche Erfahrungen im Befreiungsdienst hätte. Er bejahte, und ich wies Susan an, ihren Mann mit Billy ins Büro des Pastors kommen zu lassen. Dort sollte sie die folgenden Schritte unternehmen.

1. Den Sünden der Unzucht, der sexuellen Unmoral und der Lust in ihrem Leben absagen.
2. Beten, um die Tür zu schließen, die sie durch ihr Handeln in der Vergangenheit geöffnet hatte, und die dem Feind Zugang zu ihrem Sohn verschafft hatte.
3. Die Sünde der Lust ans Kreuz Jesu Christi bringen, der für all unsere Übertretungen und Sünden gestorben ist (Jesaja 53,4–6).
4. Beten, um die Macht dieser Sünde über dem Leben ihres Sohnes zu brechen.
5. Beten, um die Sünde der Lust in Billys Leben gegen den Segen der sexuellen und emotionalen Reinheit zu tauschen, die Jesus durch seinen Tod am Kreuz für ihn erkauft hat.
6. Ihre Autorität in Christus ausüben und als der Starke (Elternteil) dem Geist der Lust befehlen, ihren Sohn sofort zu verlassen und dorthin zu gehen, wo Jesus ihn haben will.
7. Den Heiligen Geist bitten, ihren Sohn zu erfüllen.

Susan und ihr Pastor stimmten zu, dieses Treffen in der folgenden Woche zu arrangieren. Einige Monate später war ich wieder in dieser Stadt, um auf einer anderen Konferenz zu sprechen. Gleich nach meinem Vortrag kam Susan aufgeregt auf mich zugelaufen, einen kleinen Jungen im Schlepptau. «Erinnerst du dich an mich?» rief sie aus.

Ich konnte mich tatsächlich nicht auf Anhieb erinnern, weil ich inzwischen bei vielen Veranstaltungen gesprochen hatte. Aber als sie begann, mir ihre Situation zu erklären, wusste ich sofort, wer sie war

«Wir haben getan, was du gesagt hast», erzählte sie. «Mein Mann und ich, wir haben uns zusammen mit unserem Sohn mit unserem Pastor getroffen. Wir sind den Schritten gefolgt, die du uns beschrieben hast, und als wir zu dem Punkt kamen, an dem wir dem Geist der Lust befahlen, unseren Sohn zu verlassen, da konnten wir sehen, wie er ihn verließ und sich Billys Gesichtsausdruck völlig veränderte.»

Dann brach Susan in Tränen aus und rief: «Ich habe meinen Sohn zurück! er ist ein normaler fünfjähriger Junge, der keine Ahnung von Sex hat. Er erinnert sich an keinen der unanständigen Witze, die er erzählt hat und er versteht nicht einmal mehr, was all diese Dinge bedeuten. Als wir diesem Geist befahlen, ihn zu verlassen, da tat er das, und in meinem Sohn fand augenblicklich eine Veränderung statt. Sein Gesichtsausdruck veränderte sich unverzüglich, und auch seine Sprache und sein Verhalten. Ich danke dir so sehr.»

Susan war fast außer sich vor Freude und konnte nicht aufhören, dem Herrn dafür zu danken, dass Er ihren Sohn freigesetzt hatte. «Ich hätte nie geglaubt, dass ein kleiner Junge bei der Empfängnis dämonisiert werden könnte, wenn es nicht meinem eigenen Sohn passiert wäre», sagte Susan, «und wenn ich nicht die Folgen meiner vergangenen Sünde mit meinen eigenen Augen gesehen hätte.»

SO GEBOREN?

Das Erlebnis mit Susan und ihrem Sohn zeigte mir auf dramatische Weise, welch ernste Aufgabe die Eltern als Torwächter oder Starke im Leben ihrer Kinder haben. Als ich verstanden hatte, wie stark Kinder, die außerhalb des Ehebundes empfangen werden, dämonischen Einflüssen ausgesetzt sind, konnte ich auch verstehen, warum manche Menschen, die in einem homosexuellen Lebensstil gebunden sind, davon überzeugt sind, dass sie mit einer solchen Identität geboren sind.

Als gläubiger Christ hatte ich immer gedacht, dass niemand mit einer homosexuellen Identität geboren würde; Ich dachte, sie müsse irgendwann in der Kindheit erworben worden sein. Doch als ich vor einigen Jahren einem jungen Mann diente, fragte ich ihn wie lange er sich seiner homosexuellen Identität schon bewusst war. Er antwortete, er sei sich ganz sicher, dass er sie schon von Geburt an hätte. Als wir beteten, hörte ich, wie der Herr mir sagte, dass er tatsächlich mit dieser Identität geboren worden war, dass er aber nicht so geschaffen war.

Weil seine Eltern bei seiner Empfängnis nicht verheiratet waren und ihm keinen geistlichen Schutzwall boten, wurde dieser junge Mann bereits im Mutterleib von einem sexuell perversen Geist dämonisiert. Also hatte er tatsächlich Recht, als er sagte, er sei so geboren. Nachdem ich den Ursprung seiner homosexuellen Identität verstanden hatte, waren wir in der Lage, ihm zu dienen und ihm zu helfen, Befreiung zu erlangen. Seit dieser Zeit habe ich dasselbe Szenario bei vielen Menschen ablaufen sehen. Das hat mir bestätigt, wie wichtig es ist, dass Eltern ihre Kinder zur Zeit der Empfängnis mit dem geistlichen Schutzwall segnen, der durch den Ehebund errichtet wird.

GOTTES SCHUTZMASSNAHMEN IN DER KULTUR DER ALTEN HEBRÄER

Wenn wir die sieben wichtigen Segnungszeiten betrachten, entdecken wir, dass Gott Schutzmaßnahmen in der Kultur der alten Hebräer installiert hat, um sicherzustellen, dass Kinder durch den Segen Seine Botschaft erhalten und nicht Satans Botschaft durch den Fluch. Gottes Schutzschild wurde gewöhnlich in der Form von Gesetzen, kulturellen Einstellungen, Zeremonien und Traditionen errichtet.[2]

Da Gott wusste, wie notwendig der geistliche Schutz und der Segen zur Zeit der Empfängnis ist, verankerte er die folgenden drei schützenden Schlüsselprinzipien in der alten hebräischen Kultur.

1. *Das Gesetz Moses.* Hier stand die Todesstrafe auf Unzucht und Ehebruch (jeder Geschlechtsverkehr außerhalb des Schutzwalls des Ehebundes).
2. *Die kulturelle Einstellung Kindern gegenüber.* Kinder wurden als Segen angesehen, nicht als Last.
3. *Die kulturelle Einstellung der Ehe gegenüber.* Man verstand die Ehe als einen Bund, der dem Herrn heilig war.

Als ich begann, den Herrn nach den Schutzmaßnahmen zu fragen, die er in der biblischen hebräischen Kultur installiert hatte, war ich erschrocken, als ich erfuhr, dass das Gesetz des Mose eine dieser Maßnahmen war. Ich hatte «das Gesetz» immer als legalistisch, streng und tyrannisch angesehen. Ich hatte keine Ahnung, dass es eine liebevolle, schützende Grenzlinie war, dazu geschaffen, um sicherzustellen, dass Kinder bei der Empfängnis gesegnet waren. Ich denke, dass es eine der wirkungsvollsten Strategien des Feindes ist, uns dazu zu bringen, die Folgen unserer Entscheidungen nicht in Verbindung mit den Entscheidungen selbst zu bringen. Wenn Sex einfach nur als Freizeitaktivität angesehen wird oder als etwas, über das zwei Erwachsene übereinkommen können, dann erscheint das Gesetz des Mose als nichts anderes als eine antiquierte, willkürliche Verfügung eines rachsüchtigen, richtenden Gottes.

Als ich gerade anfing, diese Konzepte zu verstehen, verbrachte ich sehr viel Zeit im Gebet. Ich fragte: «Herr, die Todesstrafe ist so streng. Wenn wir uns in der heutigen Gemeinde an diesen Standard halten würden, dann wären vermutlich nur noch sehr wenige Menschen in den Versammlungen übrig. Warum eine solch harte Konsequenz?»

Dann hörte ich, wie der Vater mir sagte: «Das war nicht meine Härte, Sohn. Es war meine Gnade – für zehn Generationen von Kindern.» Dann erinnerte ich mich an 5.Mose 23,2, wo davon die Rede ist, dass der Feind die Nachkommen derer, die außerhalb des Ehebundes empfangen wurden, zehn Generationen lang unterdrücken kann. Zum ersten Mal begann ich zu verstehen. Der Einfluss der Sünde auf Einzelpersonen und Generationen erzeugt immer ein Spannungsfeld in einer Gesellschaft. Gnade für die sündhafte Generation öffnet dem Feind eine Tür, durch die er bis zu zehn Generationen verfluchen und zerstören kann. Fährt man hingegen einen härteren Kurs gegenüber der Generation, die sich vergeht, bringt das den nächsten zehn Generationen Schutz und Sicherheit.

Denke nur einmal darüber nach. Wenn im alten Israel jemand sein Leben verlieren konnte, weil er Unzucht oder Ehebruch beging – wie wahrscheinlich ist es dann, dass ein Kind außerhalb des Ehebunds empfangen wird? Es ist sehr unwahrscheinlich. Wie wahrscheinlich ist es heute, dass ein Kind außerhalb des Ehebunds empfangen wird? In den Vereinigten Staaten liegt die Wahrscheinlichkeit allgemein bei 40 Prozent![3] Was ist nun also wirklich gnädig? Da es tatsächlich ein Spannungsfeld gibt, müssen wir uns eine andere Frage stellen: *Gnade für wen?* Suchen wir Gnade für die Eltern, die sich vergangen haben, oder für die unschuldigen Kinder, die ohne geistlichen Schutz empfangen werden?

Ich schlage nicht vor, zu einem gesetzlichen System zurückzukehren, das die Todesstrafe für Unzucht und Ehebruch fordert. Ich meine allerdings sehr wohl, dass wir als gläubige Christen verstehen müssen, welche Folgen unsere Entscheidungen haben und was der Zweck von Gottes schützenden Grenzlinien ist. Mit einem solchen Verständnis sollten wir in der Gemeinschaft der Gläubigen eine Kultur des Segnens schaffen, in der die Menschen freiwillig ihre sexuelle Aktivität auf den Kontext der Ehe begrenzen, um ihre potentiellen Kinder und viele zukünftige Generationen zu segnen.

Die zweite Schutzmaßnahme, die Gott in der biblischen hebräischen Kultur installierte, war der hohe Wert, der Kindern in dieser Kultur beigemessen wurde. Denke einmal darüber nach. Eines der schlimmsten Dinge, die einer hebräischen Frau passieren konnten, war nicht die Empfängnis eines Kindes; es war Unfruchtbarkeit. Im Gegensatz dazu treffen manche Menschen in unserer Gesellschaft drastische Vorkehrungen, um eine Empfängnis zu verhindern. Natürlich sollten unverheiratete Paare gar nicht erst sexuell aktiv sein, aber selbst manche verheirateten Paare beten, dass sie nicht schwanger werden. Auch das ist aus der Sicht der bibischen hebräischen Kultur eine komplett andere Einstellung.

Wenn du ein Kind in der biblischen hebräischen Kultur wärest, wie wahrscheinlich ist es, dass deine Mutter und dein Vater versucht haben, deine Empfängnis zu verhindern? Auch hier ist die Chance fast gleich Null! Jeder wollte Kinder; man betrachtete sie als Segen. Gottes Einstellung Kindern gegenüber, wie sie von der Kultur der alten Hebräer übernommen wurde, kommt in Psalm 127,3–5 zum Ausdruck: «*Siehe, Kinder sind eine Gabe des Herrn; die Leibesfrucht ist eine Belohnung. Wie Pfeile in der Hand eines Helden, so sind die Söhne der Jugend. Wohl dem Mann, der seinen Köcher mit ihnen gefüllt hat!*»

Wie wahrscheinlich ist es in unserer heutigen Gesellschaft, dass die Empfängnis eines Kindes keine gute Nachricht für die Eltern ist? Es ist sehr wahrscheinlich! In der heutigen westlichen

Gesellschaft gilt eine große Familie als Kuriosität. Generell gelten Kinder selbst unter Gläubigen nicht als Segen und Belohnung Gottes, sondern eher als eine Last, eine Plage, als Beeinträchtigung und als Kostenfaktor für die Familie. Praktisch jedes Kind wurde in der biblischen hebräischen Kultur gesegnet und willkommen geheißen, aber diese schützende kulturelle Einstellung ist in unserer modernen Gemeindekultur fast völlig ausgelöscht worden.

Die dritte Schutzmaßnahme für Kinder, die ich in der biblischen hebräischen Kultur fand, war die kulturelle Heiligkeit der Ehe. In dieser Kultur sah man die Ehe als dem Herrn heilig an (Maleachi 2,13–15), und eine Scheidung wurde nur sehr selten durchgeführt. In der Folge konnten Kinder in einer sehr stabilen, sicheren Umgebung empfangen werden und aufwachsen. Sie basierte auf einer Mutter und einem Vater, die miteinander verheiratet waren. Mit unserer heutigen hohen Scheidungsrate ist die Ehe sehr viel weniger sicher und die Familie ist keine stabile Umgebung mehr.

Wegen dieser drei Schutzmaßnahmen, die Gott in der biblischen hebräischen Kultur installiert hatte, war es sehr unwahrscheinlich, dass die Identität eines Kindes bei der Empfängnis mit einem Fluch belastet werden konnte. Die heutige Christenheit muss verstehen, dass es sehr wichtig ist, in unseren Gemeinschaften die Kultur des Segnens wieder einzuführen. Auf diese Weise können Kinder von derselben schützenden Umgebung profitieren, die die alten Hebräer hatten, um den Segen bei der Empfängnis sicherzustellen.

In der «Werkzeugkiste des Segens» in diesem Kapitel und in Kapitel 5 bis 10 beschreibe ich praktische Schritte, die du unternehmen kannst, um die schützenden Grenzlinien um deine Familie herum zu ziehen oder wiederherzustellen; sie sind denen ähnlich, die in der alten hebräischen Kultur üblich waren. In den meisten Fällen können wir nicht dieselben schützenden Grenzen wiederherstellen, die vor tausenden von Jahren bestanden. Wir können allerdings die Prinzipien von Gottes Wegen der Vorzeit erkunden und Zeremonien, Traditionen und Praktiken in unserer eigenen Kultur einführen, die das wiederherstellen, was Gott mit seinen Wegen der Vorzeit beabsichtigt hatte, und eine moderne Kultur des Segnens schaffen.

DIE WERKZEUGKISTE DES SEGENS

Diese Werkzeugkiste des Segens stellt dir praktische Werkzeuge zur Verfügung, die du benutzen kannst, um eine Kultur des Segnens zuerst in deiner eigenen Familie und dann in deiner Gemeinde zu schaffen. Für jede wichtige Segnungszeit gibt es zwei Werkzeugsets, die dir helfen, sowohl den Schaden zu reparieren, der von einem Mangel an Segen in der Vergangenheit kommt (wiederherstellen) als auch in deiner gegenwärtigen Familie eine Kultur des Segnens zu schaffen (vorbeugen).

WIEDERHERSTELLENDE GEBETE, UM DEN FLUCH ZU BRECHEN

Wenn du bereits ein Kind hast, das außerhalb des Schutzwalles eines Ehebundes empfangen wurde:

Ich ermutige dich, den unten angeführten Schritten zu folgen. Vielleicht betest du Schritt eins bis drei durch, ohne dass dein Kind anwesend ist. Es ist zwar nicht unbedingt notwendig, aber ich schlage vor, dass du Schritt vier bis sieben betest, während dein Kind dabei ist. Wenn du verheiratet bist, ist es wichtig, dass du und dein Ehepartner diese Schritte gemeinsam als geistliche Torwächter über euer Kind betet. Wenn du ein allein erziehender Elternteil bist, bete dieselben Gebete alleine.

1. ***Sage der Sünde ab.***
   Vater, ich erkenne an diesem Tag an, dass ich in der Sünde der Lust, der Unzucht, der sexuellen Unmoral [und jeder anderen sexuellen Sünde, die Gott dir aufzeigt, wie Masturbation, Pornografie, Homosexualität, sexuelle Perversion, Voyeurismus etc.] *gebunden war. Ich sage dieser Sünde ab und bitte dich, mir durch das Blut Jesu Christi zu vergeben, dass ich ihr erlaubt habe, in meinem Leben aktiv zu werden.*

Wenn du erkennst, dass dieselbe Sünde bereits in der Generation deiner Eltern, Großeltern oder noch früher aktiv war, dann sprich das folgende Gebet:

Vater, ich erkenne an, dass mein Vater [oder Großvater] *in der Sünde der Unzucht, des Ehebruchs, der sexuellen Unmoral, der Pornografie* [oder einer anderen Sünde] *gebunden war. Er hat die Tür geöffnet, durch die der Feind Zugang zu unserer Familie bekommen hat. Heute vergebe ich meinem Vater* [oder Großvater oder anderen Vorfahren], *dass sie in diesen Sünden gelebt haben und ihr die Tür in unsere Familie geöffnet haben. Jesus Christus hat Sein Blut vergossen, um mich von dieser Sünde freizusetzen, und ich nehme heute Sein Blut in Anspruch, um die Macht dieser Sünde in meinem Leben zu beenden. Amen.*

2. ***Bete, um die offene geistliche Tür zu schließen***
   Vater, ich erkenne heute an, dass ich die Tür geöffnet habe, durch die der Feind Zugang zu meinem Sohn/meiner Tochter im Bereich der Lust, der sexuellen Sünde, der Unzucht, der Unmoral [oder einer anderen Sünde, die der Herr dir aufzeigt] *bekommen hat. Ich hatte die Autorität, diese geistliche Tür zu öffnen, und ich habe die Autorität, sie zu schließen. Also schließe ich heute jede Tür zu jeder sexuellen Sünde, die ich im Leben meines Sohnes /meiner Tochter geöffnet habe. Ich beende das Wirken dieser Sünde in meiner Familie in dieser Generation, und ich erkläre, dass sie nun in meinem Leben aufhört. In Jesu Namen, diese Sünde hat kein Recht, weiter in meiner Familie und in allen weiteren Generationen zu wirken.*

3. ***Schicke die Sünde an das Kreuz Christi.***
   Ich schicke nun die Sünde der Lust, der sexuellen Sünde, der Unzucht, der Unmoral [und alles andere, das der Herr dir aufzeigt] *ans Kreuz Jesu Christi. Jesus starb, um diese Sünde am Kreuz auf sich zu nehmen, und ich entlasse diese Sünde nun ans Kreuz Christi.*

4. ***Brich die Macht der Sünde über dem Leben deines Kindes.***
   Im Namen Jesu Christi breche ich nun die Macht der Sünde der Lust, der sexuellen Sünde, der Unzucht, der Unmoral [und jeder anderen Sünde, die der Herr dir aufzeigt] *über* [Name des Kindes]. *Ich erkläre, dass Jesus gestorben ist, um diese Sünde am Kreuz auf sich zu nehmen, und diese Sünde wird nicht länger im Leben von* [Name des Kindes] *wirken.*

5. ***Setze den Segen im Leben deines Kindes frei, den Jesus mit seinem Tod erkauft hat.***
Ich setze nun über [Name des Kindes] *den Segen frei, den Jesus mit seinem Tod für ihn/sie erkauft hat. Ich spreche über dir [Name des Kindes] aus, dass du alle Tage deines Lebens nichts als emotionale Reinheit, sexuelle Reinheit und eheliche Treue kennen wirst. Von diesem Tag an werden alle Kinder die du jemals empfangen wirst, immer innerhalb des Schutzwalles des Ehebundes empfangen werden.*

Ich segne den Tag deiner Empfängnis und ich erkläre, dass du in dieser Familie gewollt und willkommen bist. Du bist der eheliche Sohn/ die eheliche Tochter deines himmlischen Vaters, und Er hat dich auserwählt, um in dieser Zeit auf die Welt zu kommen. Du bist zur richtigen Zeit empfangen worden, und du sollst hier sein. Gott hat beschlossen, dir Leben zu geben und dich uns zu schenken. Wir empfangen dein Leben als ein einzigartiges Geschenk von Gott an unsere Familie, und wir danken Gott dafür, dass Er dich nach seinem einmaligen und besonderen Zeitplan zu einem Teil unserer Familie gemacht hat. Du bist absolut einzigartig, und niemand anderer kann deine Aufgabe auf der Erde erfüllen. Ich segne dein Leben, deinen Geist, deine Gesundheit, deine Bestimmung, deine Aufgabe und deinen Platz in unserer Familie. Mögest du künftig in allem, was du bist und allem, was du tust vom Tage deiner Empfängnis an gesegnet sein!

6. ***Befiehl jedem anwesenden dämonischen Geist, dein Kind zu verlassen und nie mehr zurückzukommen.***
Im Namen Jesu Christi befehle ich nun dem Geist der/des [Name oder Funktion des Dämons] *meinen Sohn/meine Tochter zu verlassen und nie mehr zurückzukommen. Du hast keine Autorität mehr über sein/ihr Leben. Verschwinde und gehe an den Ort, an den Jesus dich sendet.*

7. ***Bitte Gott, dein Kind mit dem Heiligen Geist zu erfüllen.***
Vater, bitte erfülle [Name des Kindes] *jetzt mit deinem Heiligen Geist. Ich segne ihn/sie mit der Erfüllung durch deinen Heiligen Geist, in Jesu Namen.*

Wenn du Kinder adoptiert hast, von denen du weißt oder vermutest, dass sie außerhalb des Ehebundes empfangen wurden.

Erinnere dich, dass Gott dir als Adoptivelternteil geistliche Autorität über deine Adoptivkinder gegeben hat. Deshalb kannst du beten, um die Sünde der sexuellen Unmoral in ihrem Leben zu brechen.

1. ***Sage der Sünde ab.***
   Vater, wir erkennen an diesem Tag an, dass der biologische Vater und die Mutter von [Name des Kindes] *in der Sünde der Lust, der Unzucht, der sexuellen Unmoral* [und jeder anderen sexuellen Sünde, von der du weißt, oder die Gott dir aufzeigt] *gebunden gewesen sein können. In der Autorität Jesu Christi widerrufen wir als die Eltern von* [Name des Kindes] *das Recht dieser Sünde, im Leben von* [Name des Kindes] *oder im Leben der zukünftigen Generationen in seiner/ihrer Blutlinie aktiv zu sein. Wir vergeben den biologischen Eltern von* [Name des Kindes] *und allen vorherigen Generationen, dass sie in dieser Sünde gelebt haben und durchtrennen die Sünde der sexuellen Sünde in dieser Generation. Amen.*

2. ***Bete, um die offene geistliche Tür zu schließen.***
   Vater, wir erkennen heute an, dass die biologischen Eltern von [Name des Kindes] *im Bereich der Lust, der sexuellen Sünde, der Unzucht, der Unmoral [und allem anderen, was der Herr dir aufzeigt] eine geistliche Tür zu unserem Sohn/unserer Tochter geöffnet haben können. Mit der Autorität Jesu Christi als Eltern von* [Name des Kindes] *schließen wir nun diese geistliche Tür für alle sexuelle Sünde im Leben von* [Name des Kindes] *in dieser und in allen künftigen Generationen. Wir beenden an diesem Tag jede legale oder geistliche Autorität, die Satan oder dämonischen Geistern von den biologischen Eltern, Großeltern oder früheren Vorfahren von* [Name des Kindes] *gewährt worden ist. Als Vater und Mutter weihen wir* [Name des Kindes] *feierlich Jesus Christus und erklären, dass er/sie alle Tage seines/ihres Lebens Gott gehören und Ihm in Gerechtigkeit dienen soll. Amen.*

3. ***Bete Schritt vier bis sieben über deinem Kind***

Vielleicht möchtest du auch das folgende Gebet über dein adoptiertes Kind sprechen:

Vater, weil wir selbst durch das Blut Jesu Christi in Deine Familie adoptiert und eingepflanzt worden sind, bestätigen wir unseren Entschluss, [Name des Kindes] als Adoptivkind anzunehmen und vollständig in unsere Familie einzupflanzen. [Name des Kindes], wir segnen dich als unseren Sohn/unsere Tochter und erklären über dir, dass du willkommen bist und in unsere Familie gehörst. Viele Eltern haben nicht die Wahl, welche Kinder Teil ihrer Familie sein werden, aber wir hatten die Wahl, und wir haben bewusst dich als unseren Sohn/unsere Tochter ausgewählt. Wir haben dich ausgewählt, weil du so besonders und so einzigartig wertvoll bist, dass wir dich in dem Moment, in dem wir von dir gehört haben, geliebt haben, gewollt haben und wussten, dass Gott dich als Teil unserer Familie haben wollte.

Also erklären wir heute, dass du unser geliebter Sohn/unsere geliebte Tochter bist, an der wir Wohlgefallen haben. Wir lieben dich. Wir nehmen dich an. Wir wollen, dass du weißt, dass wir dich so behandeln, wie unser himmlischer Vater uns als seine Adoptivkinder behandelt. Wir werden dich nie versäumen noch verlassen, und du wirst immer unser Sohn/unsere Tochter bleiben, den/die wir lieben. Wir segnen dich und erklären, dass du alle Tage deines Lebens gedeihen sollst, in Jesu Namen. Amen.

VORBEUGENDE GEBETE, UM DEN SEGEN FREIZUSETZEN

Segne den Tag der Empfängnis deines zukünftigen Kindes.

Vater, wir geben Dir die Erlaubnis, uns nach Deinem Ermessen Kinder zu geben. Herr, wir erkennen an, dass Kinder ein Geschenk von Dir sind, und wir nehmen das Geschenk eines Kindes dankbar aus Deiner Hand an. Vater, wir segnen den Geist unseres Kindes im Voraus schon im Moment der Empfängnis, und wir erklären, dass unser Kind gemäß deinem Willen alle Tage seines Lebens gedeihen und gesegnet sein wird.

Segne den Tag der Empfängnis deines Kindes, das bereits auf der Welt ist.

Vater, wir danken dir für das Geschenk, das [Name des Kindes] *für uns ist.* [Name des Kindes], *wir segnen den Tag deiner Empfängnis und erklären, dass du in dieser Familie gewollt und willkommen bist. Du bist der legitime Sohn /die legitime Tochter deines himmlischen Vaters, und Er hat dich auserwählt, in dieser Zeit geboren zu werden. Du wurdest zur richtigen Zeit empfangen und du sollst hier sein. Gott hat beschlossen, dir Leben zu geben und dich uns zu schenken. Wir nehmen dein Leben als einzigartiges Geschenk Gottes an unsere Familie an, und wir danken Gott dafür, dass Er dich in Seinem einzigartigen und besonderen Zeitplan zu einem Teil unserer Familie gemacht hat. Du bist absolut einzigartig, und niemand anderer kann deine Aufgabe auf der Erde erfüllen. Wir segnen dein Leben, deinen Geist, deine Gesundheit, deine Bestimmung, deine Aufgabe und deinen Platz in unserer Familie. Mögest du in allem was du bist und was du tust gesegnet sein, vom Tage deiner Empfängnis an bis in die Zukunft! In Jesu Namen. Amen.*

— 5 —

WIE MAN SEIN KIND IM MUTTERLEIB SEGNET

Lass uns nun zur zweiten wichtigen Phase übergehen, in der ein Kind nach Gottes Plan den Segen seiner Eltern erhalten sollte: im Mutterleib. Diese zweite Schlüsselphase umfasst die gesamte Schwangerschaft - von der Empfängnis bis zur Geburt. In der Vergangenheit meinten manche Leute, dass ungeborene Kinder kleine, unbeseelte Fleischklümpchen ohne Gedanken oder Gefühle seien. Natürlich wissen wir aus der Schrift, dass Gott jedes Kind geschaffen hat und ihm im Augenblick der Empfängnis den menschlichen Geist eingehaucht hat. Die Bibel sagt klar, dass Gott Pläne für uns hatte, noch bevor wir empfangen wurden.

> *«Ich danke dir dafür,* ***dass ich erstaunlich und wunderbar gemacht bin;*** *wunderbar sind deine Werke, und meine Seele erkennt das wohl! Mein Gebein war nicht verhüllt vor dir, als ich im Verborgenen gemacht wurde, kunstvoll gewirkt tief unten auf Erden. Deine Augen sahen mich schon als ungeformten Keim, und in dein Buch waren geschrieben alle Tage, die noch werden sollten, als noch keiner von ihnen war.»*
>
> – Psalm 139,14–16 (Hervorhebung hinzugefügt)

> *«So spricht der Herr, dein Erlöser,* ***der dich von Mutterleib an gebildet*** *hat.»*
>
> – Jesaja 44,24 (Hervorhebung hinzugefügt)

> *«Als es aber Gott,* ***der mich vom Mutterleib an ausgesondert*** *und durch seine Gnade berufen hat, wohlgefiel, seinen Sohn in mir zu offenbaren, damit ich ihn durch das Evangelium unter den Heiden verkündigte…»*
>
> – Galater 1,15–16 (Hervorhebung hinzugefügt)

Wir sehen also, dass Gott uns geschaffen und freigesetzt hat, damit wir genau zur richtigen Zeit empfangen werden konnten. Ob unsere Eltern sich an Gottes Pläne hielten und zur Zeit unserer Empfängnis verheiratet waren oder nicht – niemand von uns ist ein Unfall. Gott wusste genau, wann wir geboren werden würden und er hatte einen Plan für unser Leben, lange bevor sich unsere Eltern begegneten.

Ich war einmal in einer Versammlung, in der eine junge Mutter mit Tränen in den Augen auf mich zukam und sagte: «Ich wurde mit fünfzehn Jahren brutal vergewaltigt und wurde so mit meinem ältesten Sohn schwanger. Denkst du, dass es Gottes Wille und Plan für diesen Mann war, mich zu vergewaltigen, damit mein Sohn geboren werden konnte?»

«Nein, natürlich nicht!», antwortete ich. Ich erklärte, dass Vergewaltigung niemals Gottes Wille oder Plan für irgendjemand ist. Was der Vergewaltiger ihr angetan hat, war Sünde, von Satan initiiert, und nicht von Gott. Allerdings benutzt Gott sogar die bösen Werke des Teufels, um uns letztendlich zu segnen und uns Gutes zu tun. Paulus sagt uns in Römer 8,28: *«Wir wissen aber, dass denen, die Gott lieben, alle Dinge zum Besten dienen, denen, die nach dem Vorsatz berufen sind.»*

Wir sehen also, dass Gott zwar nicht der Urheber aller Umstände, aber sicherlich ihr Meister ist. In diesem Fall von Vergewaltigung hat es der Feind vielleicht geschafft, die Art und Weise der Empfängnis zu pervertieren, aber er konnte letztendlich die Pläne Gottes für das Leben der Mutter oder des Kindes nicht durchkreuzen. Gott wusste, dass diese tragische Vergewaltigung geschehen würde. Obwohl das Kind nicht so empfangen wurde, wie Gott es geplant hatte, schuf Gott immer noch das Kind und hatte eine Aufgabe und eine Bestimmung für es im Sinn.

Es würde den Rahmen dieses Buches sprengen, weiter in das Thema der Souveränität Gottes einzudringen, warum Ungerechtigkeiten geschehen oder wie das Böse auf der Welt arbeitet. Wenn du Genaueres darüber wissen willst, empfehle ich dir mein Buch *If God is in Control, Then Why…? Trusting a Just God in an Unjust World* (Wenn Gott in Kontrolle ist, warum…? Einem gerechten Gott in einer ungerechten Welt vertrauen), besonders Kapitel 2 und 3.[1]

DIE SCHLÜSSELFIGUR

Während der Zeit im Mutterleib ist die Mutter offensichtlich die Schlüsselfigur im Leben des Kindes. Während die Einstellungen, die Worte und Emotionen der Mutter das größer werdende Kind stark beeinflussen, hat auch der Vater eine große Verantwortung; seine Aufgabe ist es, nicht nur sein Kind, sondern auch seine Frau zu segnen. Wie der Vater seine Frau während dieser Zeit behandelt, kann ebenfalls eine bedeutende Auswirkung auf das heranwachsende Kind haben.

SCHLÜSSELFRAGEN, DIE BEANTWORTET WERDEN MÜSSEN

Die Schlüsselfragen, die durch die Worte und Emotionen der Eltern entweder von Gott oder dem Teufel beantwortet werden, sind: *Bin ich angenommen und sicher? Gehöre ich hierher?*

Selbstverständlich wollen Satan und sein Reich der Finsternis die Eltern dazu benutzen, diese Frage eindeutig so zu beantworten «*Nein*, du bist nicht angenommen. Dieser Ort ist nicht sicher für dich, und du solltest nicht einmal da sein. Du bist ein Eindringling, eine Last und eine Plage. Jemand hat dir einen bösen Streich gespielt und dich in dieser feindlichen Umgebung ausgesetzt, wo du nicht erwünscht bist und völlig alleingelassen von dämonischen Geistern gequält wirst. Vielleicht wirst du sterben oder sonst irgendwie verschwinden und aufhören, uns zu belästigen.»

Wieder ist die Antwort Gottes das genaue Gegenteil. Er möchte beide Elternteile dazu gebrauchen, um zu vermitteln: «Du bist hier angenommen, gewollt und sicher. Gott hat Vorkehrungen für dich getroffen, und wir warten mit großen Erwartungen und Vorfreude auf die aufregende Nachricht von deiner Geburt. Wir werden dich lieben, beschützen, uns um dich kümmern, dich ernähren und auf jede nur erdenkliche Art segnen. Wir können es kaum erwarten, dass du geboren wirst, damit wir mit unseren eigenen Augen das wunderschöne Geschenk sehen können, das Gott uns gegeben hat.»

SEGEN UND FLUCH FÜR DEIN KIND IM MUTTERLEIB

Die Identität eines ungeborenen Kindes kann vom Moment der Empfängnis bis zur Geburt entweder gesegnet oder verflucht werden. Natürlich war es Gottes Plan, dass das Kind während der gesamten Schwangerschaft gesegnet werden sollte, aber das geschieht nicht immer. Wie also können Segen und Fluch im Mutterleib aussehen?

Der Segen für dein Kind im Mutterleib kann folgendes beinhalten:

1. Die Eltern sorgen für ein geistlich geschütztes Umfeld für das Kind, indem sie sich innerhalb des geistlichen Schutzwalls des Ehebundes befinden.
2. Sie vermitteln dem Kind, dass es gewollt, angenommen und willkommen ist.
3. Sie sind von dem Geschenk, das Gott ihnen bei der Empfängnis des Kindes gegeben hat, begeistert.
4. Die Mutter hat keinen emotionalen Stress oder Unruhe in ihrem Leben.
5. Mutter und Vater sorgen für eine Umgebung, in der es Liebe, Versorgung und Freude gibt.

Der Fluch für ein Kind im Mutterleib kann folgendes beinhalten:

1. Die Eltern lassen das Kind ungeschützt vor dämonischen Angriffen, weil sie nicht für den geistlichen Schutz sorgen, den der Ehebund bringt.
2. Sie vermitteln dem ungeborenen Kind, dass es ungewollt und nicht willkommen ist.
3. Sie empfinden das Kind als Last oder als Eindringling in das Leben der Mutter.
4. Die Mutter lebt in einem Umfeld von emotionalem Stress, Unruhe, Furcht oder Missstimmung.

5. Die Eltern vermitteln dem Kind weder Versorgung noch Liebe noch Wert.
6. Die Mutter versucht, das Kind abzutreiben.

DIE ERSTAUNLICHEN ERFAHRUNGEN EINES UNGEBORENEN KINDES

Nicht nur die Schrift sagt uns, dass Kinder im Mutterleib gesegnet werden müssen, auch die vorgeburtliche Medizin und Psychologie bestätigt dies. Das interessanteste und informativste Buch, das ich je über dieses Thema gelesen habe, wurde von einem Spezialisten für vorgeburtliche Psychiatrie namens Dr. Thomas Verny geschrieben. Das Buch mit dem Titel *The Secret Life of the Unborn Child* (Das geheime Leben des ungeborenen Kindes) bestätigt, dass Eltern die Identität ihres Kindes im Mutterleib entweder segnen oder verfluchen können, und dass dies das Selbstbild des Kindes für den Rest seines Lebens beeinflussen kann. Ein ungeborenes Kind ist nicht nur ein unbeseelter «Fötus». Es ist eine reale Person, die Gefühle hat und deren Identität und Selbstwahrnehmung stark von den Worten, Emotionen und Einstellungen seiner Eltern geformt werden. Dr. Verny schreibt:

Wir wissen, dass das ungeborene Kind ein Mensch mit Reaktionsvermögen und Bewusstsein ist, der vom sechsten Monat an (und vielleicht auch schon früher) ein aktives emotionales Leben führt. Außer dieser überraschenden Entdeckung haben wir auch noch folgendes herausgefunden:

- Der Fötus kann sehen, hören, Erfahrungen machen, schmecken und auf einer einfachen Ebene sogar *in utero* (also im Uterus – vor der Geburt) etwas lernen. Am Bedeutendsten ist, dass er *fühlen* kann – nicht so ausgereift wie ein Erwachsener, aber er kann fühlen.
- Eine logische Folge dieser Entdeckung ist, dass das, was das Kind fühlt und wahrnimmt, beginnt, seine Einstellungen und Erwartungen bezüglich seiner selbst zu formen. Ob es sich selbst letztendlich als fröhlich, traurig, aggressiv, schwach, sicher oder angstvoll sieht und entsprechend handelt, hängt teilweise von

den Botschaften ab, die es im Mutterleib über sich selbst bekommt.

- Die Hauptquelle dieser Botschaften ist die Mutter des Kindes. Das bedeutet nun nicht, dass jeder Anflug von Sorge, Zweifel oder Angst, den eine Frau haben mag, Auswirkungen auf ihr Kind hat. Was Auswirkungen hat, sind anhaltende und tief verwurzelte Muster von Gefühlszuständen. Chronische Angst oder zwiespältige Gefühle bezüglich der Mutterschaft können eine tiefe Wunde in die Persönlichkeit des ungeborenen Kindes schlagen. Gefühle wie Freude, Jubelstimmung und Vorfreude, die das Leben fördern, können hingegen beträchtlich zur emotionalen Entwicklung eines gesunden Kindes beitragen.[2]

Dr. Verny sagt, dass sein Buch «auf der Entdeckung basiert, dass ein ungeborenes Kind ein Lebewesen ist, das über *Gefühle, ein Erinnerungsvermögen und ein Bewusstsein* verfügt. Aus diesem Grund ist das, was ihm - und uns allen - in den neun Monaten zwischen Empfängnis und Geburt widerfährt, von großer Bedeutung für die Ausbildung und Formung der Persönlichkeit, des Antriebs und der Ambitionen.»[3]

Kinder werden im Mutterleib nicht nur emotional beeinflusst. Dr. Verny zitiert auch einige Berichte über Kinder, die während ihrer Zeit im Mutterleib Worte, Sätze, Fremdworte und selbst Musikpartituren gelernt haben. Er erzählt die bemerkenswerte Geschichte eines begabten Philharmoniedirigenten. Sein Name ist Boris Brott, und er wurde in einem Radiointerview gefragt, wann er angefangen habe, sich für Musik zu interessieren.

> Er [Brott] zögerte einen Moment und sagte dann: «Wissen Sie, es mag merkwürdig klingen, aber Musik war schon vor meiner Geburt ein Teil von mir.» Verdutzt bat der Interviewer ihn um eine genauere Erklärung.
>
> «Nun», sagte Brott, «als junger Mann gab mir diese ungewöhnliche Fähigkeit, die ich hatte, Rätsel auf. Ich konnte bestimmte Stücke spielen, ohne sie mir vorher angesehen zu haben. Wenn ich eine Partitur zum ersten Mal dirigierte und mich plötzlich die Notenlinie des Cellos «ansprang», dann wusste ich, wie der Fluss des Stückes weitergehen würde, noch bevor ich die Seite der Partitur umgedreht hatte. Eines Tages erwähnte ich das meiner Mutter, einer professionellen Cellistin, gegenüber. Ich dachte, sie würde fasziniert sein, weil es immer die Notenlinie des Cellos war, die

> mir so gegenwärtig war. Sie war auch fasziniert; aber als sie hörte, um welche Stücke es sich handelte, löste sich das Rätsel schnell von selbst. Alle Partituren, die ich unbesehen spielen konnte, waren diejenigen, die sie gespielt hatte, als sie mit mir schwanger war.[4]

Als Gläubige wissen wir, dass Gott den menschlichen Geist zur Zeit der Empfängnis in ein Kind bläst. Dr. Verny zitiert Forschungsergebnisse, die wiederum bestätigen, dass Eltern die Identität eines Kindes von der Zeit der Empfängnis an segnen oder mit einem Fluch beladen können. Bezüglich des ungeborenen Kindes stellt Dr. Verny fest:

> Es kann nicht nur große, undifferenzierte Gefühle wie Liebe und Hass wahrnehmen und darauf reagieren, sondern auch differenziertere und komplexere Gefühle wie Zwiespältigkeit und Doppelsinnigkeit.
>
> In welchem Moment genau seine Gehirnzellen diese Fähigkeit erwerben ist immer noch unbekannt. Eine Gruppe von Forschern glaubt, dass so etwas wie ein *Bewusstsein von den ersten Augenblicken der Empfängnis* an existiert. Als Beweis dafür weisen sie auf die Tausende völlig gesunder Frauen hin, die einen spontanen Abgang erleben. Es gibt Spekulationen darüber, dass in den ersten Wochen – oder vielleicht sogar Stunden – nach der Empfängnis das befruchtete Ei über genügend eigenes Bewusstsein verfügt, um Ablehnung zu spüren und über genügend eigenen Willen, um darauf zu reagieren.[5]

Wir sehen also, dass die Identität von Kindern durch das, was ihnen die Eltern geistlich, emotional, verbal und körperlich vermitteln, selbst als winzige Babys im Mutterleib gesegnet oder mit einem Fluch beladen werden kann. Dr. Vernys Forschung zeigt weiter, dass Kinder im Mutterleib den Emotionen und der Kommunikation der Mutter und des Vaters gegenüber sensibler sind als Erwachsene.

> Ein Erwachsener und in geringerem Ausmaß auch ein Kind, hat Zeit gehabt, Verteidigungsstrategien und Reaktionen zu entwickeln. Es ist ihm möglich, die Auswirkungen des Erlebten abzufedern oder umzulenken. Ein ungeborenes Kind kann das nicht. Was immer auf es Einfluss nimmt, tut das direkt. Aus diesem Grund prägen sich die mütterlichen Emotionen so tief in seiner Psyche ein und haben auch im späteren Leben großen Einfluss. Die Hauptmerkmale der Persönlichkeit ändern sich selten. Wenn

Optimismus in das Wesen eines ungeborenen Kindes eingeprägt wird, wird später eine ganze Menge an Widrigkeiten nötig sein, um ihn wieder zu löschen.[6]

Dr. Verny erklärt weiter, dass es sich für ungeborene Kinder so anfühlt, als seien sie für sechs, sieben oder acht Monate ohne jeden emotionalen oder intellektuellen Bezug allein in einem Raum, wenn schwangere Frauen nicht mit ihrem ungeborenen Kind kommunizieren.

> Es [das ungeborene Kind] muss sich geliebt und gewollt fühlen, und zwar genauso dringend – vielleicht noch dringender – als das bei uns der Fall ist. Man muss mit ihm sprechen und an es denken; andernfalls werden sein Geist – und oft auch sein Körper – dahinzuwelken beginnen... Im Großen und Ganzen ist die Persönlichkeit des ungeborenen Kindes, das eine Frau trägt, eine Funktion der Qualität der Kommunikation zwischen Mutter und Kind, und auch ihrer Genauigkeit. Wenn die Kommunikation ausgiebig, reichhaltig und vor allem voll wichtiger «Nährstoffe» war, stehen die Chancen gut, dass das Baby widerstandsfähig, gesund und glücklich wird.
>
> Diese Kommunikation ist ein wichtiger Teil des Entstehens einer Bindung.[7]

EIN KIND IM MUTTERLEIB SEGNEN

Wir sehen also, dass weltliche Spezialisten für vorgeburtliche Psychologie bestätigen, dass ein Kind während seiner Zeit im Mutterleib Segen, Förderung und Liebe braucht. Sowohl der Vater als auch die Mutter können ihre Kinder im Mutterleib segnen, indem sie mit ihnen sprechen, über ihnen beten, sie fördern, lieben und im Grunde wie reale Menschen behandeln, obwohl sie sie noch nicht physisch sehen können. Es ist das Vorrecht und die Verantwortung der Eltern, ihrem Kind die Botschaft Gottes zu vermitteln: «Du bist angenommen, geliebt und willkommen. Dies ist ein sicherer Ort für dich, an dem du leben, wachsen und unsere Liebe empfangen kannst.»

Wenn auch die Mutter die Hauptperson ist, die Gott gebraucht, um Seine Botschaft an ihr ungeborenes Kind weiterzugeben, so spielt der Vater doch eine bedeutende Rolle, wenn es darum geht, das Kind zu segnen. Dr. Verny erklärt.

> Alles, was sie (die Mutter) trifft, trifft auch es (das Kind). Und nichts beeinflusst sie so stark oder hat so verheerende Auswirkungen wie Sorge wegen ihres Ehemanns (oder Partners). Deshalb können nur wenige Dinge dem Kind emotional und physisch gefährlicher werden als ein Vater, der seine schwangere Frau missbraucht oder vernachlässigt.
>
> Ein ebenso wichtiger Faktor für das emotionale Wohlbefinden des Kindes ist, wie sehr der Vater sich dem Ehebund verpflichtet fühlt... Aus offensichtlichen psychologischen Gründen ist der Mann hier im Nachteil. Das Kind ist kein organisches Teil von ihm. Doch nicht alle daraus resultierenden Hindernisse sind unüberwindbar. Etwas so gewöhnliches wie das Sprechen ist ein gutes Beispiel dafür. Ein Kind hört die Stimme seines Vaters im Mutterleib; es gibt triftige Beweise dafür, dass diese Stimme große emotionale Auswirkungen auf das Kind hat. Es gibt Fälle, in denen ein Mann seinem Kind im Mutterleib kurze, beruhigende Worte zusprach, worauf das Neugeborene in der Lage war, die Stimme seines Vaters in einem Raum herauszuhören – sogar schon in den ersten ein bis zwei Stunden seines Lebens. Darüber hinaus reagierte es emotional darauf. Beispielsweise hörte es auf zu weinen. Der vertraute, beruhigende Klang sagt ihm, dass es sicher ist.[8]

Vor einigen Jahren erzählte mir ein Freund eine Geschichte über seinen ungeborenen Enkelsohn, die bestätigt, wie wertvoll es ist, ein Kind im Mutterleib zu segnen. Da er selbst verstanden hatte, wie wichtig es war, seinen Enkelsohn im Mutterleib zu segnen, brachte mein Freund John seiner Tochter und seinem Schwiegersohn bei, von dem Tag an, als sie von der Schwangerschaft erfuhren, Segen über ihr Baby zu sprechen. Auch John betete und sprach segnende, liebevolle und fördernde Worte zu dem Kind, wann immer er in der Nähe seiner Tochter war.

Oft kniete er nieder und sprach seinen Enkelsohn im Mutterleib direkt an. «Hallo Kleiner», sagte er dann. «Hier ist dein Großvater. Ich liebe dich! Du bist mir so wertvoll. Du bist ein Geschenk Gottes an uns, und ich kann es kaum erwarten, dass du auf die Welt kommst und ich dich sehen, halten, dein kleines Gesicht küssen, in deine Augen schauen und dir sagen kann, wie sehr ich dich liebe.

Du bist ein starker Mann Gottes und du wirst erleben, wie Gott die Nationen erschüttert.»

John war an dem Tag im Krankenhaus, an dem sein Enkel geboren wurde. Nachdem das Baby gewaschen war, reichte die Hebamme es seinem Vater und seiner Mutter, damit sie es halten und herzen konnten. Als sie das Baby der Hebamme zurückgaben, weinte es. John fragte, ob er seinen neuen Enkel halten durfte. Die Hebamme gab ihm das Baby. John herzte es, schaute ihm in die Augen und sagte: «Hallo Kleiner. Hier ist dein Großvater. Ich liebe dich! Du bist mir so wertvoll. Du bist ein Geschenk Gottes an uns.»

John sagte, dass das Baby in dem Moment, in dem er zu sprechen begann, zu schreien aufhörte und ihm in die Augen blickte. John sagte, es sei offensichtlich gewesen, dass das Baby die Stimme wieder erkannt hatte, die in den letzten acht Monaten immer wieder zu ihm gesprochen hatte. Sein Enkel reagierte auf die vertraute Stimme und schien sich sicher und friedlich zu fühlen in den Armen eines Großvaters, den er nie gesehen hatte, aber dessen Segen er sein ganzes Leben im Mutterleib hindurch empfangen hatte. Seit John mir diese Geschichte vor vielen Jahren erzählt hat, habe ich oft ähnliche Geschichten von jungen Vätern und Müttern gehört, die auch verstanden, dass sie das Vorrecht und die Verantwortung hatten, ihr ungeborenes Kind zu segnen. Ein solcher Segen hat das Potenzial, ein starkes Bewusstsein von innerer Sicherheit und von Frieden im Herzen des Kindes zu schaffen, das sein ganzes Leben lang anhalten wird.

Auch die Schrift berichtet davon, dass Kinder im Mutterleib erkannt und gesegnet werden, als Maria ihrer älteren Verwandten Elisabeth begegnet. Maria, die Mutter Jesu, ging los, um Elisabeth zu besuchen. *«Und es geschah, als Elisabeth den Gruß der Maria hörte, da hüpfte das Kind in ihrem Leib; und Elisabeth wurde mit Heiligem Geist erfüllt und rief mit lauter Stimme und sprach: Gesegnet bist du unter den Frauen, und gesegnet ist die Frucht deines Leibes! Und woher wird mir das zuteil, dass die Mutter meines Herrn zu mir kommt?* ***Denn siehe, sowie der Klang deines Grußes in mein Ohr drang, hüpfte das Kind vor Freude in meinem Leib.***» (Lukas 1,41-44, Hervorhebung hinzugefügt).

EIN KIND IM MUTTERLEIB MIT EINEM FLUCH BELADEN

So, wie ein Kind im Mutterleib gesegnet werden kann, so kann die Identität eines Kindes im Mutterleib auch mit einem Fluch beladen werden. Vor vielen Jahren, als ich den Herrn suchte, führte Er mich zu einer Schlüsselstelle, die zeigt, wie lang anhaltend die Auswirkungen auf das Leben der Menschen sein können, wenn ihre Identität im Mutterleib verflucht wird. David, der Psalmist, schreibt: *«Die Gottlosen sind abtrünnig von Mutterleib an, die Lügner gehen auf dem Irrweg von Geburt an»* (Psalm 58,4).

Zuerst dachte ich, diese Schriftstelle könne sich nicht auf mich oder irgendeinen Gläubigen beziehen, weil wir nicht die «Gottlosen» sind, sondern die Erlösten. Doch nach einem kurzen Bibelstudium fand ich heraus, dass das hebräische Wort, das mit «Gottlose» übersetzt wurde, in diesem Vers *rasha* heißt. Dieses Wort bedeutet natürlich böse oder gottlos, aber einige der weiteren Bedeutungen zogen meine Aufmerksamkeit auf sich, wie zum Beispiel: «sich in einem rastlosen, unruhigen Zustand befinden; von verschiedenen bösen Leidenschaften umher getrieben, von vielen gottlosen Dingen abgelenkt, ohne ruhiges Gewissen und mit starkem inneren Aufruhr.»[9]

Als ich das las, erkannte ich, dass sich das auf viele Menschen beziehen könnte, denen ich begegnet bin; Menschen, die sich in ihrem Erwachsenenleben in einem rastlosen, unruhigen Seelenzustand befinden, abgelenkt und umher getrieben von vielen Leidenschaften.

Das hebräische Wort, das mit «abtrünnig» übersetzt ist, ist *zuwr.* Dieses Wort kann auch «entfremdet sein, zur Seite gelegt, als Feind, als unehelich oder zu einer anderen Familie gehörig» bedeuten.[10]

Der Satz, auf den ich wirklich aufmerksam wurde, war «zu einer anderen Familie gehörig». Dieses Gefühl könnte einem Kind im Mutterleib vermittelt werden, wenn man es als einen Feind ansieht oder es spüren lässt, dass es nicht zur Familie gehört. Das ungeborene Kind könnte den Eindruck bekommen: «Jemand hat mir übel mitgespielt, indem er mich in diese feindliche Umgebung gesetzt hat, in der ich nicht willkommen, nicht gewollt und nicht beschützt bin.»

Ähnlich mag sich ein Mensch fühlen, der herausfindet, dass er auf einer Party, zu der er dachte, dass er eingeladen wäre, nicht willkommen ist. Wenn du bei einer solchen formellen Party auftauchst, glaubst, auf der Gästeliste zu stehen, und dann an der Tür feststellst, dass dein Name sich nicht auf der Liste befindet, kannst du dich ziemlich abgelehnt fühlen. In einer solchen Situation kannst du dich einfach umdrehen und weggehen, während du dir selbst sagst: «Nun, ich weiß, wo ich nicht erwünscht bin.»

Ein Kind hingegen, das im Leib seiner Mutter auftaucht und eine ähnliche Erfahrung macht, kann sich nicht einfach umdrehen und weggehen. Es kann nirgendwohin gehen. Das Kind ist gezwungen, in dieser feindlichen Umgebung zu bleiben und täglich die Ablehnung und Missachtung durch seine Gastgeberin zu erdulden. Das kann sehr leicht dazu führen, dass man sich entfremdet und abgelehnt fühlt und denkt, dass man eigentlich gar nicht da sein sollte (Scham). Das Kind hat nichts Falsches getan. Man betrachtet seine Existenz als Fehler. Folglich ist seine Identität vom Mutterleib an verflucht.

Der dritte bedeutende Ausdruck in Psalm 58,4 ist «auf dem Irrweg gehen». Das ist das hebräische Wort *ta' ah*. Einige der Bedeutungen dieses Wortes sind «umherstreifen, unentschlossen sein, umherstreunen, taumeln oder schwanken wie ein Betrunkener.»[11] Also ist die Folge davon, dass jemand im Mutterleib entfremdet ist, dass er als Erwachsener auf dem Irrweg geht. Wenn wir diese drei erweiterten Definitionen in die Schriftstelle einfügen, klingt der Vers ungefähr folgendermaßen:

> *Der Mann (oder die Frau), die sich in einem rastlosen, unruhigen Zustand befindet, von verschiedenen bösen Leidenschaften umher getrieben und von vielen gottlosen Dingen abgelenkt wird, kein ruhiges Gewissen hat sondern heftigen inneren Aufruhr erlebt, wurde im Mutterleib entfremdet, zur Seite gelegt, als Feind behandelt und so, als wäre er/sie unehelich oder von einer anderen Familie. Wer dann von der Zeit der Geburt an Lügen spricht, wird umherstreifen, unentschlossen sein, umherstreunen, durchs Leben taumeln und schwanken wie ein Betrunkener.*

In den Jahren meines Dienstes habe ich viele Menschen kennen gelernt, die offenbar das haben, was ich einen «Zigeunergeist» nenne.

Wo sie auch sind oder was sie auch tun, sie sind niemals glücklich. Das Gras ist anderswo immer grüner. Sie fühlen sich nie zu Hause. Ein solcher Mensch wird folglich in seinem Christenleben von Gemeinde zu Gemeinde streifen. Manchmal streift er von Job zu Job, von Stadt zu Stadt, oder sogar von Beziehung zu Beziehung. Wenn du dir den Verlauf seines Lebens ansiehst, so ist er nicht gerade. Es ist ein Zickzackmuster ohne Stabilität. Ein solcher Mensch irrt fast wie ein Betrunkener durchs Leben.

Wenn Menschen im Mutterleib abgelehnt und verflucht anstatt gesegnet wurden, resultiert das oft in einer unruhigen Seele in der Kindheit und im Erwachsenenalter. Wenn die Seele keinen Frieden hat, ist das Fleisch immer bemüht, der Seele durch verschiedene gottlose Dinge einen falschen Trost zu bringen, wie es oben beschrieben ist. Da die Seele niemals Ruhe hat, ist dieser Mensch nie zu Hause und sucht immer irgendetwas anderes oder irgendjemand anderen.

Außerdem können viele negative Gewohnheiten, Gefühle und Einstellungen im Erwachsenenleben direkt von der Entfremdung im Mutterleib herrühren. Manchmal sind das keine ernsthaften sündhaften Muster, wie zum Beispiel Mord, Alkoholismus, Ehebruch oder Gewalttätigkeit, sondern einfach negative Gewohnheiten oder emotionale Reaktionsmuster, die sehr schwer zu ändern sind.

Wenn ich Menschen diente, die sich in diesem Zustand befanden, suchte ich immer den Herrn, um die Wurzel des Verhaltens zu offenbaren, und viele Male hat Er uns geführt, uns um die Auswirkungen der Ablehnung und des Fluches im Mutterleib zu kümmern. Viele Menschen haben eine völlige Veränderung in ihrem Verhalten als Erwachsene und ihrer Lebenseinstellung erlebt, nachdem sie bei einem unserer Seminare «Der Segen der Generationen» eine Begegnung mit dem Herrn hatten.

Ein Mann hatte sein ganzes Leben lang Probleme damit, Dinge aufzuschieben und zu Verabredungen zu spät zu kommen. Zuerst beteten wir und baten den Herrn, diesem Mann die Wurzel dieser Symptome zu zeigen. Während wir warteten, krümmte er sich langsam in seinem Sessel zusammen, fiel dann eingerollt in Embryonalstellung zu Boden und begann leise zu weinen. Als ich ihn fragte, was in ihm vor sich ging, sagte er, dass er das überwältigende

Gefühl hatte, im Leib seiner Mutter zu sein und nicht geboren werden zu wollen.

Er hatte mitbekommen, dass seine Mutter verärgert und zornig über seine Existenz war. In den Wochen vor seiner Geburt stritten der Vater und die Mutter des Mannes häufig, und es hatte mehrere emotionale Ausbrüche zwischen ihnen gegeben. Er durchlebte noch einmal die Erfahrung, im Leib seiner Mutter warm, sicher und gut aufgehoben zu sein, und nicht in die feindliche Umgebung kommen zu wollen, die er draußen gehört hatte.

Dieser Mann sagte uns, dass seine Geburt mehr als drei Wochen überfällig war. Als wir den Herrn Jesus einluden, ihm zu dienen, fühlte er, wie der Herr die tiefe Lüge wegnahm, dass er in keiner neuen Situation gewollt oder willkommen wäre. Diese Lüge wurde durch die Wahrheit ersetzt, dass er angenommen und willkommen war. Ich konnte sehen, dass etwas Bedeutendes im Leben des Mannes geschehen war. Später berichtete er, dass er nicht länger mit dem Gefühl ungewollt zu sein oder mit der Angst vor dem Unbekannten zu kämpfen hatte. Die Gefühle der Angst und der Qual waren einfach nicht mehr da. Nach diesem Wochenende kam er nur noch selten zu spät zu Verabredungen, und er schob absolut nichts mehr auf später auf. Sein ganzes Leben war verändert worden, als der Herr die tiefe emotionale Lüge, die der Mann im Mutterleib empfangen hatte, mit Seiner Wahrheit ersetzte. (Siehe Johannes 8,32.)

Ein weitere bemerkenswerte Begebenheit, die die Macht der im Mutterleib übermittelten Botschaften demonstriert, fand während eines unserer Seminare über Gottes Wege der Vorzeit vor einigen Jahren statt. Eine holländische Frau sagte, sie habe jedes Jahr zur selben Zeit einen starken Anfall von Depressionen. Sie hatte mehrere Spezialisten konsultiert und diese Depressionen viele Jahre lang im Gebet bekämpft, doch sie kehrten immer wieder zurück. Wieder baten wir den Herrn einfach, ihr die Wurzel ihrer Depression zu offenbaren. Innerhalb von Sekunden erlebte sie ein intensives Gefühl der Verlassenheit, des Verlusts und der Trauer. Sie bat den Herrn, ihr den Ursprung dieses starken Gefühls zu zeigen. Da zeigte ihr der Heilige Geist, dass diese große Trauer im Mutterleib über sie gekommen war.

Ihre Empfängnis hatte in Holland während des Zweiten Weltkriegs stattgefunden, und sie hatte ihren Vater nie gekannt. Er war danach weggegangen, um in der holländischen Armee zu kämpfen, kam unglücklicherweise in der Schlacht ums Leben und kehrte nie nach Hause zurück. Im Verlauf des Gebets spürte die Frau, dass das Gefühl eines immensen Verlusts durch ihre Mutter auf sie gekommen war, als die Familie die Nachricht vom Tod des Vaters erhielt. In der Gebetszeit nahm der Herr diese intensiven Gefühle weg und auch die Lügen, die damit einhergingen. Dann ersetzte er sie durch die Vermittlung des Segens, den Er sie schon im Mutterleib empfangen lassen wollte. Auch in diesem Fall handelte es sich um eine lebensverändernde Erfahrung für diese Frau.

Nach der Gebetszeit wurde der Frau klar, dass die Jahreszeit, in der sie mit Depressionen zu kämpfen hatte, genau die Zeit war, in der die Nachricht vom Tod des Vaters ihre Familie erreicht hatte. Ihre Mutter war von solch starken Gefühlen von Verlassenheit, Verlust, Trauer und Kummer überrollt worden, dass sie in der Folge ihr im Mutterleib vermittelt wurden. Zufällig sprach ich einige Jahre später wieder mit dieser Frau, und sie sagte mir, sie sei völlig frei von diesem jährlichen Kreislauf von Depression und habe diese starken Gefühle seit dieser Gebetszeit nie wieder erlebt.

Jahre später entdeckte ich Dr. Vernys Buch, das mich noch besser verstehen ließ, wie und warum die unbeabsichtigte und unvermeidliche Vermittlung negativer Gefühle der Mutter an ein ungeborenes Kind dieses in einen lebenslangen Kampf mit Depressionen verwickeln konnte. Dr. Verny schreibt:

> Einige Formen der Depression können ihren Ursprung bereits im Mutterleib haben. Für gewöhnlich treten sie auf, wenn ein großer Verlust erlebt wird. Aus welchem Grund auch immer – ob wegen Krankheit oder anderer Sorgen – eine Mutter ihrem ungeborenen Kind keine Liebe und Zuwendung gibt, es führt immer dazu, dass das Kind in eine Depression fällt. Man kann die Auswirkungen davon an apathischen Neugeborenen oder an verwirrten Sechzehnjährigen sehen; denn wie jedes andere emotionale Muster, das im Mutterleib festgelegt wird, kann die Depression ein Kind sein ganzes Leben lang plagen.[13]

Andere Gefühle, die darauf zurückgeführt werden können, dass die Identität im Mutterleib verflucht wurde, sind zum Beispiel:

- Ablehnung
- Depression
- Angst
- Lust

- Zorn
- Schuld
- «Ich bin ein Fehler.»
- «Ich wollte gar nicht geboren werden.»
- «Ich gehöre nicht hierher.»

Der Fluch auf der Identität im Mutterleib ist nicht der einzige Grund für diese Gefühle, aber er ist einer der Hauptgründe für viele derartige Gefühle und Erfahrungen im späteren Leben.

GOTTES SCHUTZMASSNAHMEN IN DER KULTUR DER ALTEN HEBRÄER

Gott war so bedacht darauf, dass niemand Satans Botschaft über seine Identität im Mutterleib erhalten sollte, dass er auch hier Vorkehrungen in der alten hebräischen Kultur getroffen hatte. Gott benutzte dieselben drei Schutzmaßnahmen, die bereits im letzten Kapitel erwähnt wurden, um ein Kind im Mutterleib zu schützen. Zusätzlich zu diesen drei – das Gesetz des Mose, die kulturelle Einstellung zu Kindern und die kulturelle Einstellung zur Ehe – gab es eine weitere Gepflogenheit in der biblischen hebräischen Kultur, die das Segnen des Kindes im Mutterleib begünstigte und es vor dem Fluch bewahrte. Es handelt sich dabei um den Brauch, eine schwangere Frau in den späteren Stadien der Schwangerschaft von den meisten ihrer Pflichten zu befreien.

In unserer modernen Kultur ist die Geburt eines Kindes etwas, das schon fast ignoriert wird. In vielen Fällen arbeitet die Mutter, bis die Fruchtblase platzt, und eilt dann ins Krankenhaus, um das Kind zur Welt zu bringen. Nach einem kurzen «Mutterschutz» ist sie dann wieder in der Arbeit und das Baby in der Kindertagesstätte – und das Leben geht weiter, als wäre nichts geschehen.

Im Gegensatz dazu war in der alten hebräischen Kultur die Nachricht von einer Schwangerschaft ein Grund zum Feiern. Weil Kinder als Geschenk Gottes galten, begegnete man einer schwangeren Frau mit besonderer Fürsorge und Achtung. Frauen arbeiteten ohnehin generell nicht außerhalb ihres Hauses. Sich um die Familie zu kümmern war eine hoch angesehene Berufung. In unserer modernen Kultur hingegen unterstellt man selbst in vielen christlichen Kreisen einer Frau, die «nur Hausfrau» ist, manchmal, dass sie ihre Zeit und ihre geistigen Fähigkeiten nicht richtig nutzt.

Für die biblische Kultur war es typisch, dass die schwangere Frau nicht nur zu Hause war, sondern dass ihre erweiterte Familie ihr während des letzten Drittels oder sogar während der letzten zwei Drittel der Schwangerschaft viel von ihrer Hausarbeit abnahm. Die Schwangere wurde ermuntert, ihre Zeit mit Gebet zu verbringen, sich um sich selbst und das ungeborene Kind zu kümmern und sich auf die Geburt vorzubereiten. In der hebräischen Familie hatte das ungeborene Kind eine hohe Priorität für die Mutter und ebenso für die gesamte Familie. Diese Schutzmaßnahme, die Gott installiert hatte, schuf das bestmögliche Umfeld für das ungeborene Kind, um regelmäßig im Mutterleib gesegnet werden zu können. Auch für uns heute ist es wichtig, in unseren Gemeinschaften wieder eine Kultur des Segnens einzuführen, die es ermöglicht, dass Kinder im Mutterleib gesegnet werden.

DIE WERKZEUGKISTE DES SEGENS

Werfen wir nun einen Blick auf die spezifischen Gebete, die über Kinder im Mutterleib gebetet werden können. Wenn sowohl der Vater als auch die Mutter verfügbar sind, ermutige ich dich, alle entsprechenden Gebete als Paar zusammen zu beten. Wenn nur ein Elternteil verfügbar ist, dann bete alleine. Alle unten aufgeführten Gebete sind Muster, die du benutzen kannst, um deine eigenen persönlichen Gebete und Segenssprüche daraus zu machen, die du über deinem Kind aussprechen kannst. Du musst nicht genau diese Worte verwenden; sie stehen da nur als Einstiegshilfe für dich.

WIEDERHERSTELLENDE GEBETE, UM DEN FLUCH ZU BRECHEN

Wenn du versucht hast, dein Kind abzutreiben

Der Versuch, ein Kind abzutreiben, ist natürlich eine der durchschlagendsten Arten, Satans Botschaft von Identität weiterzugeben. Das ist die schlechte Nachricht. Die gute Nachricht ist, dass Jesus

Christus gestorben ist und Sein Blut vergossen hat, um dir deine Sünde zu vergeben und die Identität deines Kindes zu heilen, wiederherzustellen und zu segnen. Wenn du versucht hast, dein Kind abzutreiben, ermutige ich dich, die unten aufgeführten Schritte durchzuführen.

1. ***Tue Buße über die Sünde des versuchten Mordes, sage dich von ihr los und empfange Vergebung.***
   Vater, ich erkenne heute, dass ich gegen Dich und gegen meinen Sohn/meine Tochter gesündigt habe, indem ich versucht habe, mein Kind abzutreiben. Ich erkenne an, dass Abtreibung Mord ist, also erkenne ich an, dass ich versucht habe, einen Mord zu begehen. Herr, ich sage mich von der Sünde des versuchten Mordes los, und ich tue Buße darüber und wende mich völlig davon ab. Ich kann für diese Sünde nicht bezahlen, aber ich erkenne, dass Jesus Christus gestorben ist, um für meine Sünde zu bezahlen. Ich empfange heute das Blut Jesu, das für den versuchten Mord an meinem Kind bezahlt; und weil Jesus für diese Sünde bezahlt hat, empfange ich heute Deine Vergebung. Vater, weil du mir vergeben hast, vergebe auch ich mir heute die Sünde des versuchten Mordes.

2. ***Bete einen Segen über das Leben deines Kindes.***
   Vater, wir segnen nun [Name des Kindes] *im mächtigen Namen Jesu Christi mit Leben, Gesundheit und Frieden. Wir erklären über* [Name des Kindes], *dass er/sie hier in unserer Familie gewollt, angenommen und sicher ist. Du hast ihn/sie uns gegeben, und heute empfangen wir* [Name des Kindes] *als das kostbare Geschenk, das er/sie für uns ist.*
   [Name des Kindes], *wir segnen die Zeit, die du im Leib deiner Mutter verbracht hast. Durch das Blut Jesu Christi brechen wir die Macht jeder Botschaft, die der Feind dir zu vermitteln versucht hat. Wir erklären über dich, dass du zur rechten Zeit durch den Willen Gottes empfangen wurdest. Wir segnen den Tag deiner Empfängnis und jeden Tag, den du im Mutterleib verbracht hast, bis du geboren wurdest. Gott hat dich im Leib deiner Mutter sicher gehalten und du wurdest zur rechten Zeit geboren. Du bist unser Kind, und wir lieben dich. Wir empfangen dein Leben als ein einzigartiges Geschenk von Gott an unsere Familie, und wir danken Gott dafür, dass Er dich zu einem Teil unserer Familie gemacht hat – in seinem einzigartigen und besonderen Zeitplan. Du bist absolut einzigartig, und niemand anderer kann deine Aufgabe auf Erden*

erfüllen. Wir segnen dein Leben, deinen Geist, deine Gesundheit, deine Bestimmung und Aufgabe und deinen Platz in unserer Familie. Mögest du alle Tage deines Lebens gesegnet sein in allem was du bist und allem was du tust.

Wenn du dein Kind als Eindringling in dein Leben angesehen oder die Identität deines Kindes im Mutterleib verflucht hast

1. ***Tue Buße über den Fluch, den du absichtlich oder unabsichtlich auf die Identität deines Kindes gelegt hast, sage dich von ihm los und empfange Vergebung.***
   Vater, ich erkenne heute, dass ich ein Erfüllungsgehilfe Satans war, als ich meinem Kind eine falsche Botschaft über seine Identität vermittelt habe. Herr, ich sage mich los von der Sünde, die Identität meines Kindes verflucht zu haben, tue Buße darüber und wende mich vollkommen davon ab. Ich kann dafür nicht bezahlen, aber ich habe erkannt, dass Jesus Christus gestorben ist, um für meine Sünde zu bezahlen. Ich empfange heute das Blut Jesu, um dafür zu bezahlen, dass ich die Identität meines Kindes verflucht habe; und weil Jesus dafür bezahlt hat, empfange ich heute Deine Vergebung. Vater, weil Du mir vergeben hast, vergebe ich mir heute selbst dafür, die Identität meines Kindes verflucht zu haben.

2. ***Bete einen Segen über das Leben deines Kindes.***
   Ich schlage vor, dass du das oben stehende Segensgebet über deinem Kind betest.

Wenn du nie einen Segen über dein Kind im Mutterleib gebetet hast, weil du nicht Bescheid wusstest

Wenn du nicht wusstest, wie wertvoll es ist, dein Kind im Mutterleib zu segnen, schlage ich vor, dass du nun über dein Kind ebenfalls das oben stehende Segensgebet betest.

VORBEUGENDE GEBETE, UM DEN SEGEN FREIZUSETZEN

Nun, da du verstehst, dass Gott jedes Kind im Mutterleib gesegnet sehen will, kannst du heute damit beginnen alle Kinder oder Enkelkinder, die Gott dir schenkt, jeden Tag zu segnen, während sie im Mutterleib heranwachsen. Bete für das Kind und sprich Worte der Liebe, des Willkommens und des Segens aus. Ich schlage vor, dass du in etwa folgendes betest:

Vater Gott, danke für [Name des Kindes]. *Er/sie ist ein kostbares Geschenk für uns. Wir beten, dass du ihn/sie stark und gesund und voller Leben im Mutterleib erhältst. Herr, erfülle* [Name des Kindes] *schon jetzt im Mutterleib mit Deinem Heiligen Geist und lasse ihn/sie Deine Liebe und deinen Schutz heute im Mutterleib spüren.*

Hallo, Kleines, hier ist dein Vater/deine Mutter [oder Großmutter/Großvater]. *Ich liebe dich. Ich kann es nicht erwarten, dich zu sehen, wenn du geboren bist, und dein kostbares kleines Gesicht zu küssen. Wir sind so froh, dass du da bist, und wir werden immer für dich da sein, auf dich aufpassen und dafür sorgen, dass du sicher bist. Du gehörst in diese Familie und du hast einen Platz hier bei uns. Gott hat dich wunderbar gemacht, und er hat dich bereits im Mutterleib ausgesondert, dem Herrn Jesus Christus alle Tage deines Lebens zu dienen. Ich erkläre an diesem Tag, dass Satan und seine dämonischen Geister absolut keinen Zugriff auf dein Leben haben. Wir erklären, dass du in jedem Bereich deines Lebens dem Herrn Jesus Christus und Seinem Plan und Zweck für dein Leben geweiht bist – heute und alle Tage deines Lebens.*

Du bist ein Segen für jeden, dem du begegnest, und du kannst erwarten, Gottes Gunst auf deinem Leben zu haben, wohin du auch gehst. Du bist absolut einzigartig, und niemand anderer kann der Mensch sein, als den Gott dich geschaffen hat, oder das tun, wozu Gott dich befähigt hat. Ich möchte, dass du weißt, dass du hier immer sicher und willkommen sein wirst. Nichts, was du jemals tun wirst, könnte uns dazu bringen, dich abzulehnen oder aufzugeben. Ich segne deinen Geist heute mit dem Leben Gottes. Ich segne deinen Verstand mit Intelligenz und Weisheit. Ich segne deine Gefühle mit Enthusiasmus, Sicherheit und Frieden. Ich segne deinen Körper mit Gesundheit und Leben. Mögest du wachsen und dich in jeder Beziehung – Geist, Seele und Körper – zu dem Menschen entwickeln, als den Gott dich geplant hat. Mögest du an diesem Tag in der Liebe und im Frieden Gottes bleiben. In Jesu Namen. Amen.

— 6 —

WIE MAN SEIN KIND BEI DER GEBURT SEGNET

Ich glaube, dass der Himmel jedes Mal eine Party feiert, wenn ein Kind geboren wird. Die Engel jubeln und der Vater sieht auf den neuen kleinen Menschen, den Er gemacht hat und erklärt etwas, das Er ungefähr so auch in 1.Mose nach jedem Schöpfungsabschnitt gesagt hat: Es ist sehr gut (1.Mose 1,31). Gott war bei deiner Geburt von dir begeistert, und Er ist von jedem Kind begeistert, das in deine Familie hineingeboren wird.

DIE SCHLÜSSELFIGUREN

Beide Eltern spielen eine entscheidende Rolle, wenn es darum geht, dem Herzen des Kindes bei der Geburt eine Botschaft zu übermitteln. Gottes Absicht ist es, sowohl den Vater als auch die Mutter zu gebrauchen, um dem Kind zu vermitteln, dass seine Persönlichkeit und sein Geschlecht geliebt und angenommen ist. Auch hier ist es vorrangig die Mutter, die die Schlüsselfrage im Herzen des Kindes beantwortet, auch wenn der Vater sehr wichtig für die Übermittlung des Segens ist.

SCHLÜSSELFRAGEN, DIE BEANTWORTET WERDEN MÜSSEN

Die Schlüsselfragen, die entweder Gott oder Satan durch die Vermittlung der Eltern beantworten werden, sind: *Bin ich das, was du erwartet und gewollt hast? Bin ich in Ordnung, oder stimmt etwas mit mir nicht? Wird sich jemand um mich kümmern?*

Wahrscheinlich kann sich niemand von uns an seine Geburt erinnern, aber ich bin sicher, es muss ein sehr erschreckendes Erlebnis für das Baby sein. Aus der warmen, sicheren Umgebung des Mutterleibs, in dem allen Bedürfnissen des Kindes begegnet wird, in ein kaltes, lautes, ungeschütztes Umfeld zu kommen, kann sehr erschreckend sein. Deshalb wird die unmittelbare Frage im Herzen des Kindes sein: «Wer wird auf mich aufpassen?»

Niemand ist jemals mit einem Baby aus dem Krankenhaus nach Hause gekommen und hat ihm gesagt: «Willkommen in deinem neuen Zuhause. Hier ist dein Zimmer. Das Bad ist in dieser Richtung, etwas weiter den Gang entlang ist die Küche. Nimm dir, was du willst. Wir sind so froh, dass du hier bist. Fühle dich ganz wie zu Hause.» Ein Baby ist völlig hilflos. Es kann für keines seiner Bedürfnisse selbst sorgen und wird ohne Hilfe sterben. Wenn es also erst einmal auf der Welt ist, muss das Neugeborene wissen, ob seinen Bedürfnissen weiter begegnet wird, auch wenn es nicht mehr so geschützt und automatisch versorgt wird wie im Mutterleib.

Natürlich möchte der Teufel dem Kind gerne sagen: «Du bist jetzt ganz alleine, niemand liebt dich oder kümmert sich um dich. Mit dir stimmt etwas nicht, und deshalb will dich auch niemand, und niemand wird sich um dich kümmern. Du musst dich selbst durchschlagen, und weil du das nicht kannst, wirst du sterben.»

Gott hingegen will die Eltern gebrauchen, um genau die gegenteilige Botschaft zu senden. Seine Botschaft lautet: «Willkommen! Du bist hier richtig. Du bist ein Geschenk von Gott an uns. Wir haben darauf gewartet, dich von Angesicht zu Angesicht zu sehen, und du bist sogar noch wunderbarer und hübscher, als wir es uns vorgestellt haben. Du bist genau das, was wir wollten. Du bist einfach perfekt! Wir sind hier, um allen deinen Bedürfnissen zu begegnen. Du brauchst dich vor nichts zu fürchten und um nichts zu sorgen. Du kannst dich einfach zurücklehnen und dich entspannen. Dies ist die einzige Zeit in deinem Leben ohne jede Verantwortung, ohne Last oder Druck. Andere werden bereitstehen, um dich zu bedienen und allen deinen Bedürfnissen zu begegnen. Eine besondere Handlungsbevollmächtigte Gottes, deine Mutter, wird dich und deine Bedürfnisse zur obersten Priorität in ihrem Zeitplan machen. Wir lieben und segnen dich, und wir heißen dich in unserer Familie willkommen.»

SEGEN UND FLUCH ZUR ZEIT DER GEBURT

Der Vater wollte, dass jedes Kind den Segen seiner Eltern gleich bei der Geburt erhalten sollte. Ich glaube, Gott wollte, dass es da eine klare Botschaft vom Herzen des Vaters über die Eltern zum Herzen des Kindes geben sollte. Wenn aber die Eltern sich enttäuscht, furchtsam, gestresst oder traumatisiert fühlen, kann die Botschaft, die von ihnen ausgeht, etwas anders aussehen als die, die vom Herzen Gottes kommt. Wie also können Segen und Fluch zur Zeit der Geburt aussehen?

Ein Segen zur Zeit der Geburt kann folgendes beinhalten:

1. Sicherstellen, dass die Eltern dem Kind verbal und physisch kommunizieren, dass es geliebt, angenommen und willkommen ist, und dass die Mutter es liebt und versorgt.
2. Die Eltern nehmen das Kind mit dem Geschlecht an, mit dem Gott es geschaffen hat.
3. Die Eltern geben dem Kind einen Namen mit einer geistlichen Bedeutung und es gibt eine spezielle Gelegenheit, bei der dem Kind bald nach der Geburt ein geistlicher Segen vermittelt wird
4. Eine Geburt, die ohne große traumatische Erlebnisse abläuft

Ein Fluch zur Zeit der Geburt kann so aussehen:

1. Die Eltern kommunizieren dem Kind verbal und physisch, dass es nicht gewollt und nicht willkommen ist. Das Baby wird nicht geliebt, gehalten, geherzt oder physisch von seiner Mutter versorgt
2. Die Eltern bringen ihre Enttäuschung über das Geschlecht des Kindes zum Ausdruck, mit dem Gott es geschaffen hat
3. Die Eltern geben dem Kind einen abwertenden oder negativen Namen und es gibt keine spezielle Gelegenheit, bei der ein geistlicher Segen vermittelt wird, oder schlimmer noch, das Kind wird dem Satan, einem Götzen oder dämonischen Geistern geweiht

4. Das Kind erlebt ein bedeutendes physisches Trauma bei der Geburt

DIE FOLGEN VON SEGEN UND FLUCH BEI DER GEBURT

Wenn ein Baby bei der Geburt gehalten, angenommen und versorgt wird, entwickelt es eher ein starkes Bewusstsein von Sicherheit und emotionaler Ruhe. Gott ist in der Lage, die Eltern zu gebrauchen, um in das Herz des Kindes eine Botschaft bezüglich seiner Identität und seiner Bestimmung zu pflanzen, die Bestand hat. Wenn hingegen ein Baby abgelehnt, nicht gehalten und nicht versorgt wird, kann das Kind von Anfang an Gefühle der Unsicherheit und eine Angst vor dem Tod entwickeln.

Die Gebetsteams in unserem Dienst haben immer wieder für Leute gebetet, denen es sehr schwer fällt, Gott in schwierigen Umständen zu vertrauen, oder einem Ehepartner oder anderen nahe stehenden Menschen zu vertrauen. Wenn wir dann den Herrn baten, die Quelle der Unsicherheit und der Unfähigkeit, zu vertrauen zu offenbaren, wurde dieser Mensch oft zu einem Gefühl der Ablehnung bei der Geburt zurückgeführt. Das führte dazu, dass sie alles, was in ihrem Leben geschah, kontrollieren mussten.

Eine tief sitzende Lüge, die ihre Wurzel in der Angst hat, wird bei der Geburt ins Herz gepflanzt und sagt: «Niemand liebt mich wirklich und wird meinen Bedürfnissen begegnen. Daher kann ich niemandem vertrauen, muss eine Mauer um mein Herz aufbauen und auf mich selbst schauen.» Dieser Mensch kann sich dann den Rest seines Lebens abmühen, seinen eigenen Bedürfnissen zu begegnen.

Ablehnung bei der Geburt kann noch eine weitere Auswirkung haben: das übermäßige Bemühen, etwas zu leisten, um Annahme zu bekommen. Die Lüge ist: «Ich habe offensichtlich keinen Wert in mir selbst. Deshalb muss ich etwas Herausragendes leisten, um die Annahme und Zustimmung der Menschen zu erlangen, die mir wichtig sind.» Dieser Mensch strebt vielleicht sein ganzes Leben danach «jemand» zu werden, weil er sich tief im Inneren wie ein «Niemand» fühlt.

SEGNEN ODER VERFLUCHEN DES GESCHLECHTS BEI DER GEBURT

Ich habe bereits erwähnt, dass eine Art, auf die ein Kind bei der Geburt gesegnet oder verflucht werden kann, die Annahme oder Ablehnung der Eltern seines Geschlechts ist. Wenn Eltern ein Baby als den Jungen oder das Mädchen bestätigen, den oder das Gott geschaffen hat, dann führt das zu einer tiefen inneren Selbstannahme und zu einem gefestigten Bewusstsein bezüglich der Geschlechtsidentität. Dieser Mensch geht durchs Leben, sieht in den Spiegel und freut sich über sein Geschlecht; er ist überzeugt, dass Gott etwas Gutes gemacht hat, als Er ihn geschaffen hat. Ein Mensch, der bei der Geburt gesegnet wird, wird im späteren Leben selten Verwirrung bezüglich der Geschlechterrollen erleben und kaum vom selben Geschlecht angezogen werden.

Ein Mensch hingegen, dessen Geschlechtsidentität bei der Geburt abgelehnt wurde, kann ständig mit dem Gefühl zu kämpfen haben, dass Gott ihm einen grausamen Streich gespielt hat, als Er sein Geschlecht festgelegt hat. Diese Menschen können sogar meinen, mit dem falschen Geschlecht zur Welt gekommen zu sein. Nun steckt Gott offensichtlich niemanden in den falschen Körper, aber viele Menschen haben Eltern, die sie auf den Gedanken bringen, dass etwas mit ihrem Geschlecht nicht stimmt.

Mit Ultraschall kann man das Geschlecht eines Babys lange vor der Geburt erfahren. Eltern, die sich verzweifelt ein Mädchen wünschen, können zum Beispiel Enttäuschung über die Tatsache empfinden, dass sie einen Jungen bekommen, und die Enttäuschung kann dem Kind bewusst oder unbewusst vermittelt werden. Einige Eltern gehen sogar so weit, dem Jungen die männliche Form des bereits ausgewählten Namens für das Mädchen zu geben und ihn zum Beispiel Ashton statt Ashley nennen.

Wenn so etwas passiert erhält das Kind direkt bei der Geburt eine Botschaft in seinem Herzen, die besagt: «Du bist nicht das, was wir wollen. Du bist nicht das, was wir erwartet haben. Etwas stimmt mit dir nicht!» Dieser kleine Junge kann anfangen zu glauben: «Ich kann die Erwartungen meiner Eltern niemals erfüllen, weil ich das falsche Geschlecht habe. Ich kann niemals das sein, was ich sein sollte.» Das ist eine Lüge, aber das Kind wird durch die sich widersprechenden Botschaften, die es hört, verwirrt – die Botschaft, die Gott zu ihm spricht gegenüber der Botschaft, die Satan ihm durch seine Eltern schickt.

Ich diene den Menschen nun schon seit vielen Jahren und habe herausgefunden, dass kleine Mädchen dazu neigen, auf die Ablehnung ihres Geschlechts durch ihre Eltern auf zwei Arten zu reagieren: Im einen Fall arbeiten sie daran, der Junge zu werden, den der Vater haben wollte. Wenn sie heranwachsen, werden sie jungenhaft und interessieren sich für die Dinge, von denen sie denken, dass sie dem Vater gefallen. Nicht alle Mädchen interessieren sich aus diesem Grund für männlich dominierte Aktivitäten, aber meiner Erfahrung nach ist es sehr oft der Fall.

Das Interessante ist, dass dieses Verhalten dem Vater oft wirklich gefällt. Papa liebt es, sie zum Fischen und zum Fußball mitzunehmen und all das mit ihr zu machen, was er gerne mit einem Sohn gemacht hätte. In der Folge wird dieses kleine Mädchen eine Identität annehmen, die ihr sagt, dass sie «einer von den Jungs» ist, und sie wird in den frühen Jahren ihres Lebens viel Bestätigung und Segen von ihrem Vater erleben.

Doch wenn sie in die Pubertät kommt, wird es klar, dass sie keiner von den Jungs ist. In seinem Bemühen, sie als junge Frau zu bestätigen, wird der Vater nicht länger mit ihr ringen oder ihr dieselbe Art körperliche Zuwendung zukommen lassen wie früher. Dieses Zurückziehen kann leicht wieder als Ablehnung wahrgenommen werden, und die Tochter kann anfangen, die Lüge des Teufels zu glauben, dass ihr Geschlecht das falsche ist.

Eine Frau, der ich begegnete, hatte es immer gehasst, eine Frau zu sein, und in der Folge als Erwachsene immer versucht, sich so zu kleiden, dass ihre weiblichen Formen verborgen wurden. Sie war eigentlich eine sehr schöne Frau, aber sie wollte nicht, dass jemand das wusste. Als wir beteten, offenbarte der Herr, dass diese Neigung die Folge davon war, dass ihr Vater ihr Geschlecht bei der Geburt abgelehnt hatte. Ich bin davon überzeugt, dass Gott nie wollte, dass eine Frau sich selbst gegenüber so empfinden sollte. Gott möchte, dass jede Frau es liebt, eine Frau zu sein, und das sie weiß, dass Gott etwas Gutes gemacht hat, als Er sie geschaffen hat. Doch ich begegne vielen Frauen, die die Lüge des Feindes angenommen haben und tief im Inneren meinen, dass man sie betrogen hat, weil sie nicht als Männer erschaffen wurden.

Der andere Fall, der eintreten kann, wenn Mädchen bei der Geburt nicht gesegnet werden, ist, dass sie in einen Leistungszwang geraten. Weil der Feind ihre Eltern benutzt hat, um ihr seine Lüge weiterzugeben, beginnt sie zu meinen, dass sie keinen innewohnenden Wert hat - also muss sie sich anstrengen, etwas Besonderes zu tun, um Annahme und Zustimmung zu bekommen. Sie denkt, sie müsse Karriere machen, viel Geld verdienen, im Sport brillieren - irgendetwas tun, um sich wertvoll zu fühlen.

Das führt zu einem lebenslangen Kampf mit Leistungsorientiertheit und tiefer Frustration. Weil die Lüge in ihrem Inneren die Seele in ständiger Unruhe hält, kann sie niemals genug erreichen, um das tiefe Gefühl innerer Wertlosigkeit loszuwerden. Glücklicherweise haben wir bei vielen Frauen, deren Weiblichkeit bei der Geburt verflucht wurde, gesehen, wie sie völlig freigesetzt wurden, als wir sie durch einen Prozess führten, der dem Herrn erlaubte, die tief verwurzelte Identitätslüge zu beseitigen und sie mit Seiner Wahrheit zu ersetzen. (Siehe Johannes 8,32.)

Was Mädchen passiert, kann auch Jungen geschehen. Der Junge, der bei seiner Geburt von den Eltern abgelehnt wird, versucht vielleicht, wertvoll zu werden, indem er sich Reichtum, Macht, Berühmtheit oder alle drei erarbeitet. Oder er unternimmt den Versuch, das kleine Mädchen zu werden, das seine Eltern wollten. Ich habe oft gesehen, dass die Ablehnung des Geschlechts des Kindes durch den Vater bei der Geburt die Brutstätte der Homosexualität im Herzen des Sohnes ist. Weil er weiß, dass sein Vater wegen seines Geschlechts enttäuscht ist, kann ein Junge im Alter von nur drei, vier oder fünf Jahren Interesse an Puppen, Mode und anderen weiblich dominierten Aktivitäten zeigen.

Der Sohn möchte seinem Vater gefallen, aber dieses Verhalten wird wahrscheinlich nicht die gewünschten Auswirkungen haben. Wahrscheinlich wird der Vater den kleinen Jungen ablehnen und vielleicht sogar verächtliche Bemerkungen machen oder sein Missfallen nonverbal ausdrücken. Das kann den Sohn verwirren, weil er ja nur versuchte, das kleine Mädchen zu sein, das sein Vater sich zu wünschen schien. Der Feind kann diese Lüge dann noch vertiefen, indem er sagt, dass es nicht nur sein Geschlecht ist, das dem Vater missfällt, sondern sein ganzes Wesen; dass es da etwas in ihm als Person gibt, das unzureichend ist und Missfallen erregt.

Wenn sich dieses Szenario so abspult und der Vater seinen Sohn weiterhin ablehnt, wird die Mutter wahrscheinlich versuchen, ihren Sohn zu trösten und zu beschützen. Sie wird ihren kleinen Jungen in die Arme nehmen und ihm sagen: «Schatz, ich liebe dich. Dein Papa liebt dich auch; er kann es nur nicht richtig zeigen. Es ist nicht so, dass mit dir etwas nicht stimmt. Du bist besonders. Du bist kostbar. Ich liebe dich.»

Nun, welchen dieser zwei Menschen gegenüber wird dieser kleine Junge sich deiner Meinung nach lieber öffnen wollen und wessen Nähe wird er suchen? Dem harten Vater, der ihn lächerlich macht, oder der netten Mutter, die Mitleid hat? Wahrscheinlich wird er sich für die Mutter entscheiden. Im Lauf der Zeit wird dieser kleine Junge mehr Zeit unter Frauen verbringen und weiblicher werden. Sein Vater wird es immer schwerer haben, eine Beziehung mit ihm aufzubauen. Doch dem Vater bietet sich in der Pubertät eine weitere Gelegenheit, die Männlichkeit seines Sohnes zu bestätigen und ihn in seine Erwachsenenidentität als Mann zu entlassen. (Wir werden das in einem späteren Kapitel genauer behandeln.) Wenn aber der Vater nicht weiß, wie er seinen Sohn in der Pubertät segnen kann und ihm stattdessen weiter Ablehnung entgegenbringt, ist es sehr wahrscheinlich, dass dieser Sohn in seinen frühen Teenagerjahren in einen homosexuellen Lebensstil hineingezogen wird.

Der junge Mann, dem man sein ganzes Leben hindurch die Bestätigung seines Geschlechts und den väterlichen Segen verwehrt hat, wird nun in seinen Teenagerjahren andernorts nach Annahme suchen. Traurigerweise wird diese Bestätigung wahrscheinlich von einem Mann kommen, der selbst in einem homosexuellen Lebensstil gebunden ist. Er wird dem Sohn sagen, was der Junge sehnsüchtig von seinem Vater zu hören gehofft hatte: «Ich liebe dich. Ich schätze dich. Ich bin stolz auf dich. Du bist etwas Besonderes. Du bist wunderbar. Du siehst gut aus. Du bist ein großartiger Mann. Du bist ein wundervoller Mensch.» Es beginnt vielleicht nicht als sexuelle Beziehung, aber es entwickelt sich oft zu einer solchen. Das ist nicht das einzige Tor, durch das junge Männer in einen homosexuellen Lebensstil eintreten, aber ich habe dieses Szenario in meinem Dienst oft beobachtet.

Wie reagiert nun der Vater dieses jungen Mannes? Er wird wahrscheinlich noch mehr Verächtliches und Ablehnendes von sich geben. Die Ironie ist, dass der Vater den Schlüssel in der Hand hielt, durch den er die Identität und die Bestimmung seines Sohnes von Anfang an beeinflussen hätte können; doch anstatt das Geschlecht zu bestätigen, das Gott seinem Kind gegeben hat, pflanzte der Vater bei der Geburt einen Samen der Ablehnung des Geschlechts und der Homosexualität in seinen Sohn. Dann begoss er diesen Samen und düngte ihn auch noch, indem er seinen Sohn seine gesamte Kindheit hindurch niemals segnete.

Glücklicherweise ist es für den Herrn Jesus möglich, diese Identitätslüge tief aus dem Herzen der Söhne herauszuholen und sie mit der Wahrheit zu ersetzen, die durch einen menschlichen Vater vermittelt hätte werden sollen. Oft haben unsere Gebetsteams gesehen, wie der Herr eine solche Situation bei Familien, die an einem unserer Seminare zur Segnung der Generationen teilnahmen, zu einem guten Ende führte.

WAS STECKT IN EINEM NAMEN?

Eine dritte Art, auf die Kinder bei der Geburt gesegnet oder verflucht werden können, ist die Namensgebung. Ein guter Name wird Charaktereigenschaften beinhalten und einen Hinweis auf die Bestimmung des Kindes geben. In der hebräischen Kultur gibt es traditionell acht Tage nach der Geburt eine Zeremonie, bei der die Eltern, nachdem sie den Herrn gesucht haben, dem Kind einen bedeutungsvollen Namen mit auf den Weg geben.

Ein hebräisches Sprichwort sagt: «Du kennst einen Mann erst dann wirklich, wenn du seinen Namen weißt.» Warum? Weil sein Name seinen Charakter und manchmal auch eine Arbeitsbeschreibung beinhaltet. Wäre es nicht großartig, wenn du deine Arbeitsbeschreibung für dein Erwachsenenleben bereits acht Tage nach deiner Geburt erhalten würdest? So war es bei vielen Leuten, denen wir in der Bibel begegnen. Im Gegensatz dazu begegne ich vielen Christen, die nicht genau wissen, was sie mit ihrem Leben anfangen sollen - selbst im Alter von vierzig, fünfzig oder sechzig Jahren.

Oft wissen wir nicht einmal, was die Namen, die in unserer westlichen Kultur gebräuchlich sind, bedeuten. Robert, Susanne und Samuel haben in ihren Herkunftssprachen einen großen Bedeutungsumfang, aber zu oft wählen Eltern diese Namen, ohne die Bedeutung zu kennen.

Es ist interessant festzustellen, dass der babylonische König Nebukadnezar im Buch Daniel als erstes die Namen der vier hebräischen jungen Männer, die er in seinen Dienst nahm, ändern wollte. Ihre hebräischen Namen brachten sie direkt mit dem Dienst an Jahwe, dem Gott Israels in Verbindung. Der König wollte diese Verbindung unterbrechen und sie durch ihre Namen an den Dienst für seine heidnischen Götter binden.

Daniel bedeutet im Hebräischen «Jahwe ist mein Gesetzgeber oder Richter». Der König änderte seinen Namen in Beltsazar, was so viel heißt wie «Der dem Baal dient». Ebenso änderte man die Namen der anderen drei Hebräer, um ihre Bindung an Jahwe zu lösen und sie in den Dienst der babylonischen Götter zu stellen.

Etwas Ähnliches passierte mit dem jüngsten Sohn, den Jakob mit seiner Frau Rahel hatte. Sie starb bei der Geburt, aber bevor sie starb, gab sie ihrem Sohn den Namen Ben-oni, was so viel heißt wie «Sohn meiner Trauer.» Nach ihrem Tod benannte Jakob seinen Sohn in Benjamin um, was «Sohn meiner rechten Hand» bedeutet. Jakob änderte den Namen seines Sohnes von einem Fluch in einen Segen. Er sagte im Prinzip: «Du bist kein Sohn der Trauer. Dafür sollst du nicht bekannt sein. Du bist der Sohn meiner rechten Hand.»

Der Name Jesus lautet im Hebräischen Jeschua. Dieser Name bedeutet eigentlich: «Der Herr [Jahwe] ist Rettung.» Dieser Name beschreibt ziemlich gut die Aufgabe Jesu als Erwachsener – Er kam, um der ganzen Menschheit die Erlösung des Herrn zu bringen. Seine Arbeitsbeschreibung war in Seinem Namen enthalten.

Ein letztes aussagekräftiges Beispiel ist das von Elia. Dieser Name bedeutet: «Jahwe ist Gott». Zur Zeit Elias lag Israel im Krieg mit einem Land im Norden namens Phönizien. Um endlich ein Friedensabkommen zu erreichen, kam man überein, dass sich die Königshäuser vermählen sollten. Also schloss der König von Phönizien, ein Mann namens Et-Baal, einen Handel mit dem israelitischen König Ahab ab. Wie du dir vielleicht bereits gedacht hast, bedeutet Et-Baal «Diener Baals».

Et-Baal hatte eine Tochter namens Isebel. Auch sie diente Baal, dem Gott ihres Vaters, und als sie Königin von Israel wurde, hatte sie nur eines im Sinn: die Nation Israel davon abzubringen, Jahwe anzubeten, und stattdessen Baal zu verehren. Also lautete die Botschaft, die Isebel beständig im Land verbreitete: «Baal ist Gott».

Das sind die Umstände, denen sich Elia gegenüber sah. Glücklicherweise hatten seine Eltern den Herrn gesucht um herauszufinden, welchen Namen sie ihrem Sohn gegen sollten; und Gott hatte ihnen gesagt, sie sollten ihn Elia nennen, was «Jahwe ist Gott» bedeutet. Als Elia im Erwachsenenalter ein Prophet wurde, war seine prophetische Botschaft «Jahwe ist Gott». Sein Job war es, seinen Namen im ganzen Land zu verbreiten und die Nation zurück zu Jahwe zu bringen.

Für Isebel war schon der Name Elias ein Anstoß. Jedes Mal, wenn der Name Elia ausgesprochen wurde, verkündete man damit, dass nicht Baal, sondern Jahwe Gott war. Selbst als Elia ein kleiner Junge war, wurde jedes Mal, wenn jemand seinen Namen rief, seine prophetische Berufung in seine junge Seele gebrannt. Ist es ein Wunder, dass Elia als junger Erwachsener auf dem Berg Karmel stand und gegen die Propheten Baals auftrat, als es um die Identität des einen wahren Gottes ging? Er tötete 450 Baalspriester und 400 Propheten der Aschera, während er seine Botschaft proklamierte, die einfach aus seinem Namen bestand (1.Könige 18). Ich glaube, dass die Zuversicht, die er brauchte, um im Alleingang die Baalspriester zu schlagen und das Volk Israel zurück zu Jahwe zu bringen, in dem Segen begründet war, der Elia bei der Geburt durch seinen Namen zuteil wurde.

Heute hingegen gibt es viele Menschen, deren Eltern ihre Namen willkürlich für sie ausgewählt haben. Ich erinnere mich daran, von einem Nachbarjungen gehört zu haben, der den Hund unserer Familie so sehr geliebt hatte, dass er später seiner ersten Tochter denselben Namen gab. An dem Namen war nichts Falsches, aber was für ein Vermächtnis gibt man damit seinem Kind weiter? Kannst du dir vorstellen, wie es ist, wenn du versuchst, deiner Tochter zu erklären, dass sie nach einem Hund benannt ist, den du als Kind kanntest?

MÖGLICHE FLÜCHE DURCH EIN GEBURTSTRAUMA

Eine vierte Art, auf die die Identität eines Kindes bei der Geburt verflucht werden kann, ist durch ein Trauma. Im Allgemeinen ist ein Kind gesegnet, wenn die Geburt ohne besondere Vorkommnisse und Traumata verläuft. Das bewahrt das Kind davor, mit irrationalen Ängsten und Phobien aufzuwachsen.

Sicherlich plant keine Mutter ein Trauma während der Geburt. Doch ich erwähne es, weil manchmal Ängste, Phobien und zwanghafte Gewohnheiten in traumatischen Geburtserfahrungen wurzeln. Ich habe verschiedenen Leuten gedient, die mit einer irrationalen Angst davor kämpften, an Essen zu ersticken oder sich an engen, räumlich eingeschränkten Orten zu befinden. Wenn wir dann den Herrn baten, den Zeitpunkt oder die Geschehnisse zu offenbaren, durch die die tiefe emotionale Lüge weitergegeben wurde, zeigte Er uns oft, dass der Feind ein Geburtstrauma ausgenutzt hatte, um eine irrationale Angst einzupflanzen.

Die Bibel sagt uns in Hebräer 2,14-15, dass der Teufel die «Furcht vor dem Tod» benutzt, um die Menschen alle Tage ihres Lebens in Sklaverei (Gebundenheit) zu halten. Folglich haben viele zwanghafte Gewohnheiten und Bindungen bei Erwachsenen ihre Wurzeln in einer tiefen Furcht vor dem Tod, die bei der Geburt entstand. Einige der Folgen einer Furcht vor dem Tod, die bei der Geburt weitergegeben wird, sind zum Beispiel die Angst vor dem Ersticken, die Angst vor dem Fliegen, die irrationale Angst, getötet zu werden, die Unfähigkeit, eine gesunde Mutterbeziehung zu haben, Lernschwierigkeiten und die übermäßige Sehnsucht nach Körperkontakt.

GOTTES SCHUTZMASSNAHMEN IN DER KULTUR DER ALTEN HEBRÄER

Ich habe drei Bräuche beobachtet, die Gott in der alten hebräischen Kultur installiert hatte, um sicherzustellen, dass Kinder Seine Botschaft von Identität und Bestimmung bei der Geburt bekommen sollten.

1. Die gesamte Gemeinschaft und die erweiterte Familie erwartete die Geburt des Kindes mit großer Vorfreude und gab ihr Priorität.
2. Die Familie und die gesamte Gemeinschaft veranstaltete am achten Tag nach der Geburt eine Feier zu Ehren der Ankunft des Kindes. Bei dieser Gelegenheit vermittelten sowohl der Rabbi als auch die Eltern dem Kind einen geistlichen Segen.
3. Die Eltern suchten den Herrn, um einen bedeutungsvollen Namen auszusuchen, der zur Identität und zur Bestimmung des Kindes passte, und gaben diesen Namen während dieser Feier dem Kind.

Die Geburt eines Kindes wurde in der alten hebräischen Kultur als großes Ereignis betrachtet. Am achten Tag wurde das Kind von den Eltern und einer geistlichen Autorität gesegnet. Der Rabbi kam und segnete das Kind. Wenn das Kind ein Junge war, wurde der Bund Abrahams durch die Beschneidung geschlossen. Dieser Junge trug dann ein Zeichen an seinem Körper, das sagte: «Du bist nicht wie alle anderen. Es ist etwas Einzigartiges an dir, etwas Besonderes. Du bist ein Jude. Du bist unauflöslich durch den Bund mit dem Gott von Abraham, Isaak und Jakob verbunden - vergiss das nie! Lebe niemals wie die, die keinen Bund haben!»

Wenn das Kind ein Mädchen war, gab es keine Beschneidung, aber es gab eine Feier, um das neue Familienmitglied willkommen zu heißen. Man gab ihr einen Namen und sprach einen prophetischen Segen über ihr aus. Da jeder Kinder als einen Segen des Herrn ansah, ließen die Menschen alles liegen und stehen, um die Ankunft des neuen Familienmitglieds am achten Tag zu feiern. Ich habe das immer irgendwie als Gottes «Begrüßungskomitee» betrachtet.

Im Gegensatz dazu sind sich viele Eltern heute der Verantwortung nicht bewusst, die sie dafür haben, ihr Kind zu segnen, es Gott zu weihen und ihm einen bedeutungsvollen Namen mitzugeben. Sie bringen das Kind einfach zu einem Priester, Pastor oder Rabbi und überlassen es dem Geistlichen, das Kind Gott zu weihen. Leider wird der Pastor nicht vor Gott stehen, um für die Übermittlung von Identität und Bestimmung an dein Kind Rechenschaft abzulegen. Du als Elternteil wirst das tun. Der Job des Pastors ist es, die Heiligen für den Dienst zuzurüsten, nicht, den Dienst für sie zu übernehmen (Epheser 4,11-13).

In der alten hebräischen Kultur war es für ein Kind fast unmöglich, nicht bei der Geburt gesegnet zu werden. Wie anders ist da unsere heutige Kultur! Die Wahrscheinlichkeit für ein Kind, nicht bei der Geburt gesegnet zu werden, ist groß, da wir nicht über dieselben Schutzmaßnahmen verfügen, die Gott in die hebräische Kultur gesetzt hat um sicherzustellen, dass jedes Kind bei der Geburt gesegnet wird.

DIE WERKZEUGKISTE DES SEGENS

Diese Werkzeugkiste des Segens beinhaltet wiederherstellende Gebete, die du beten kannst, wenn du deine Kinder nicht bei der Geburt gesegnet hast und Gebete, die du beten kannst, um den Fluch auf der Identität zu brechen und den Segen freizusetzen. Wir werden uns dann einige spezielle Gebete ansehen, die du bei der Geburt deines Kindes beten kannst. Diese Gebete können von einem Elternteil allein oder von allen beiden gesprochen werden. Wenn du der einzige Elternteil bist, der bereit oder verfügbar ist, um für dein Kind zu beten, dann sei dir sicher, dass du die geistliche Autorität hast, diese Gebete über deinen Kindern zu sprechen. Wie in den vorigen Kapiteln sollen diese Gebete als Richtlinien dienen; fühle dich frei, sie abzuändern oder zu personalisieren, damit sie für deine Familie und deine Situation passen.

Wenn du bei der Geburt vom Geschlecht deines Kindes enttäuscht warst

1. ***Tue vor Gott Buße (nicht in der Gegenwart deines Kindes) dafür, dass du Seine Entscheidung über das Geschlecht des Kindes nicht akzeptiert hast.***
   Vater, ich erkenne heute an, dass ich nicht Gott bin, sondern Du. Ich wollte so sehr einen Jungen/ein Mädchen, und Du hast [Name des Kindes] *als Mädchen/Jungen geschaffen. Bitte vergib mir, dass ich Deine Entscheidung über das Geschlecht meines Kindes abgelehnt habe. Ich sage mich heute von der Enttäuschung los, die ich über das Geschlecht*

meines Kindes zum Ausdruck gebracht habe, und ich nehme [Name des Kindes] *vollständig als den wunderbaren kleinen Jungen/das wunderbare kleine Mädchen an, als den/das Du ihn/sie geschaffen hast. In Jesu Namen breche ich die Macht jedes Fluches, den ich auf die Geschlechtsidentität von* [Name des Kindes] *gebracht habe, und ich erkläre, dass das Blut Jesu Christi genügt, um jeden solchen Fluch, den ich auf das Leben von* [Name des Kindes] *gebracht habe, wegzunehmen. Ich bitte Dich heute, tief zu graben und jeden Samen von Homosexualität wegzunehmen, den ich vielleicht unwissentlich in das Herz von* [Name des Kindes] *gebracht habe und ihn durch den Samen der wahren Identität von Dir zu ersetzen. Ich setze nun den kompletten Segen frei, den Jesus Christus durch Seinen Tod für* [Name des Kindes] *erkauft hat und segne seine/ihre Identität als Junge/Mädchen.*

2. ***Bete einen Segen (in der Gegenwart deines Kindes) über die Geschlechtsidentität deines Kindes.***
   Vater, wir segnen nun [Name des Kindes] *und danken Dir, dass Du ihn/sie als kostbaren kleinen Jungen/als kostbares kleines Mädchen geschaffen hast. Wir akzeptieren und segnen* [Name des Kindes] *als den Jungen/das Mädchen, als das Du ihn/sie geschaffen hast. In Jesu Namen segnen wir die Identität von* [Name des Kindes]. *Wir erklären an diesem Tag, dass* [Name des Kindes] *zu einem Mann/einer Frau Gottes heranwachsen wird, der /die dem Herrn Jesus alle Tage seines/ihres Lebens dient.*

Wenn dein Kind ein bedeutendes Trauma bei der Geburt erlitten hat

Bete, um die Macht der Furcht vor dem Tod und aller anderen Ängste oder Unruhezustände der Seele über deinem Sohn/deiner Tochter zu brechen und setze den Segen auf dem Leben deines Kindes frei.

Vater, in Jesu Namen brechen wir die Macht der Furcht vor dem Tod über [Name des Kindes]. *Wir erklären, dass er/sie leben und nicht sterben wird. Jesus Christus ist gestorben und hat Sein Blut vergossen, damit* [Name des Kindes] *leben und seine/ihre Bestimmung auf der Erde erfüllen kann. Wir erklären jeden Plan Satans für unser Kind für ungültig und legen sein/ihr Schicksal in Gottes Hände. Herr, Gott, wir setzen nun im inneren Menschen von* [Name des Kindes] *Deinen übernatürlichen Frieden frei, der alles Verstehen übersteigt, sowie ein übernatürliches Sicherheitsempfinden, weil wir wissen, dass Du seine/ihre Tage auf der Erde bestimmt hast. Wir segnen das Leben von* [Name des Kindes] *und seine/ihre Geburt und erklären, dass* [Name des Kindes] *alle Tage seines/ihres Lebens in Frieden und Sicherheit verbringen wird. In Jesu Namen. Amen.*

Wenn du dein Kind bei der Geburt abgelehnt hast

1. ***Tue vor Gott Buße (nicht in der Gegenwart deines Kindes) darüber, dass du dein Kind abgelehnt hast.***
Vater, ich erkenne heute an, dass wir selbstsüchtig waren und [Name des Kindes] *bei seiner/ihrer Geburt abgelehnt haben. Das war falsch und stand im Gegensatz zu der Botschaft, von der Du wolltest, dass wir sie an unseren Sohn/unsere Tochter weitergeben. Vater, bitte vergib uns im Namen Jesu Christi. Wir sagen uns heute von der Enttäuschung und der Ablehnung los, die wir unserem Kind gegenüber bei der Geburt zum Ausdruck gebracht haben, und wir nehmen* [Name des Kindes] *völlig als ein Geschenk von Dir an unsere Familie an. In Jesu Namen brechen wir die Macht jedes Fluches der Ablehnung, den wir auf die Identität von* [Name des Kindes] *gebracht haben, und wir erklären, dass das Blut Jesu Christi genügt, um jeden Fluch bezüglich Geschlechtsidentität wegzunehmen, den wir auf das Leben unseres Kindes gebracht haben. Wir setzen nun den vollständigen Segen für unser Kind frei, den Jesus Christus ihm mit Seinem Tod gesichert hat, und ich segne seine/ihre Geburt und erkläre, dass mein Kind von diesem Tag an in allen Lebensbereichen aufblühen wird.*

2. ***Bete über deinem Kind (in der Gegenwart deines Kindes), um deine Annahme und deinen Segen für dein Kind freizusetzen.***
Vater, wir segnen nun [Name des Kindes] *und danken Dir, dass du ihn/sie als einen kostbaren kleinen Jungen/ein kostbares kleines Mädchen geschaffen hast. Wir nehmen die Geburt und das Leben von* [Name des Kindes] *vollkommen an und segnen sie. Im Namen Jesu segnen wir die Identität von* [Name des Kindes] *als Junge/Mädchen. Wir erklären heute,* [Name des Kindes], *dass du geliebt und willkom-*

men bist. Du gehörst in unsere Familie. Wir empfangen dich als das kostbare Geschenk, das du für unsere Familie bist, und wir erklären, dass du in deinem Leben aufblühen und zu einem Mann/einer Frau Gottes heranwachsen wirst, der/die dem Herrn Jesus Christus sein/ihr ganzes Leben lang dient.

Wenn du als Mutter eine übertriebene Angst vor der Entbindung hattest, von der du weißt, dass sie Angst oder Unsicherheit in das Herz deines Kindes gepflanzt hat

Bete, um dich von der Angst loszusagen und ihre Macht über das Leben deines Kindes zu brechen; dann setze Segen über deinem Kind frei.

Vater, im Namen Jesu sage ich mich von der Angst los, auf die ich mich vor und während der Geburt eingelassen habe. Vergib mir, dass ich Dir für den Geburtsvorgang nicht ganz vertraut habe. Heute erkläre ich den Fluch der Angst für ungültig, den ich in das Leben von [Name des Kindes] *gebracht habe, und ich breche die Macht der Angst über dem Verstand, den Emotionen und dem Körper meines Kindes. Ich erkläre, dass mein Kind leben und nicht sterben wird. Jesus Christus ist gestorben und hat Sein Blut vergossen, damit* [Name des Kindes] *leben und seine/ihre Bestimmung auf der Erde erfüllen kann. Ich lösche jeden Plan Satans für mein Kind und lege sein/ihr Leben in Gottes Hände. Herr, Gott, wir setzen nun im inneren Menschen von* [Name des Kindes] *Deinen übernatürlichen Frieden frei, der alles Verstehen übersteigt, sowie ein übernatürliches Sicherheitsempfinden, weil wir wissen, dass du seine/ihre Tage auf der Erde bestimmt hast. Wir segnen das Leben von* [Name des Kindes] *und seine/ihre Geburt und erklären, dass* [Name des Kindes] *alle Tage seines/ihres Lebens in Frieden und Sicherheit verbringen wird. In Jesu Namen. Amen.*

Wenn dein Kind geboren wurde, nachdem du eines oder mehrere Kinder vor der Geburt verloren hast

Bete über deinem Kind, um die Macht des Gefühls, nur ein Ersatz für jemand anderen zu sein, und jeden Druck, die Bestimmung und die Aufgabe eines anderen Menschen erfüllen zu müssen, zu brechen.

Vater, wir erklären an diesem Tag, dass [Name des Kindes] *kein Ersatz für irgendjemand anderen ist. Mein Kind ist ein einzigartiges Individuum, das Du geschaffen hast, um eine einzigartige und besondere Bestimmung und einen Zweck zu erfüllen. Heute treten wir von jeder Erwartung zurück, die wir in* [Name des Kindes] *gesetzt haben, außer die, dass er/sie genau der Mensch sein soll, als den Du ihn/sie geschaffen hast. In Jesu Namen lösen wir jede geistliche oder seelische Verbindung, die wir zwischen* [Name des Kindes] *und dem Kind geschaffen haben, das wir verloren haben. Wir setzen* [Name des Kindes] *völlig frei, er/sie selbst zu sein und als der Mensch heranzuwachsen, als den Gott ihn/sie geschaffen hat.* [Name des Kindes], *wir segnen dich, damit du du selbst sein und die Bestimmung und die Aufgabe erfüllen kannst, die Gott für dich hat. Wir lieben dich, wir nehmen dich an und erklären, dass du willkommen bist und als der Mensch, als den Gott dich geschaffen hat, in unsere Familie gehörst.*

GEBETE, UM DEN SEGEN FREIZUSETZEN

Veranstalte ungefähr acht Tage nach der Geburt deines Kindes eine Segnungsfeier.

Bestätige bei dieser Zeremonie den Wert, die Geschlechtsidentität und die Bestimmung des Kindes; gib ihm/ihr einen bedeutungsvollen Namen und weihe das Kind Gott. Wie ich schon früher erwähnt habe ist die Aufgabe des Pastors oder Leiters zu helfen, die Eltern auszubilden und zuzurüsten, damit sie ihrem Kind den Segen vermitteln können, und nicht, das für sie zu tun. Der Pastor kann zwar auch über dem Kind beten, aber es ist die Verantwortung der Eltern, schon vorher zu beten und sich darauf vorzubereiten, Segen und Bestimmung kurz nach der Geburt in das Leben ihres Kindes zu sprechen. Mit einem solchen Verständnis können die Eltern etwa folgendermaßen beten:

Vater, wir danken Dir heute dafür, dass du [Name des Kindes] *geschaffen und ihn/sie in unsere Familie gestellt hast. Heute sprechen wir über dir, [Name des Kindes], aus, dass du willkommen bist und in unsere Familie gehörst. Wir werden dich niemals aufgeben oder verlassen. Du wirst immer unser Kind sein und wir werden dich alle Tage deines Lebens lieben und für dich beten.*

Wir haben dich [Name des Kindes] *genannt, weil es* [gib die Bedeutung an] *bedeutet, und Gott hat uns gezeigt, dass du* [gib jede Charaktereigenschaft und/oder Bestimmung an, die Gott dir für dein Kind gezeigt hat] *sein würdest. Der Herr hat uns auch gezeigt* [nenne alle anderen prophetischen Worte, Offenbarungen oder Visionen , die Gott dir bezüglich deines Kindes gegeben hat]. *Der Herr hat uns die folgenden Bibelstellen für dich gegeben:* [Nenne alle Bibelstellen auf, die der Herr dir gegeben hat, damit du sie über deinem Sohn/deiner Tochter betest].

Wir erklären, dass du, [Name des Kindes], *gesegnet bist und immer Gunst bei Gott und den Menschen haben wirst. Du bist kein gewöhnliches Kind, sondern du bist in eine Familie geboren, die mit dem Gott Abrahams, Isaaks und Jakobs in einem Bund steht. Deshalb kannst du erwarten, gesegnet und alle Tage deines Lebens erfolgreich zu sein.* [Name des Kindes], *an diesem Tag weihen wir dich dem Herrn Jesus Christus, damit du Ihn anbetest und Ihm alle Tage deines Lebens dienst. Amen!*

Sprich Worte der Liebe, Annahme, des Willkommens und der Bestätigung der Geschlechtsidentität bei der Geburt aus und verpflichte dich, allen Bedürfnissen deines Kindes zu begegnen.

Vater Gott, danke für [Name des Kindes]. *Er/sie ist ein kostbares Geschenk für uns. Wir segnen ihn/sie an diesem besonderen Tag. Wir beten, dass Du unser Kind stark und gesund hältst während es heranwächst. Herr, erfülle* [Name des Kindes] *schon jetzt in den ersten Minuten nach der Geburt mit Deinem Heiligen Geist und lasse es heute Deine Liebe und Deinen Schutz spüren.*

Hallo, Kleines, hier sind deine Mama und dein Papa. Wir lieben dich. Wir haben darauf gewartet, dich von Angesicht zu Angesicht sehen zu können, und jetzt können wir das. Du bist ein wunderschöner kleiner Junge/ein wunderschönes kleines Mädchen. Du bist genau so, wie wir dich wollten. Es ist großartig, dass Gott dich als Jungen/Mädchen geschaffen hat. Wir sind so begeistert darüber, wie Gott dich geschaffen hat. Heute feiern wir deine Geburt mit den Engeln im Himmel und erklären, dass du in dieser Welt und in unserer Familie willkommen bist. Wir haben dich erwartet und dir einen Platz bereitet. Wir sind so froh, dass du da bist und wir werden immer für dich da sein, auf dich aufpassen und für deine Sicherheit sorgen. Wir werden darauf achten, dass du alles bekommst, was du brauchst.

Gott hat dich wunderbar gemacht, und Er hat dich vom Mutterleib an ausgesondert, dem Herrn Jesus Christus alle Tage deines Lebens zu dienen. Wir erklären heute, dass Satan und alle dämonischen Geister absolut kein Anrecht auf dein Leben haben. Wir erklären, dass du in jedem Lebensbereich dem Herrn Jesus Christus und Seinem Plan und Zweck geweiht bist – heute und alle Tage deines Lebens.

Du bist ein Segen für jeden, dem du begegnest, und du kannst Gottes Gunst auf deinem Leben erwarten, wohin du auch gehst. Du bist absolut einzigartig und niemand anderer kann das sein, als was Gott dich geschaffen hat oder das tun, wozu Gott dich begabt hat. Wir wollen, dass du weißt, dass du hier immer sicher und willkommen sein wirst. Nichts, was du jemals tun könntest, wird uns je dazu bringen, dich abzulehnen oder zu verlassen.

Wir segnen heute deinen Geist mit dem Leben Gottes. Wir segnen deinen Verstand mit Intelligenz und Weisheit. Wir segnen deine Gefühle mit Enthusiasmus, Sicherheit und Frieden. Wir segnen deinen Körper mit Gesundheit und Stärke. Mögest du in jedem Bereich – Geist, Seele und Köper – wachsen und dich zu dem Menschen entwickeln, als den Gott dich geplant hat. Mögest du an diesem Tag in Gottes Liebe und Frieden bleiben. In Jesu Namen. Amen.

— 7 —

WIE MAN SEIN KIND IM BABY-ALTER UND IN DER FRÜHEN KINDHEIT SEGNET

Eine weitere wichtige Zeit, in der Segen oder Fluch wirksam werden können, ist die frühe Kindheit. Ein Kind ist in dieser Phase extrem verwundbar, weil es für kein einziges seiner Bedürfnisse selbst sorgen kann. Wenn es sich nicht sicher ist, ob seine Bedürfnisse erfüllt werden, kann das Kind anfangen, niemand anderem als sich selbst zu vertrauen. Natürlich geschieht dies nicht in einem einzigen Moment, sondern in einem ganzen Lebensabschnitt, in dem das Kind auf der Suche nach beständiger Fürsorge ist. Es ist diese Beständigkeit, durch die das Kind lernt, anderen zu vertrauen.

DIE SCHLÜSSELFIGUREN

Die Schlüsselfigur, wenn es darum geht, ein Kind in der frühen Kindheit zu segnen, ist die Mutter. Auch wenn die Zuwendung des Vaters wichtig ist, ist doch die Fürsorge der Mutter essentiell wichtig, um in diesem entscheidenden Lebensabschnitt das grundlegende Vertrauen aufzubauen. Sie ist diejenige, die die Schlüsselfragen im Herzen des Kindes mit der göttlichen Wahrheit beantworten kann, die der Seele ihres Kindes Frieden bringen wird.

SCHLÜSSELFRAGEN, DIE BEANTWORTET WERDEN MÜSSEN

In der frühen Kindheit müssen folgende Schlüsselfragen beantwortet werden: *Gibt es jemanden, dem ich wirklich vertrauen kann, dass er mir das gibt, was ich brauche? Gibt es jemanden hier, der größer, stärker und klüger ist als ich, der mich wirklich liebt und sich um mich kümmert?*

Ein Kleinkind muss anderen Menschen vertrauen, um zu überleben. Deshalb möchte der Feind sicherstellen, dass das Kind keine beständige Fürsorge erfährt, was zu einer beträchtlichen Furcht vor dem Tod, innerem Aufruhr und einem Überlebenskampf führt. Der Feind möchte, dass das Kind denkt: «Wenn da niemand ist, auf den ich zählen kann, wenn es darum geht, mir zu geben, was ich brauche, dann werde ich für all meine Bedürfnisse selbst sorgen müssen.» Wenn das Kind das nicht kann - was höchstwahrscheinlich der Fall sein wird - dann wird es sehr viel Angst erfahren und seine Seele wird keinen Frieden haben.

SEGEN UND FLUCH IM BABYALTER UND IN DER FRÜHEN KINDHEIT

Natürlich war es Gottes Plan, dass Eltern ihren Kindern im Babyalter und die gesamte frühe Kindheit hindurch eine kraftvolle Segensbotschaft übermitteln sollten. Hier sind einige Wege aufgelistet, auf denen Eltern ihre Kinder in dieser Entwicklungsphase entweder segnen oder mit einem Fluch belasten können.

Was der Segen im Babyalter beinhalten kann:

1. Die Eltern kommunizieren verbal und physisch, dass das Kind gewollt, akzeptiert, angenommen und willkommen ist - insbesondere die Mutter, die das Baby liebt, hält und physisch ernährt
2. Die Mutter stillt das Baby, um die Entstehung einer körperlichen und emotionalen Bindung zu fördern
3. Die Mutter sorgt beständig für das Kind und erfüllt seine physischen und emotionalen Bedürfnisse. So unterstützt sie seine Fähigkeit, darauf zu vertrauen, dass es jemanden gibt, der sich um seine Bedürfnisse kümmert.

4. Der Vater lässt dem Kind ein beträchtliches Maß an körperlicher Berührung und Zuwendung zukommen.

Was der Fluch im Babyalter beinhalten kann:

1. Die Eltern kommunizieren verbal und physisch, dass das Kind nicht gewollt und willkommen ist, und die Mutter enthält ihm Liebe, Zuwendung oder körperliche Versorgung vor.
2. Die Mutter schafft keine physische oder emotionale Bindung durch Stillen oder andere Formen von bedeutungsvollen Berührungen und Versorgung.
3. Das Kind erfährt nur unbeständige Fürsorge, weil die Mutter nicht ständig da ist, um seine physischen und emotionalen Bedürfnisse zu erfüllen, und diese Verantwortung an eine Reihe anderer Personen (Verwandte, Tagesmütter, Kindermädchen etc.) abgegeben hat.
4. Der Vater zeigt nicht das angemessene Maß an körperlicher Berührung und Zuwendung

MÖGLICHE FOLGEN VON SEGEN UND FLUCH IN DER FRÜHEN KINDHEIT

Kinder brauchen viel körperliche Berührung und Zuwendung von ihren Eltern. Schmusen und andere Formen von körperlicher Berührung schaffen eine gesunde Bindung und vermitteln ein Gefühl von Sicherheit, das ein Teil des Segens ist, den Gott vorgesehen hat. Der Arzt und Forscher Dr. James Prescott, der die Auswirkungen von Reizentzug in der frühen Kindheit untersucht hat, sagt: «Wer als Kind mit niemandem eine Bindung eingegangen ist, wird das auch im Erwachsenenalter nicht tun.»[1]

Der weibliche Körper hat die natürliche Fähigkeit, ein Baby zu ernähren. Das gehört zu Gottes Segensplan für die Kinder. Durch das Stillen ist sichergestellt, dass ein Kind viel körperliche Berührung und Fürsorge erfährt. Das Baby geht ganz selbstverständlich eine Bindung mit seiner Mutter ein, während es mehrere Male am Tag gehalten und geherzt wird. In der alten hebräischen Kultur (wie auch in den meisten anderen früheren Kulturen) war es normal für eine Mutter, ihr Kind zu stillen. In unserer modernen westlichen Kultur füttern viele Menschen ihre Kinder lieber mit der Flasche. Ein verbreiteter Grund dafür ist, dass viele Mütter außer Haus arbeiten und nicht vor Ort sind, um mehrmals täglich stillen zu können.

In den Jahren meines Dienstes habe ich festgestellt, dass viele Menschen, die den Segen der mütterlichen Berührung im Babyalter nicht erfahren haben, im späteren Leben ein tiefes inneres Verlangen nach körperlicher Berührung und fühlbaren Reizen entwickeln. Dieses Bedürfnis, körperliche Berührung und Zuwendung zu erfahren, wird manchmal sexualisiert. Ich bin vielen Männern begegnet, die versucht haben, dieses innere Bedürfnis, berührt zu werden, durch körperliche Intimität mit ihrer Ehefrau zu befriedigen. Dazu ist die eheliche Intimität allerdings nie geschaffen worden.

Wenn ich Ehepaare berate, erzählen mir die Ehefrauen oft im Vertrauen, dass sie sich von den Bedürfnissen ihrer Ehemänner überwältigt fühlen. «Pastor», sagen sie dann, «ich genieße sexuelle Intimität so sehr wie jeder andere auch, aber mein Mann ist schier unersättlich. Ich kann bald nicht mehr.» Wenn ich dann mit den Ehemännern bete, um die Wurzel dieses Verhaltens aufzudecken, zeigt mir der Herr, dass es da ein tiefes Verlangen nach Fürsorge im Herzen eines kleinen Jungen gibt, der als Baby nie geherzt wurde.

Kleine Kinder, die keine liebevolle körperliche Berührung von ihren Eltern erfahren haben und nicht geherzt wurden, werden oft Zweifel entwickeln, was ihre Versorgung betrifft. Wenn das passiert, versucht der Feind häufig, dem Kind, das nicht für sich selbst sorgen kann, Todesangst zu vermitteln. Wenn es keine beständige Fürsorge und Liebkosung von seiner Mutter gibt, kann das Kind schon in einem sehr frühen Alter anfangen, bezüglich der Erfüllung seiner Bedürfnisse ausschließlich auf sich selbst zu vertrauen, da es befürchtet, sonst zu sterben. Gewöhnlich ist dies keine bewusste Entscheidung des Kindes. Es beginnt einfach zu schlussfolgern: «Niemand ist da, der meine Bedürfnisse erfüllt – also sollte ich wohl besser auf mich selbst aufpassen. Da niemand für mich da ist, werde ich niemandem außer mir selbst vertrauen, für mich zu sorgen.»

Wenn sich diese Angst und Unsicherheit tief im Inneren eines Kindes aufbaut, dann baut sie sich nicht wieder ab, während das

Kind heranwächst und schließlich erwachsen wird. Sie bringt einfach einen Teenager oder einen Erwachsenen hervor, der unfähig ist, seinen Freunden, seinem Ehepartner oder selbst Gott zu vertrauen. Als Erwachsener mag dieser Mensch sein Leben Christus geben und sagen: «Herr, ich vertraue Dir mein ganzes Leben an.» Doch wenn eine Krise die tiefe Angst im Inneren aufwühlt, wird dieser Mensch sofort sein Leben Gott wieder aus den Händen nehmen und für sich selbst handeln.

Wir haben schon für viele Menschen gebetet, die unter einer tiefen Unfähigkeit litten, ihrem Ehepartner oder Gott zu vertrauen. Wenn wir dann den Heiligen Geist fragten, wann diese Unfähigkeit in ihr Leben gekommen war, erfuhren wir schnell, dass es im Babyalter war - aufgrund mangelnder Versorgung. Als ich diesem Phänomen das erste Mal bei einem verheirateten Mann begegnete, war ich mir nicht sicher, wie ich ihm helfen konnte. Also beteten wir und fragten Gott, wie wir seinem tiefen Bedürfnis nach Versorgung begegnen sollten, da er diese ja nun nicht mehr von seiner Mutter empfangen konnte. Der Herr wies mich an, diesem Mann zu sagen, dass Gott der einzige war, der dieses Bedürfnis befriedigen konnte.

In diesem besonderen Fall erinnerte der Heilige Geist den Ehemann daran, dass einer der hebräischen Namen Gottes *El Shaddai* lautet. Traditionell bedeutet dieser Name «der eine, der mehr als genug ist, um jedes Bedürfnis zu erfüllen.» Die wörtliche Bedeutung ist «der Doppelbrüstige». Folglich ist El Shaddai, der den Menschen nach Seinem Bild als Mann und als Frau geschaffen hat, der Doppelbrüstige, der mehr als genug ist, um dem Liebesmangel im Herzen jedes Menschen abzuhelfen.

Als ich das diesem Mann mitteilte und ihn bat, sein Herz für El Shaddai zu öffnen, begann Gott ihm in der Tiefe seines Herzens zu dienen und ihn mit der Liebe und Annahme zu füllen, die er im Babyalter empfangen hätte sollen. Nachdem dieser Mann dem Heiligen Geist erlaubt hatte, tief in seinem Herzen zu wirken, berichtete er, dass sein Verlangen nach körperlicher Intimität gestillt war, und dass sowohl er als auch seine Frau nun sehr zufrieden mit ihrer sexuellen Beziehung waren.

Seit ich damals diesem Ehepaar gedient habe, bin ich solchen Situationen noch oft während unserer Seminare zur Segnung der Generationen begegnet. Ich preise Gott dafür, dass auch andere erfahren haben, wie diese Dinge in ihrem Herzen aufgelöst wurden, als sie von Gott den Segen empfingen, den sie eigentlich schon als Baby von ihrer Mutter erhalten hätten sollen.

In der hebräischen Kultur war es normal für eine Mutter, für ihre kleinen Kinder da zu sein, um sie zu herzen, zu halten und sich um ihre Bedürfnisse zu kümmern. Sie arbeitete nicht außer Haus und sie war auch nicht in fünfundzwanzig andere Aktivitäten verwickelt, wie viele Mütter heute. Die Mutterrolle war hoch geachtet. Es war fast ausgeschlossen, dass ein Kind in dieser Kultur nicht geherzt, gestillt und versorgt wurde, weil diese Dinge für eine Mutter die oberste Priorität hatten und die Gesellschaft das von ihr erwartete.

Ich denke, dass im Gegensatz dazu die Mutterschaft in unserer heutigen Kultur beträchtlich an Wert verloren hat. Eine Mutter, die zu Hause bei den Kindern bleibt, wird manchmal als faul oder unproduktiv betrachtet. Selbst unter Christen wird erwartet, dass eine Frau Geld verdienen, Karriere machen oder in einem Dienst außer Haus involviert sein sollte. Leider ist es in unserer Kultur ziemlich wahrscheinlich, dass ein Kind das Stadium seiner frühen Kindheit durchlebt, ohne viel geherzt und mit körperlicher Berührung gesegnet zu werden.

Tatsächlich ist die Mutterschaft in den Augen Gottes eine sehr hohe Berufung. Kinder zu versorgen und in ihr Leben zu investieren ist eines der wichtigsten Dinge, die eine Mutter tun kann. Ich glaube, dass es eine Ausnahme und nicht die Regel sein sollte, dass eine Mutter außer Haus arbeitet. Mir ist klar, dass das für allein erziehende Mütter und einige andere Familien in unserer derzeitigen wirtschaftlichen Situation wahrscheinlich nicht möglich ist, aber ich glaube, dass es Gottes Ideal ist.

Eine weitere interessante Tradition in der Kultur der alten Hebräer ist, dass Kinder gewöhnlich nicht vor ihrem ersten Geburtstag entwöhnt wurden. Für unsere moderne Kultur wäre das sehr ungewöhnlich, aber ich glaube, dass Gott mit dieser Praktik einen Zweck verfolgte. Weil sie so lange gestillt wurden, lernten die Babys, ihren Müttern zu vertrauen und von ihnen abhängig zu sein. Von jemandem abhängig zu sein ist eine natürliche Phase einer gesunden emotionalen und geistlichen Entwicklung. Kinder, die lernen, davon abhängig zu sein, dass eine Mutter ihre Bedürfnisse stillt, entwickeln ein gesundes Gefühl dafür, geliebt und wertgeschätzt zu werden und sind im späteren Leben fähig, anderen zu vertrauen, dass diese dazu beitragen werden, ihre Bedürfnisse zu erfüllen.

Kinder hingegen, die nie gelernt haben, von einer Mutter abhängig zu sein, können schon in frühem Alter anfangen, unabhängig und selbstgenügsam zu sein. In unserer modernen Kultur wollen Eltern oft, dass ihre Kinder so schnell wie möglich unabhängig werden. Dafür gibt es zwei verbreitete Gründe. Der eine ist der soziale Druck, mit den Menschen in der Umgebung mithalten zu können. Der zweite Grund ist, dass wir sehr beschäftigt sind und uns nicht damit aufhalten wollen, auf kleine Kinder aufzupassen. Wenn wir unsere Kleinkinder dazu bringen können, Dinge allein zu tun, sind wir wieder frei, unser geschäftiges Leben zu leben.

Ich vermute, dass wir unsere Kinder dem Plan Gottes genau entgegengesetzt und völlig konträr zu den alten Hebräern behandeln. Wir wollen, dass kleine Kinder so schnell wie möglich unabhängig werden. Wenn sie dann zu Teenagern werden und die Zeit erleben, in der wir nach Gottes Plan unsere Kinder freisetzen sollten, ihre eigenen Entscheidungen als junge Männer und Frauen zu treffen, dann versuchen wir oft, ihre Entscheidungen zu kontrollieren und sie abhängiger zu machen.

Wenn Kinder nie das grundlegende Vertrauen und die Sicherheit entwickeln, dass ihre Bedürfnisse erfüllt werden, können sie stattdessen einen unabhängigen Geist entwickeln, der sich weigert, in den Teenagerjahren weisen Rat von ihren Eltern anzunehmen. Das kann Eltern dazu bewegen, zu versuchen, die Entscheidungen ihres Teenagers zu kontrollieren. Dadurch, dass Kinder bei den alten Hebräern erst später entwöhnt wurden, lernte ein solches Kind praktisch automatisch in seiner frühen Kindheit abhängig zu sein und ein grundlegendes Vertrauen zu entwickeln. Daher gab es sehr viel sicherere Teenager, die geistlich und emotional sehr viel besser ausgerüstet waren, in ihr Erwachsenenleben entlassen zu werden.

IRRATIONALE ANGST VOR DEM VERLASSENWERDEN

Die physische Anwesenheit einer Mutter, die Trost spendet und die Bedürfnisse des Kindes stillt, ist ein machtvoller Segen. Manchmal benutzt der Feind selbst die unvermeidliche Abwesenheit einer

Mutter, um seine Botschaft tief in das Herz eines kleinen Kindes zu pflanzen. Wenn wir das verstehen, erkennen wir, wie wichtig es ist, den Plänen des Teufels gegenüber wachsam zu sein und sie so oft wir können zu durchkreuzen. Mehr als einmal habe ich gesehen, wie eine irrationale Angst vor dem Verlassenwerden tief in das Herz eines kleinen Kindes gesät wird, weil die Mutter aus einem legitimen Grund in einem traumatischen Moment im Leben nicht verfügbar war.

Eines der ersten Male, als ich mit einer solchen Situation konfrontiert wurde, war, als ich für eine Frau betete, die ich hier Jill nennen werde. Sie sagte, sie erlebe häufig eine starke irrationale Angst, verlassen zu werden und nicht versorgt oder beschützt zu werden. Jill war mit einem wunderbaren gläubigen Mann verheiratet. Ihr Ehemann musste allerdings häufig auf Geschäftsreisen gehen. Oft, wenn sich Jills Mann auf eine Geschäftsreise vorbereitete, bettelte sie ihn an, nicht zu gehen. Jill sagte ihm dann: «Ich habe solche Angst, dass du nicht zurückkommst. Das Flugzeug könnte abstürzen und du könntest umkommen. Oder du könntest entführt werden.» Jills Mann versuchte dann sie zu beruhigen, indem er Statistiken über die Sicherheit der modernen Luftfahrt anführte. Er erinnerte sie daran, wie oft er unterwegs war und dass er immer zurückgekommen war.

Doch wie sehr ihr Mann auch versuchte sie zu beruhigen – Jill stand jedes Mal schreckliche Ängste aus, wenn ihr Mann auf Reisen ging. Manchmal befürchtete Jill auch, ihr Mann könnte eine Affäre haben und sie wegen einer anderen Frau verlassen. Das schmerzte und frustrierte ihren Mann sehr, da er sich niemals für eine andere Frau interessiert hatte und seiner Ehefrau auch niemals einen Anlass gegeben hatte, an seiner Hingabe zu ihr zu zweifeln. Auch hier halfen weder Argumente noch Gebet gegen Jills Angst, wie sehr ihr Ehemann sich auch bemühte.

Jill und ihr Mann erklärten mir ihre Situation während eines Seminars zur Segnung der Generationen. Das Team und ich fühlten uns geleitet, den Herrn einfach zu bitten Jill zu zeigen, wann diese Angst vor dem Verlassenwerden in ihr Leben gekommen war. Nachdem wir nur ein paar Sekunden auf den Herrn gewartet hatten, begann sich Jill vor Angst zu schütteln und unkontrollierbar zu weinen. Als wir sie fragten, was sie erlebte, erzählte Jill uns, dass der Heilige Geist sie an eine erschreckende Erfahrung erinnert hatte, die sie als Fünfjährige gemacht hatte.

Jill war ins Krankenhaus gebracht worden, weil sie wegen einer ernsthaften Herzkrankheit operiert werden musste. Sie erinnerte sich daran, dass sie sehr beunruhigt war, da ihre Eltern ihre Besorgnis wegen der Operation ausdrückten, aber das war nicht das Schlimmste. Jills Eltern durften nicht mit ihr im Krankenhaus übernachten. Als es Abend wurde, konnten sie nicht mehr tun als ihr zu versichern, dass in der Nacht alles in Ordnung sein würde, bevor sie nach Hause gingen.

Bald nachdem ihre Eltern gegangen waren, wurde Jills Herz von einer starken Angst erfasst. Da war sie nun im Alter von fünf Jahren mit einer ernsthaften Erkrankung an einem Ort, der ihr nicht vertraut war und wusste nicht, ob sie leben oder sterben würde. Sie stand die ganze Nacht lang schreckliche Ängste aus und fühlte sich von ihren Eltern verlassen und ungeliebt. Die Ängste wurden im Laufe der Nacht noch schlimmer, während Jill merkwürdige Geräusche hörte, ungewöhnliche Gerüche wahrnahm und fremde Menschen sie mit Nadeln stachen und ihr Dinge in Mund, Nase und Ohren steckten.

Das Herz dieses fünfjährigen Mädchens rief aus: «Wo ist mein Papa? Wo ist meine Mama? Kümmern sie sich nicht um mich? Lieben sie mich nicht? Ich bin ganz alleine. Alle Menschen, die ich liebe und auf die ich vertraut habe, haben mich verlassen!» Der Feind nutzte diesen Umstand dann aus, um tief in Jills Herz eine emotionale Lüge zu pflanzen, indem er ihr sagte: «Deine Eltern sind nicht hier weil sie dich nicht lieben und sich nicht um dich kümmern. Du bist ihnen nicht wichtig und sie werden niemals zurückkommen, um dir zu helfen. Du bist verlassen worden und niemand wird jemals für dich sorgen.»

Als Jills Eltern am nächsten Morgen zurückkamen, ahnten sie nichts von dem Schrecken, den sie in der Nacht erlebt hatte. Sie versicherten ihr, dass sie nun da waren und alles gut werden würde, aber der Schaden war bereits entstanden. Der Feind hatte einen «Virus» der irrationalen Angst vor dem Verlassenwerden tief in Jills Herz gepflanzt, der bis in ihr Erwachsenenleben hinein Bestand hatte.

Nachdem der Herr Jill dieses Erlebnis ins Gedächtnis gerufen hatte, konnten wir sie bitten, dem Herrn die tiefen Gefühle der

Angst zu bekennen. Dann fragten wir Ihn, was Er ihr als kleines Mädchen in dieser Nacht im Krankenhaus hatte vermitteln wollen. An diesem Tag hatte Jill eine wunderbare Begegnung mit dem lebendigen, auferstandenen Herrn Jesus Christus, der begann, ihr Seine Wahrheit zuzusprechen. Er nahm die tief sitzende Angst weg und ersetzte sie mit völligem Frieden und Sicherheit in Seiner Liebe. Die vollkommene Liebe treibt die Furcht aus (1.Johannes 4,18). Jill berichtete uns später, dass sie seit diesem Gebet nie mehr Angst davor gehabt hatte, dass ihr Mann umkommen oder nicht von einer Geschäftsreise zurückkommen könnte. Sie befürchtete auch nicht mehr, dass er sie wegen einer anderen Frau verlassen würde.

Jills Erfahrung zeigt noch einmal, wie wichtig die Gegenwart, die Berührung und der Trost der Eltern ist, um die Identität eines kleinen Kindes zu segnen und ein starkes Gefühl von Frieden und Sicherheit zu schaffen. Selbst wenn die Eltern keine Schuld trifft, kann der Feind ihre Abwesenheit benutzen, um eine tiefe Angst in das Herz eines Kindes zu pflanzen. Das ist nichts, vor dem man Angst haben müsste - nur etwas, dessen man sich bewusst sein sollte. Hätten Jills Eltern gewusst, welch emotionales Trauma sie als kleines Mädchen in dieser Nacht im Krankenhaus erlebt hatte, hätten sie sofort danach für sie beten, die emotionale Lüge ausmerzen und ihr helfen können, ihr Herz für die Wahrheit des Herrn zu öffnen. Ein solches Gebet hätte ihr den Schmerz der dauernden Angst vor dem Verlassenwerden in ihrem Erwachsenenleben erspart.

GOTTES SCHUTZMASSNAHMEN IN DER KULTUR DER ALTEN HEBRÄER

Wie für alle anderen entscheidenden Segnungsphasen im Leben eines Kindes hat uns Gott auch für das Segnen unserer Kinder im Babyalter und in der frühen Kindheit in der Kultur der alten Hebräer ein Modell gegeben. Ich habe vier Schutzmaßnahmen identifiziert, die Gott in der biblischen hebräischen Kultur installiert hatte um sicherzustellen, dass Kinder im Babyalter und in der frühen Kindheit gesegnet und nicht mit einem Fluch beladen wurden.

1. Die Mutter gab dem Kind die oberste Priorität in ihrem Leben. Sie nahm weder einen Dienst, noch eine Arbeit außerhalb des

Hauses oder irgendetwas anderes wichtiger, als die physische und emotionale Fürsorge für ihre Kinder.

2. Kinder wurden erst spät von der Mutterbrust entwöhnt, wodurch ein stärkeres Gefühl der Abhängigkeit von der Mutter entstand und sie fähig wurden, einem anderen Menschen zu vertrauen, dass er für ihre Bedürfnisse sorgen würde.
3. Die kulturelle Einstellung, dass die Ehe als Bund und Kinder als ein Segen des Herrn angesehen wurden, schaffte ein stabiles Umfeld, in dem die Fürsorge und die Förderung der Kinder die Priorität in der Familie genossen.
4. Die verbreitete Praxis, den Sabbat als Familie zu ehren erlaubte den Eltern, ihre Kinder wöchentlich während der Jahre ihres Heranwachsens zu segnen.

Ich habe bereits erklärt, wie die vier oben erwähnten Einstellungen und kulturellen Praktiken dazu beitrugen, den Segen an kleine Kinder weiterzugeben. In der heutigen westlichen Kultur allerdings können wir das Gegenteil davon erkennen. Viele Mütter sind mit Aktivitäten außerhalb ihres Zuhauses sehr beschäftigt und sind daher für ihr Kind in seiner frühen Kindheit kaum verfügbar. Darüber hinaus entwöhnen die meisten stillenden Mütter ihre Kinder in den ersten Monaten und arbeiten daran, das Kind schon früh unabhängig werden zu lassen.

In vielen Familien werden Kinder nicht wirklich als Segen des Herrn betrachtet. Es kann sein, dass Eltern sich an dem Umstand stoßen, dass sie ihre Zeit und Energie nicht mehr auf das Geldverdienen, den Dienst oder eine andere bedeutsame Tätigkeit verwenden können, sondern sich stattdessen um ein kleines Kind kümmern müssen. Da es bei uns keine regelmäßige Zeit für einen wöchentlichen Familiensegen wie das Begehen des Sabbats in der alten hebräischen Kultur gibt, hören viele Kinder heute ihre Eltern niemals sagen, dass sie sich über sie freuen und dass sie an ihren Erfolg im Leben glauben. Stattdessen müssen Kinder ohne diese regelmäßige Segnungszeit auskommen und hören meist korrigierende Worte und Ausdrücke der Enttäuschung von ihren Eltern. Besonders in der frühen Kindheit sind die Worte, die Kinder meist von ihren Eltern zu hören bekommen solche wie: «Nein», «Hör auf damit», «Schäme dich», «Böser Junge/böses Mädchen», und «Mach das nicht!»

Stell dir vor, wie viel einfacher es wäre, unseren Kindern im Babyalter und in der frühen Kindheit Segen zu vermitteln, wenn wir in unseren Familien und Gemeinschaften einige der oben erwähnten Schutzmaßnahmen wiedereinführen würden. Wäre es nicht wunderbar, wenn einige dieser Praktiken aus der Kultur der alten Hebräer für unsere Kinder und Enkelkinder bis zu der Zeit, da sie selbst Kinder haben «normal» geworden wären? Das ist möglich. Du kannst deiner Familie ein Vermächtnis des Segens hinterlassen. Die Werkzeugkiste des Segens wird dir zeigen, wie das geht.

DIE WERKZEUGKISTE DES SEGENS

Nachstehend sind einige Gebete angeführt, die du über deinen Kindern während der Zeit ihres Babyalters und ihrer frühen Kindheit beten kannst. Sie sollen dir als Richtlinie dienen. Du kannst sie je nach Bedarf personalisieren.

WIEDERHERSTELLENDE GEBETE, UM DEN FLUCH ZU BRECHEN

Wenn dein Kind adoptiert ist und in der frühen Kindheit einen Mangel an Fürsorge erfahren hat

Vielleicht erkennst du, dass dein Kind mehr körperliche Berührung braucht, weil es einen Mangel an Fürsorge erfahren hat. Stelle sicher, dass es sehr viel angemessene physische Aufmerksamkeit und Zuwendung bekommt. Vielleicht möchtest du auch das folgende Gebet über deinem Kind sprechen, wenn es noch bei dir zu Hause lebt.

> *Vater, wir danken Dir für* [Name des Kindes]. *Er/Sie ist ein solcher Segen für uns. Herr, einer Deiner Namen ist El Shaddai, der eine, der mehr als genug ist. El Shaddai, wir bitten Dich, das Herz von* [Name des Kindes] *mit Deiner Liebe aufzufüllen. Berühre das Herz des kleinen Jungen/des kleinen Mädchens tief im Inneren, das gehalten, geherzt*

und geliebt werden muss. Nimm ihn/sie genau jetzt in Deine Arme und lasse ihn/sie spüren, wie überschwänglich Du ihn/sie liebst und Dich um ihn/sie kümmerst.

Ich schlage vor, dass du jetzt ruhig wartest und dem Herrn selbst erlaubst, dein Kind zu lieben. Vielleicht möchtest du es auch umarmen und festhalten, während du betest. Dies ist vermutlich ein Gebet, das du mehr als einmal beten wirst. Wahrscheinlich wirst du es regelmäßig für dein heranwachsendes Kind beten wollen. Nachdem du vor dem Herrn gewartet hast, möchtest du vielleicht die folgenden Worte benutzen, um dein Kind zu segnen:

[Name des Kindes], *heute segnen wir dich für dein Babyalter und für deine frühe Kindheit. Wir segnen dich mit übernatürlicher Sicherheit und einer ausgeprägten Fähigkeit, Gott, deinem Vater, dafür zu vertrauen, dass Er alle deine Bedürfnisse erfüllt. Wir segnen dich mit der Fähigkeit, anderen Menschen zu vertrauen und mit dem Wissen, dass du auf deinem Lebensweg niemals alleine sein wirst. Gott wird immer bei dir sein. Heute erklären wir, dass dein Herz in dem Wissen zur Ruhe kommt, dass du niemals alleine bist. Der allmächtige Gott wird alle Tage deines Lebens mit dir gehen, und du kannst Ihm in jedem Lebensbereich vertrauen. Wir lieben dich und erklären über dir, dass das Herz des kleinen Kindes in deinem Inneren von Gott gesegnet ist und absoluten Frieden haben wird.*

Wenn dein Kind erwachsen ist, möchtest du es vielleicht fragen, ob es ihm angenehm wäre, wenn du dieses Gebet jetzt für es beten würdest. Der Herr kann das Herz eines Erwachsenen mit Seiner fürsorglichen Liebe selbst dann berühren, wenn die Kindheit schon viele Jahre zurückliegt.

Wenn du für dein Kind in seiner Kindheit nicht da warst und jetzt merkst, dass es unfähig ist, anderen zu vertrauen

1. ***Tue vor dem Herrn Buße dafür, dass deine Fürsorge für dein Kind im Babyalter und in der frühen Kindheit nicht verfügbar war.***
   Vater, ich erkenne heute an, dass ich nicht zur Verfügung gestanden bin, um meinem Sohn/meiner Tochter die Liebe und Fürsorge zu geben, die

er/sie gebraucht hätte. Herr, es war falsch, und ich tue Buße darüber, dass ich [Name des Kindes] damals nicht zur Priorität in meinem Leben gemacht habe. Ich kann nicht dafür bezahlen, um den Schaden wieder gut zu machen, den mein Kind wegen meines Handelns erlitten hat. Aber Jesus Christus hat bereits für alle meine Sünden bezahlt, für Versäumnisse, Fehler und Irrtümer. Wegen des Blutes Jesu, bitte ich Dich, Vater, mir alles zu vergeben, was durch meine Schuld einen Fluch auf die Identität meines Kindes gelegt und zu einem Mangel an Segen geführt hat. Herr, ich bitte Dich nun, meinen Sohn/meine Tochter mit Deiner Liebe und Fürsorge zu erfüllen und für mein Kind jetzt das zu tun, was ich nicht getan habe, als [Name des Kindes] *klein war. Ich bitte Dich besonders,* [Name des Kindes] *neu die Fähigkeit zu geben, Dir und anderen zu vertrauen, dass seine/ihre Bedürfnisse erfüllt werden. Ich vertraue Dir, Herr, dass Du in meinem Sohn/meiner Tochter die Dinge tust, die ich nicht tun kann. Amen.*

2. ***Vielleicht möchtest du jetzt das oben stehende Segensgebet über deinem Sohn/deiner Tochter beten.***

Wenn du in der frühen Kindheit einen Fluch auf die Identität deines Kindes gebracht hast.

1. ***Tue Buße und bitte Gott, dir zu vergeben.***
   Vater, ich erkenne heute an, dass ich einen Fluch auf die Identität meines Sohnes/meiner Tochter gebracht habe, als er/sie ein kleines Kind war. Herr, es war falsch, und ich tue Buße darüber, dass ich nicht als Dein Bevollmächtigter gehandelt und Deine Botschaft nicht in das Leben von [Name des Kindes] *gebracht habe. Ich kann nicht dafür bezahlen, um den Schaden wieder gut zu machen, den mein Kind wegen meines Handelns erlitten hat. Aber Jesus Christus hat bereits für alle meine Sünden bezahlt, für Versäumnisse, Fehler und Irrtümer. Wegen des Blutes Jesu bitte ich Dich, Vater, mir alles zu vergeben, was durch meine Schuld in der frühen Kindheit einen Fluch auf die Identität meines Kindes gelegt und zu einem Mangel an Segen geführt hat. Herr, ich bitte Dich jetzt, meinen Sohn/meine Tochter mit deiner Liebe und Fürsorge zu erfüllen und jetzt für mein Kind das zu tun, was ich nicht getan habe, als es klein war. Ich bitte Dich besonders,* [Name des Kindes] *neu die Fähigkeit zu geben, Dir und anderen zu vertrauen, dass sie zur Verfügung stehen*

und seine Bedürfnisse erfüllen werden. Ich vertraue Dir, Herr, dass Du in meinem Sohn/meiner Tochter die Dinge tust, die ich nicht tun kann.

2. ***Vielleicht möchtest du nun das oben stehende Gebet über deinem Kind beten.***

PRAKTISCHE SCHRITTE UND VORBEUGENDE GEBETE, UM DEN SEGEN FREIZUSETZEN

Wie ich bereits erwähnt habe, kannst du deiner Familie ein Vermächtnis des Segens hinterlassen. Folge den nachfolgend aufgeführten Schritten, um nicht nur deine Kinder im Babyalter und in ihrer frühen Kindheit zu segnen, sondern auch, um einen segnenden Lebensstil in deiner Familie zu etablieren.

1. *Setze eine regelmäßige wöchentliche Zeit des Segnens in deiner Familie fest.* Folge dem Muster, das am Ende von Kapitel 2 beschrieben ist, um jede Woche ein gemeinsames Essen und eine Segnungszeit zu haben.
2. *Berühre und halte dein Kind oft in den Armen.* Stillen hilft, ein festes Band zwischen Mutter und Kind herzustellen. Wenn eine Mutter in der Lage ist, ihr Kind zu stillen, ist sie gut damit beraten, das auch zu tun. Auf jeden Fall solltest du dein Kind während der Jahre seiner frühen Kindheit in den Arm nehmen, herzen und ihm Liebe geben. Wenn beide Eltern das Kind umarmen und ihm angemessene körperliche Zuwendung zeigen, wird der Geist des Kindes belebt. Sei nicht sparsam, wenn es darum geht, Liebe und Segen deinem Kind gegenüber körperlich auszudrücken.
3. *Mache es zur Priorität in deinem Leben, die Bedürfnisse deines kleinen Kindes zu erfüllen.* Das wird dazu beitragen, ein Fundament des Vertrauens im Herzen des Kindes zu legen. Es wird dir auch dabei helfen, eine Kultur des Segnens in deiner Familie zu etablieren.
4. *Sprich mehrmals täglich einen Segen über deinem Kind aus.* Vielleicht möchtest du einen Segen wie den nachstehenden mehrmals täglich über deinem Kind aussprechen.

[Name des Kindes], *heute segne ich dein Leben, deinen Geist, deine Seele und deinen Körper. Ich segne dich mit übernatürlicher Sicherheit und einer ausgeprägten Fähigkeit, Gott, deinem Vater, zu vertrauen, dass Er alle deine Bedürfnisse erfüllen wird. Ich segne dich mit der Fähigkeit, anderen Menschen zu vertrauen und mit dem Wissen, dass du deinen Lebensweg niemals alleine gehen wirst. Gott wird immer bei dir sein. Heute erkläre ich, dass dein Herz in dem Wissen zur Ruhe kommt, dass du niemals alleine bist, sondern dass der allmächtige Gott alle Tage deines Lebens mit dir gehen wird. Du kannst Ihm in jedem Bereich deines Lebens vertrauen.* [Name des Kindes], *du wirst wachsen und an Weisheit und Größe zunehmen und Gunst bei Gott und den Menschen finden. Ich liebe dich und erkläre, dass du auf allen deinen Wegen und an allen Tagen deines Lebens erfolgreich sein wirst.*

8

WIE MAN SEIN KIND IN DER PUBERTÄT SEGNET

Auch wenn jede der sieben entscheidenden Phasen des Segens wichtig ist, so ist doch die Pubertät die vielleicht effektivste Zeit, dein Kind zu segnen. In der Pubertät wird ein Kind in seine Identität als Erwachsener entlassen. Das innere Bild als Mann oder Frau, das in dieser entscheidenden Zeit entsteht, wird den künftigen Verlauf des Lebens des Kindes beeinflussen.

DIE SCHLÜSSELFIGUR

Während beide Eltern in jeder entscheidenden Segnungsphase sehr wichtig sind, ist in der Pubertät der Vater der Hauptakteur, wenn es darum geht, das Kind zu segnen. In all den Jahren davor ist die Mutter die Schlüsselfigur, die Gott gebraucht, um dem Kind Sicherheit zu vermitteln und es zu befähigen, anderen zu vertrauen. In der Pubertät und in den Teenagerjahren hingegen betritt der Vater als Hauptakteur das Zentrum der Bühne. Gott gebraucht ihn, um die Identität des Geschlechts zu festigen und das Kind in seine Bestimmung als Erwachsener zu entlassen.

Jede Kultur auf der Welt hat eine Tradition oder Zeremonie, durch die ein Junge zum Mann und ein Mädchen zur Frau erklärt wird – ausgenommen unsere westliche Kultur. Wir haben keinen solchen Übergangsritus. In praktisch jeder Kultur durchtrennt der Vater durch seinen Segen die emotionale Nabelschnur, die das Kind mit der Mutter verbindet und entlässt so das Kind in seine Identität und Bestimmung als Erwachsener. Für diese Aufgabe sind Mütter naturgemäß nicht geschaffen, genauso wie Väter nicht dafür geschaffen sind, Kinder zu gebären.

Gott hat Vätern und Müttern völlig unterschiedliche Rollen im Leben ihrer Kinder gegeben. Mütter sind geschaffen, um hauptsächlich zwei Dinge zu tun: Kinder auf die Welt zu bringen und sie zu umsorgen. Väter sind dazu geschaffen, um zwei völlig andere Dinge zu tun: Die Geschlechtsidentität des Kindes zu festigen und es in seine Bestimmung als Erwachsener zu entlassen.

Selbst bei der Empfängnis ist es die Samenzelle des Vaters, die das Geschlecht des Kindes bestimmt. Genetisch gesehen hat eine Frau zwei X-Chromosomen (XX), während ein Mann über ein X- und ein Y-Chromosom verfügt (XY). Deshalb kann die Mutter bei der Empfängnis nur ein X-Chromosom beisteuern, während vom Vater entweder ein X- oder ein Y-Chromosom kommen kann. Wenn das Chromosom, das durch die Samenzelle des Vaters hinzukommt, ein X-Chromosom ist, wird das Kind ein Mädchen, doch wenn es sich dabei um ein Y-Chromosom handelt, wird es ein Junge.

Auch in der unterschiedlichen Art und Weise, wie Männer und Frauen ihre Babys halten, habe ich Gottes Schöpfungsplan erkannt. Mütter neigen dazu, sich in Bezug auf das Kind nach innen auszurichten; sie halten das Kind zu sich gekehrt und herzen es. Väter hingegen werden sich in Bezug auf das Kind nach außen ausrichten und es von sich gekehrt halten. Väter nehmen das Baby gewöhnlich so, dass es nach außen blickt, damit sie ihm die Welt da draußen zeigen können.

Ich habe auch beobachtet, dass viele Ehepaare sich scheiden lassen, kurz bevor ihr erstgeborenes Kind in die Pubertät kommt (im Alter von etwa zwölf oder dreizehn Jahren). Warum ist das so? Ich glaube, dass dies zu einer besonderen Strategie des Feindes gehört, der den Vater aus dem Leben seiner Kinder im Teenageralter entfernen möchte. Der Vater ist der gesalbte und erwählte Handlungsbevollmächtigte, der einen Jungen in seine Identität als Mann und ein Mädchen in seine Identität als Frau entlassen kann. Wenn er von der Bildfläche verschwunden ist, versetzt das den Teufel in die Lage, gleichaltrige Kameraden, Filme und Umstände zu benutzen, um die Schlüsselfrage des Kindes nach seiner Identität mit seiner falschen, zerstörerischen Botschaft zu beantworten.

Wenn es zu einer Scheidung kommt, leben die Kinder danach meist bei ihrer Mutter. Oft äußert das Kind dann in seinen frühen Teenagerjahren plötzlich den Wunsch, bei seinem Vater zu leben, worüber die Mutter wahrscheinlich entsetzt sein und folgendermaßen antworten wird: «Warum um alles in der Welt möchtest du bei deinem Vater leben? Weißt du nicht, dass er ein gottloser, ungläubiger Alkoholiker ist? Es wäre verrückt, bei ihm leben zu wollen.»

Doch da ist etwas im Herzen dieses Kindes, das weiß, dass der Vater etwas hat, was es braucht. *Dieses etwas ist der Segen des Vaters.* Sehr wenige Mütter verstehen dieses Verlangen im Herzen ihrer Kinder, aber es wurde von Gott geschaffen, damit sie in ihr Erwachsenenleben entlassen werden können. Ich glaube, dass einer der Gründe, warum Gott sagt, dass Er Scheidung hasst (Maleachi 2,16), der ist, dass der Vater dann womöglich nicht mehr zur Verfügung steht, um seine Kinder zu segnen und sie in der Pubertät in ihre Identität als Erwachsene zu entlassen. Viel zu viele Ehepaare haben beschlossen, sich scheiden zu lassen, ohne die Auswirkungen auf die nachkommenden Generationen ihrer Kinder und Enkelkinder zu überdenken.

Es ist ein heftiger geistlicher Kampf entbrannt, der darauf abzielt, die Väter davon abzuhalten, sich geistlich und emotional mit ihren Kindern zu verbinden. Darum sagt der Prophet Maleachi: *«Siehe, ich sende euch den Propheten Elia, ehe der große und furchtbare Tag des Herrn kommt; und* ***er wird das Herz der Väter den Kindern und das Herz der Kinder wieder ihren Vätern zuwenden,*** *damit ich bei meinem Kommen das Land nicht mit dem Bann schlagen muss!»* (Maleachi 3,23–24; Hervorhebung hinzugefügt).

Dieser Vers redet nicht vom Herz der Mutter, das sich ihren Kindern zuwenden soll, sondern vom Herz des Vaters. Warum ist das so? Als ich darüber nachdachte, fiel mir ein, dass es nicht schwierig ist, das Herz einer Mutter dazu zu bringen, sich ihren Kindern zuzuwenden. Tatsächlich ist die Schwierigkeit die, das Herz einer Mutter dazu zu bringen, Ihre Kinder loszulassen. Es ist – besonders in den Teenagerjahren – weit mehr herausfordernd, den Vater dazu zu bringen, sich emotional mit seinen Kindern zu verbinden. Er hat seinen Fokus oft auf die Karriere, Finanzen, Sport und viele andere Dinge gerichtet anstatt auf seine Kinder. Deshalb sagt der Vers, dass Gott die Herzen der Väter ihren Kindern zuwenden wird, wenn der Geist Elias auf der Erde freigesetzt wird.

Wie ich bereits erwähnt habe, begann der Herr Jesus Christus Seinen Dienst erst, als Er den Segen Seines himmlischen Vaters erhalten hatte. Wenn also der Segen des Vaters so wichtig war, dass Jesus ohne ihn nicht ein einziges Wunder tat, keine einzige Predigt hielt und auch Seinen Dienst nicht begann – wie viel wichtiger ist er für uns heute?

WAS IST MIT ALLEIN ERZIEHENDEN MÜTTERN?

Allein erziehende Mütter werden fragen: «Was soll ich tun? Der Vater meiner Kinder ist nicht da, um sie zu segnen. Wie können meine Kinder gesegnet und in ihre Bestimmung als Erwachse entlassen werden?» Während eine Mutter ihre Kinder ihr ganzes Leben lang segnen kann und das auch tun sollte, so kann sie diese Rolle doch nicht übernehmen. Es ist der Vater, der berufen ist, die Identität eines Erwachsenen in seinen Kindern zu begründen und sie in ihren Teenagerjahren in ihre Bestimmung zu entlassen.

Wenn allerdings der biologische Vater nicht verfügbar ist, wird Gott andere Männer bestimmen, die diese Rolle im Leben der Kinder übernehmen können. Vielleicht gibt es da einen gläubigen Großvater, Onkel, Pastor, Lehrer oder Trainer, den eine Mutter fragen könnte, diese Rolle für ihren Sohn oder ihre Tochter zu übernehmen. Wenn du eine allein erziehende Mutter bist, möchte ich dich ermutigen, den Herrn zu fragen, wen Er vorbereitet hat, um dir zu helfen, dein Kind so zu erziehen, dass es einen gottgemäßen Charakter entwickelt, und um einen Segen zu beten, der es in seine Identität und Bestimmung als Erwachsener entlässt.

Manche Mütter betrachten den Vater ihrer Kinder nicht als geeignet dafür, die Kinder zu segnen, weil er nicht gläubig ist. Ich möchte dich ermutigen, den Vater nicht zu disqualifizieren, selbst wenn er Gott nicht kennt oder in vielen Lebensbereichen nicht die nötige Verantwortung übernimmt. Gott kann ihn immer noch gebrauchen, um seinen Kindern einen bedeutungsvollen Segen mitzugeben.

Ich habe viele Zeugnisse von Müttern gehört, die schockiert waren, als der Vater ihres Kindes zustimmte, an einer Feier teilzunehmen, um seinen Sohn oder seine Tochter in der Pubertät zu segnen. Andere sagten, Gott habe einen Vater trotz seiner Fehler mächtig gebraucht, um sein Kind durch seine Worte zu segnen, obwohl er kein gottesfürchtiger Mann war. Wenn du also getrennt lebst oder geschieden bist, ermutige ich dich, den Vater deiner Kinder zu bitten, sich zu überlegen, ob er seine Kinder nicht segnen möchte, auch wenn er in anderer Hinsicht nicht verantwortungsvoll gehandelt hat. Er hält immer noch einen Schlüssel in der Hand, den Gott gebrauchen kann, um seinen Kindern eine Zukunft zu erschließen, selbst wenn er nicht ganz versteht, was er da tut.

Wenn der Vater nicht bereit oder nicht verfügbar ist, um seine Kinder zu segnen, dann ist der Leib Christi gerufen, einzuspringen. (Siehe Jakobus 1,27.) Gläubige Männer in der Gemeinde sind berufen, aufzustehen und den Vaterlosen ein Vater zu sein. Mehrere Pastoren haben mir von der lebensverändernden Frucht erzählt, die entstand, als sie oder andere gläubige Männer in der Gemeinde einen jungen Mann unter ihre Fittiche nahmen. Sie bildeten den Jungen aus und bereiteten ihn auf das Erwachsenenleben vor; dann veranstalteten sie eine Segnungszeremonie, um diesen Jungen in sein Leben als Mann zu entlassen. Ich habe gottesfürchtige Pastoren dasselbe auch für eine junge Frau tun sehen, als sie sie in einer Zeremonie segneten, um sie in ihr Leben als Frau zu entlassen. Allein erziehende Mütter - verzweifelt nicht. Fragt Gott, wen Er gebrauchen möchte, und wann und wie Er eure Kinder segnen und freisetzen möchte, Männer und Frauen Gottes zu sein.

SCHLÜSSELFRAGEN, DIE BEANTWORTET WERDEN MÜSSEN

Die Schlüsselfragen, die entweder Gott oder Satan in der Pubertät durch die Eltern beantworten werden, sind: *Habe ich alles, was notwendig ist, um ein Mann/eine Frau zu sein? Bin ich gut genug, um meine Berufung als Mann/als Frau zu erfüllen?*

Wenn du dich erinnerst - die Pubertät kann eine Zeit großer Unsicherheit sein. Dein Leben verändert sich - körperlich, emotional und intellektuell. Die Schlüsselbotschaft, die der Teufel in dieser Zeit senden möchte, lautet: «Du bist nicht gut genug. Du hast nicht, was es braucht, um ein Mann/eine Frau zu sein. Du bist nicht so gut entwickelt wie die anderen Jungen/Mädchen in deinem Alter. Du bist nur ein kleines Kind und wirst niemals ein richtiger Mann/eine richtige Frau sein.»

In dieser Zeit kann es sein, dass ein Teenager sich im Umkleideraum des Sportteams oder vor der Sportstunde in der Schule vor seinen Klassenkameraden umziehen muss. Gewöhnlich wirft dann jeder einen Blick auf den anderen und manchmal fallen Bemerkungen über die körperliche Entwicklung eines Kollegen. Der Feind wird immer zusehen, dass es zumindest ein Kind gibt, das die anderen kritisiert. So wird dies zu einer Zeit der Befangenheit und des Selbstzweifels und man beginnt, sich merkwürdig unzulänglich zu fühlen.

Gottes Plan gemäß sollte ein Vater da sein, der die Herzensfrage seines Kindes mit einem deutlichen «Ja, du bist gut genug. Du hast alles, was du brauchst, um der Mann/die Frau zu sein, der/die zu sein Gott dich berufen hat. Du bist kein kleines Kind mehr. Du bist ein junger Mann/eine junge Frau. Es gibt nichts, was du noch brauchen würdest. Du hast alles, was du brauchst, und ich setze dich an diesem Tag frei, ein Mann/eine Frau zu sein!»

Nun neigen Männer und Frauen dazu, Wert und Eignung auf sehr unterschiedliche Arten wahrzunehmen. Deshalb unterscheiden sich ihre inneren Herzensfragen, die sie von ihren Vätern beantwortet haben müssen, leicht voneinander. Wenn das Herz eines Mannes fragt: «Bin ich gut genug?», möchte er gewöhnlich wissen: «Bin ich stark? Bin ich jemand, mit dem man rechnen muss? Habe ich eine Aufgabe zu erfüllen? Bin ich intelligent und fähig genug, diese Aufgabe zu erfüllen - etwas Bedeutsames zu vollbringen - und wird das, was ich tue, auf der Erde wirklich etwas bewirken? Würde mich jemand tatsächlich ordentlich für meine Ideen und/ oder Fähigkeiten bezahlen? Habe ich alles, was es braucht, um eine Frau anzuziehen, die sich mit mir für meine Lebensaufgabe und Berufung eins machen wird? Habe ich wirklich, was es braucht, um eine Ehefrau sexuell und emotional zu erfüllen, sie finanziell zu versorgen und zu beschützen, oder wird sich herausstellen, dass ich nicht gut genug bin?

Wenn das Herz einer Frau fragt: «Bin ich gut genug?» möchte sie gewöhnlich wissen: «Bin ich schön und anziehend? Bin ich es wert, dass man mir nachgeht? Bin ich attraktiv genug (geistlich, emotional und sexuell), damit ein Mann sein Leben riskiert, um mir nachzujagen und für mich zu kämpfen? Gibt es einen Mann, der mich so sehr liebt, dass er den Drachen töten, durch den Burggraben schwimmen, die Festungsmauern erklimmen, den bösen Prinzen umbringen, mich aus dem Turm retten und mich auf einem weißen Pferd in das Abenteuer meines Lebens führen wird? Oder werde ich mein ganzes Leben lang alleine bleiben, weil ich zu dick, zu hässlich oder zu dumm bin, als dass mich irgendjemand jemals haben wollen würde?»

Der Vater ist derjenige, der Gottes Antwort auf diese Schlüsselfragen im Herzen seines Sohnes oder seiner Tochter in der Pubertät geben kann. Die Art der Beziehung dieses Vaters zu seiner Tochter in dieser wichtigen Lebensphase bestimmt, wie sie in ihrem Herzen erwartet, von Männern im Allgemeinen und von ihrem zukünftigen Ehemann im Besonderen behandelt zu werden. Die Art der Beziehung zu seinem Sohn bestimmt, wie er in seinem Herzen erwartet, von Arbeitgebern und anderen Menschen in der Geschäftswelt behandelt zu werden.

SEGEN UND FLUCH IN DER PUBERTÄT

Jede Kultur auf der Welt kennt Zeremonien, Traditionen und Übergangsrituale, durch die in der Pubertät ein Junge in sein Leben als Mann und ein Mädchen in ihr Leben als Frau entlassen wird. Während die Traditionen und Zeremonien von Kultur zu Kultur verschieden sein können, bleiben die Grundelemente des Segens doch immer dieselben.

Was der Segen zur Zeit der Pubertät beinhalten kann:

1. Die Eltern lernen, Identität von Verhalten zu trennen, damit sie die Identität ihres Sohnes/ihrer Tochter segnen können, auch wenn sie sein/ihr Verhalten noch korrigieren
2. Die Eltern schaffen zu Hause eine Atmosphäre der Sicherheit, die einen offenen Austausch von Gefühlen und Erfahrungen zwischen dem Vater und dem Sohn oder der Tochter ermöglicht
3. Der Vater akzeptiert und segnet sein Kind auf korrekte und gesunde Weise, und trennt so die Identität der Kindheit von der Mutter und setzt seinen Sohn/seine Tochter frei, ein Mann/eine Frau zu sein
4. Eine Aufnahme in die Welt der erwachsenen Männer/Frauen, die der Vater organisiert

Was der Fluch zur Zeit der Pubertät beinhalten kann:

1. Die Eltern bringen beim Versuch, das Verhalten des Kindes zu korrigieren, Scham und Fluch auf seine Identität
2. Eine Scheidung oder die Unwissenheit, Unsicherheit, Apathie, Abwesenheit oder der Tod des Vaters verhindert, dass die Kinder offen mit ihm über ihre Gefühle und Erfahrungen sprechen können
3. Der Vater akzeptiert oder segnet seine Kinder nicht oder setzt sie nicht frei, und die Identität des Sohnes oder der Tochter bleibt an die Mutter gebunden, wodurch der Sohn/die Tochter sich auch im Erwachsenenleben noch immer wie ein Kind fühlt
4. Der Vater zeigt sich beschämt wegen der körperlichen Veränderungen bei seinem Sohn oder seiner Tochter
5. Der Sohn oder die Tochter erfährt physischen, emotionalen oder sexuellen Missbrauch, der in einem Gefühl von Unreinheit und Wertlosigkeit resultiert

MÖGLICHE KONSEQUENZEN VON SEGEN UND FLUCH ZUR ZEIT DER PUBERTÄT

Es ist Gottes Absicht, dass jeder Sohn und jede Tochter in der Pubertät auf kraftvolle Weise Identität und Bestimmung von ihrem Vater vermittelt bekommen soll. Ich glaube, dass diese Vermittlung in der Form eines offiziellen zeremoniellen Segens geschehen soll. Dieser Segen befähigt den Sohn oder die Tochter, ein erfolgreiches Erwachsenenleben zu führen und bringt die Kindheit emotional zum Abschluss. Der Vater und/oder andere männliche Schlüsselpersonen in der Gemeinschaft der Gläubigen sind dazu berufen und gesalbt, diesen Segen weiterzugeben.

In der hebräischen Tradition wird der Sohn, der in sein Erwachsenenleben entlassen wird, Bar Mitzvah genannt, die Tochter Bat Mitzvah. Das bedeutet «Sohn oder Tochter des Gebotes». Als ich den Herrn suchte, um einen Ausdruck zu finden, den wir in unserer Kultur des neuen Bundes gebrauchen könnten, stieß ich auf den hebräischen Ausdruck *bar barakah* (oder *bat barakah*), was «Sohn (oder Tochter) des Segens» bedeutet. Dieser Ausdruck ist in vielen Versammlungen sehr beliebt geworden, die den Segen zur Zeit der

Pubertät zu einem regulären Bestandteil ihrer Versammlungskultur gemacht haben. Wie du diese Praxis nun bezeichnest ist allerdings nicht so wichtig - so lange du sie zu einem regulären Bestandteil deiner Familien- und Gemeinschaftskultur machst.

Ich habe drei Hauptkomponenten für den Segen zur Zeit der Pubertät entdeckt: Anleitung, Zeremonie und Feier. Wir werden uns jede einzelne Komponente in der Werkzeugkiste des Segens später genauer anschauen, doch jetzt möchte ich mich mit dem Konzept der Zeremonie beschäftigen, weil ich glaube, dass sie ein entscheidendes Element des Segens ist.

GEISTLICHER UND EMOTIONALER ABSCHLUSS DURCH DIE ZEREMONIE

Ich glaube, wir haben das Gefühl für den Wert der Zeremonie in unserer modernen westlichen Kultur verloren. Eine Zeremonie kann den geistlichen und emotionalen Abschluss einer Lebensphase bewirken und setzt einen Menschen oft frei, in einen neuen Abschnitt einzutreten. Das trifft auf eine Hochzeitszeremonie zu. Eine gesetzmäßige Hochzeitszeremonie bringt das Singleleben eines Menschen geistlich, emotional und physisch zum Abschluss und entlässt das Paar in das Eheleben. Ich glaube, dass Gott den zeremoniellen Segen zur Zeit der Pubertät geplant hat, um auf dieselbe Art die Kindheit abzuschließen und den Menschen in sein Erwachsenenleben zu entlassen.

In den Kulturen, die reguläre rituelle Übergangszeremonien kennen, erlebt der junge Mann oder die junge Frau einen geistlichen und emotionalen Abschluss und eine Freisetzung für einen neuen Lebensabschnitt. In der orthodoxen jüdischen Kultur zum Beispiel wird ein Teenager auf die Frage: «Bist du ein Mann?» eindeutig mit ja oder nein antworten. Warum? Weil es eine Zeremonie (Bar Mitzvah) gibt, die ihn in sein Erwachsenenleben als Mann entlässt. Nach diesem Tag wird er sich anders kleiden und Privilegien und Verantwortungen haben, die er vorher nicht hatte. In den meisten Fällen werden sich tatsächlich auch die Gefühle des Jungen zu dieser Zeit verändern.

Andererseits habe ich entdeckt, dass viele Menschen, die niemals einen zeremoniellen Segen zur Zeit der Pubertät bekommen haben, in ihrem Erwachsenenleben immer noch das Gefühl haben ein kleiner Junge oder ein kleines Mädchen zu sein. Wenn du Menschen fragst: «Wann wird man ein Mann/eine Frau?» wirst du wahrscheinlich unterschiedliche Antworten bekommen. Ich habe gehört, wie Leute geantwortet haben: «Mit achtzehn Jahren», «Mit einundzwanzig Jahren», «Wenn man Auto fahren lernt», «Wenn du heiratest», «Wenn du zum ersten Mal Sex hast», «Wenn du ein Kind hast», und noch mehr. Der Punkt ist, dass es niemand wirklich weiß.

Tatsächlich wollte Gott, dass der zeremonielle Segen des Vaters einen Jungen geistlich und emotional freisetzen sollte, um ein Mann zu werden, und ein Mädchen, um eine Frau zu werden. Ohne diesen Segen verbringen viele Menschen ihr Leben damit, darauf zu warten, sich endlich wie ein Erwachsener zu fühlen. Dieses Gefühl wird nicht in einem bestimmten Alter verschwinden, weil Gott es geschaffen hat, damit es beendet werden kann, wenn die emotionale Nabelschnur durch einen zeremoniellen Segen durchtrennt wird, den der Vater spricht. Vielleicht erinnerst du dich an die Geschichte von Luis, der sich bis zu seinem fünfundsechzigsten Geburtstag wie ein zorniger kleiner Junge fühlte, bis ihn sein Vater segnete und ihn freisetzte, ein Mann zu sein. An diesem Tag fühlte sich Luis tatsächlich zum ersten Mal in seinem Leben als Mann. Nach Gottes Plan hätte das schon etwa fünfzig Jahre früher stattfinden sollen, aber leider wuchsen die Mitglieder dieser Familie nicht in einer Kultur des Segens auf, obwohl sie Christen waren.

In einigen Kulturen verstehen die Väter, dass sie dafür verantwortlich sind, ihre Söhne freizusetzen, Männer zu werden, aber sie tun das auf eine pervertierte Art und Weise. Manche Männer haben mir erzählt, dass ihr Vater sie mitten in ihren Teenagerjahren auf eine Sauftour mitnahm und sie dann eine Nacht mit einer Prostituierten verbringen ließ, um ihr Sexualleben in Gang zu bringen. Anstatt ein zuversichtliches Gefühl der Männlichkeit hervorzurufen führte das Handeln dieser Väter nur zu Gefühlen von Schuld, Scham, Beschmutzung und Abhängigkeit.

Menschen, deren Väter sie niemals in der Pubertät in ihr Erwachsenenleben entlassen haben, versuchen etwas zu *tun*, von dem sie denken, dass es das Gefühl, ein Kind zu sein, vertreiben wird. Männer treten vielleicht einer Gang bei, die ihren eigenen Übergangsritus hat, durch die Jungen zu Männern werden. Sie gehen vielleicht zum Militär oder versuchen, im Sport oder in ihrer Karriere erfolgreich zu sein. Eine Frau kann ähnliche Dinge tun, um zu versuchen, eine «richtige Frau» zu werden. Sie wird vielleicht unmoralisch, um zu versuchen, Männer anzuziehen, oder sie kann auch danach streben, finanziell gut gestellt zu sein oder sportlichen oder beruflichen Erfolg suchen. Nichts davon wird jemals den Segen eines Vaters ersetzen oder das unsichere Gefühl der Kindheit vertreiben.

GOTTES SCHUTZMASSNAHMEN IN DER KULTUR DER ALTEN HEBRÄER

Gott setzte zwei Hauptmaßnahmen zum Schutz in die Kultur der alten Hebräer, um sicherzustellen, dass Kinder in der Pubertät gesegnet wurden:

1. Eine rituelle Übergangszeremonie wurde in der Pubertät praktiziert
2. Das Gesetz des Mose (Tora), lehrte Eltern durch praktische Beispiele, die Identität vom Verhalten zu trennen und brachte ihnen bei, durch Entscheidungsmöglichkeiten mit Konsequenzen zu leiten anstatt die Identität bei dem Versuch zu verfluchen, das Verhalten zu kontrollieren.

In der Kultur der alten Hebräer hielt jede Familie eine Zeremonie ab, um das Kind in seine Identität als Erwachsener zu entlassen. Jeder Sohn und die meisten Töchter erlebten an ihrem zwölften oder dreizehnten Geburtstag erwartungsgemäß eine rituelle Übergangszeremonie. Zu dieser Zeit segnete der Vater das Kind, und die Gemeinschaft nahm es in die Gesellschaft der Erwachsenen auf. Während es fast immer eine Zeremonie gab, um einen Jungen freizusetzen, ein Mann zu sein, fand eine solche Zeremonie für die Mädchen leider nicht immer statt. Da wir diese Segnungstradition in unseren Familien und Gemeinschaften integrieren, stellen wir fest, dass Mädchen diesen Segen genauso brauchen wie Jungen.

Gott gebrauchte den Segen des Vaters in der Pubertät, um in dem jungen Mann oder der jungen Frau die passende Geschlechtsidentität des Erwachsenen zu versiegeln. Selbst in der heutigen hebräischen Kultur und auch in anderen Kulturen, die eine rituelle

Übergangszeremonie praktizieren, scheint es sehr wenig Geschlechtsverwirrung zu geben. Im Gegensatz dazu sehen wir wegen des fehlenden Segens ein großes Maß an Geschlechtsverwirrung im Leben von Erwachsenen in unserer modernen Kultur.

Eine zweite Schutzmaßnahme, die Gott in die Kultur der alten Hebräer gepflanzt hatte, war die kulturelle Akzeptanz des mosaischen Gesetzes (der Tora). In den ersten fünf Büchern der Bibel hatte Gott Sein Volk Sein Führungssystem gelehrt, das darin bestand, Wahlmöglichkeiten mit Konsequenzen anzubieten. (5.Mose 30,19). Indem er ein Gebot gab, sie lehrte und die Konsequenz im Fall einer Übertretung beschrieb (Sprüche 6,23), führte Gott Eltern und Familien beispielhaft vor Augen, wie sie Identität und Verhalten voneinander trennen konnten. Folglich war es sehr wahrscheinlich, dass man beim Aufwachsen in dieser Kultur erlebte, wie die Eltern Gottes Führungssystem anwandten, um das Verhalten der Kinder zu lenken - und nicht das System Satans.

Heute wiederholen viele Eltern das Muster vergangener Generationen und benutzen Satans System der Kontrolle, um das Verhalten der Kinder in den Teenagerjahren zu regulieren. Auch das können wir in den Familien für die nächste Generation ändern.

DIE WERKZEUGKISTE DES SEGENS

Wie schon in den vorherigen Kapiteln möchte ich dir einige spezifische Gebete mitgeben, die du in der Pubertät über deinen Kindern beten kannst. Wir werden mit wiederherstellenden Gebeten beginnen, die du beten kannst, wenn du es versäumt hast, deine Kinder in der Pubertät zu segnen und sie bereits diesem Alter entwachsen sind. Dann werden wir genauer darauf eingehen, wie du deinen Sohn oder deine Tochter in der Pubertät segnen kannst.

WIEDERHERSTELLENDE GEBETE, UM DEN FLUCH ZU BRECHEN

Wenn du die Gelegenheit versäumt hast, dein Kind in der Pubertät zu segnen und es jetzt schon älter ist, dann nimm dir vor, eine Zeremonie abzuhalten, um dein Kind in das Erwachsenenleben zu entlassen.

Es ist wichtig zu wissen, dass das Herz deines Kindes sich immer noch nach dem Segen des Vaters sehnt, der die geistliche und emotionale Nabelschnur durchtrennt, die es an seine Mutter bindet und es in seine Identität als Erwachsener entlässt.

Es ist egal, wie alt dein Sohn oder deine Tochter ist. Erinnere dich an Luis, dessen Leben völlig verändert wurde, als er im Alter von fünfundsechzig Jahren den Segen seines Vaters erhielt. Solange du am Leben bist und dein erwachsenes Kind am Leben ist, ermutige ich dich, eine Segnungszeremonie und eine Feier zu veranstalten. Wenn dein Kind bereits erwachsen ist, wirst du vielleicht auf einige Komponenten verzichten wollen, die ich im folgenden Abschnitt beschreibe. Es ist in Ordnung, das Programm deiner Familie entsprechend anzupassen. Wichtig ist nur, dass du die Segnungszeremonie und die Feier veranstaltest.

Wenn du dein Kind in der Pubertät eher mit einem Fluch belastet als gesegnet hast, tue Buße darüber, dass du dich Satan als Erfüllungsgehilfe zur Verfügung gestellt hast, um seine Botschaft in das Leben deines Kindes zu bringen.

Dann plane eine Segnungszeremonie und eine Feier, um deinen Sohn/deine Tochter ins Erwachsenenleben zu entlassen. Du kannst das nachstehende Gebet als Richtlinie dazu benutzen, Gott um Vergebung dafür zu bitten, dass du deine Kinder mit einem Fluch belastet hast.

> *Vater, wir erkennen heute an, dass wir in der Zeit, in der* [Name des Kindes] *heranwuchs vom Feind benutzt wurden, um seine/ihre Identität unter einen Fluch zu bringen und ihm/ihr seinen/ihren Wert zu nehmen. Das war nicht Deine Botschaft. Heute weisen wir die Botschaft zurück, die zu dieser Zeit durch unsere Worte, Einstellungen und Handlungen vermittelt wurde. Vater, vergib uns durch das Blut Jesu, dass wir unserem Sohn/unserer Tochter nicht Deine Botschaft vermittelt haben. Vergib uns, dass wir keine ordentliche Zeremonie durchgeführt haben, um unseren Sohn/unsere Tochter in das Erwachsenenleben zu entlassen. Wir brechen nun die Macht jedes Fluches, den wir auf das Erwachsenenleben von* [Name des Kindes] *gebracht haben. Herr, wir bitten Dich jetzt, dem Geist von* [Name des Kindes] *die Wahrheit darüber zuzusprechen, wer er/sie als Mann/Frau ist. Wir erklären, dass* [Name

des Kindes] *kein kleines Kind mehr ist – nicht mehr Mutters kleiner Junge/kleines Mädchen – sondern ein Mann/eine Frau.*

GEBETE UND SCHRITTE, UM DEN SEGEN FREIZUSETZEN

Im verbleibenden Teil der Werkzeugkiste des Segens werde ich erklären, wie du deinen Sohn oder deine Tochter in der Pubertät segnen kannst. Ich habe bereits erwähnt, dass der Segnungsakt für einen Sohn oder eine Tochter in der Pubertät, durch den er oder sie ins Erwachsenenleben entlassen wird, drei Schlüsselkomponenten enthalten sollte. Eine genauere Beschreibung jeder einzelnen Komponente findest du in meinem Buch *Bar Barakah: A Parent's Guide to a Christian Bar Mitzvah.*[1]

ANLEITUNG

Die Segnungszeremonie in der Pubertät für einen Jungen oder ein Mädchen sollte eine Zeit der Vorbereitung und der Anleitung durch die Eltern beinhalten. Diese Zeit der Anleitung ist genauso wichtig wie die Zeremonie selbst. Leider ist es manchmal nicht einfach, in dieser Zeit die richtigen Worte für unsere Kinder zu finden, weil viele von uns diese Art Anleitung selbst nicht von ihren Eltern erhalten haben. Deshalb kann es hilfreich sein, dich erst mit deinem Pastor zu beraten – so, wie du es tun würdest, wenn dein Kind heiraten würde.

Wie bereits erwähnt ist es allerdings deine Verantwortung, deine Kinder anzuleiten, nicht die des Pastors. Lasse dir von ihm ein paar Richtlinien geben, aber überlasse die Anleitung nicht ihm. Der Pastor oder Jugendpastor wird nicht vor Gott stehen, um Rechenschaft über die Anleitung zu geben, die deinen Kindern zuteil geworden ist; du wirst das tun. Ich glaube, dass der Vater die Anleitung initiieren und die Aufsicht darüber haben muss, aber wenn möglich sollten beide Eltern teilnehmen. Gott hat ein perfektes Zeitfenster für diese Anleitung geschaffen, und zwar die ein oder zwei Jahre vor dem Beginn des Jugendalters. Im Alter von etwa elf oder zwölf Jahren sind die meisten Kinder auf einzigartige Weise von Gott vorbereitet, um von ihren Eltern Informationen über das Erwachsenenleben aufzunehmen. Die Herzen der Kinder sind in dieser Lebensphase ihren Eltern gegenüber meist noch sehr offen, da sie noch nicht mit so vielen außerschulischen Aktivitäten beschäftigt sind. Die meisten Kinder dieses Alters genießen es auch noch, Zeit mit ihren Eltern zu verbringen.

Obwohl Information und Lehre wichtig sind, sollten diese Zeiten der Anleitung mehr darauf abzielen, Beziehung zu bauen und zu beraten, als darauf, Inhalte zu vermitteln. Diese Anleitung soll das Kind darauf vorbereiten:

1. einen gesunden Sinn für seine Identität als Erwachsener zu entwickeln
2. ein sicheres Gefühl für seine Aufgabe und Bestimmung sowie ein erstes persönliches Leitbild zu entwickeln
3. während der Segnungszeremonie emotional in das Mannsein oder Frausein entlassen zu werden
4. beginnend mit der Zeremonie die Verantwortung eines Erwachsenen für die eigene geistliche Gesundheit zu übernehmen
5. alle Tage seines Lebens in emotionaler und sexueller Reinheit zu wandeln

Lass uns nun darüber sprechen, wie Eltern den Ablauf der eigentlichen Anleitungszeit mit ihrem Sohn oder ihrer Tochter gestalten könnten. Eine wichtige Verantwortung der Eltern besteht darin, ihren Kindern angemessene Aufklärung über Sexualität zu geben. Während es viele andere wichtige Themen gibt, die mit deinen Kindern besprochen werden müssen, wenn sie die Pubertät erreichen, so sind doch Gespräche über Sexualität und die Veränderungen in ihrem Körper besonders wichtig - und für gewöhnlich besonders schwierig. Es ist hilfreich, sich daran zu erinnern, dass Gespräche über Sexualität während all der Jahre des Heranwachsens stattfinden sollten - nicht nur bei einer einzigen Gelegenheit.

Ich glaube, dass Gott geplant hat, dass der Vater die erste Informationsquelle bezüglich Sexualität sein sollte, und zwar sowohl für seinen Sohn als auch für seine Tochter. Sie sollten keine falschen Informationen über Sexualität von Gleichaltrigen, anderen Erwachsenen, Videospielen, Websites oder Filmen erhalten. Während es wichtig ist, dass beide Eltern an der Sexualerziehung ihrer Kinder beteiligt sind, so ist es doch besonders wichtig, dass der Vater, der seine Kinder darauf vorbereitet, in ihre Identität als Erwachsene entlassen zu werden, verschiedene offene Gespräche über dieses Thema führt.

Wenn es darum geht, mit ihren Töchtern über Sexualität zu reden, delegieren viele Väter diese Aufgabe aus Angst oder Unsicherheit heraus an die Mütter. Das ist nicht gesund. Wie ich bereits erwähnt habe, bereitet die Art und Weise, auf die ein Vater in diesem wichtigen Lebensabschnitt die Beziehung zu seiner Tochter gestaltet, sie geistlich und emotional auf die Beziehung mit ihrem Ehemann vor. Wenn der Vater das Thema ihrer Sexualität und Weiblichkeit als schamvoll oder peinlich von sich schiebt, wird die Tochter geneigt sein, dasselbe von ihrem zukünftigen Ehemann zu erwarten. Aus diesem Grund ist es sehr wichtig für einen Vater, mit seiner Tochter über ihre sich entwickelnde Sexualität zu sprechen.

Wenn ein Vater beim Herannahen der Pubertät mit seinem Sohn über Sexualität spricht, könnte er etwa folgendes sagen: «Sohn, in den nächsten Monaten, beziehungsweise im nächsten Jahr wirst du einige Veränderungen an deinem Körper, in deinen Gefühlen und in deinem Denken bemerken. Du wirst merken, dass du Gedanken hast, die du noch nie zuvor gehabt hast. Du wirst merken, dass du Gefühle hast, die du noch nie zuvor gefühlt hast. An manchen Stellen deines Körpers werden Haare wachsen, wo du noch nie zuvor welche gehabt hast.

«Sohn, in der nächsten Zeit wirst du anfangen, dir viele Gedanken darüber zu machen, wie dein Aussehen auf andere Menschen wirkt – besonders auf Mädchen. Ich weiß, dass das im Moment keinen Sinn für dich ergibt, aber ich möchte, dass du dich in der Zukunft an das erinnerst, was ich dir jetzt sage. Du wirst merken, dass du gerne Zeit mit Mädchen verbringst, und du wirst ihnen gegenüber Gefühle sexueller Anziehung entwickeln. Sohn, ich möchte dass du weißt, dass diese Veränderungen von Gott sind, nicht vom Teufel. Gott ist der, der uns als sexuelle Wesen geschaffen hat, und sexuelle Anziehung ist an sich nicht schmutzig oder unrein. Sie ist gut, richtig und rein.

Gott hat dich so geschaffen, dass dich Frauen sexuell anziehen. Allerdings, mein Sohn, gibt es einen Unterschied zwischen sexueller Anziehung und Lust. Wenn du nicht lernst, wie man richtig mit sexuellen Gedanken umgeht, werden sie sich zu Lust entwickeln, die nicht von Gott ist und dein Leben zerstören wird. Ich weiß, worüber ich spreche, mein Sohn, weil ich mit denselben Gedanken und Gefühlen umgehen muss. Ich möchte dir beibringen, wie du mit Jesus Christus reden und Ihm diese Gedanken und Gefühle überlassen kannst. Mein Sohn, wenn du anfängst, solche Gedanken und Gefühle zu haben, dann möchte ich, dass du mit mir darüber redest, weil ich dir helfen kann, richtig mit ihnen umzugehen. OK? Ich möchte mit dir durch diese Zeit in deinem Leben gehen.»

Ein Vater sollte in der Lage sein, auf ähnliche Weise auch mit seiner Tochter zu sprechen: «Liebes, du wirst groß und in den nächsten Monaten, beziehungsweise im nächsten Jahr, wirst du merken, dass sich vieles in deinem Leben verändert. Du wirst anfangen, Gedanken zu haben, die du noch nie zuvor gehabt hast, und Gefühle, die du noch nie zuvor gefühlt hast. Du wirst anfangen, dich von Jungen sexuell angezogen zu fühlen. Das ist nicht falsch oder böse. Es ist natürlich und von Gott so geplant. Eine sexuelle Beziehung ist nichts Dreckiges, Schmutziges oder Unreines. Wenn du allerdings nicht lernst, wie du deine sexuellen Gedanken und Gefühle Jesus überlässt, wird Satan versuchen, die von Gott gegebene Anziehungskraft in Lust zu verwandeln. Lust ist unrein und sie ist sehr zerstörerisch.

Während du heranwächst wirst du, weil Gott dich sehr schön gemacht hat, viele junge Männer finden, die mit sexuellen Absichten an dich herantreten werden, weil sie von Lust motiviert sind. Es kann sein, dass du dich fühlst als müsstest du dich ständig vor ihnen schützen. Gott aber hat nie geplant, dass du dein eigenes Herz vor der Lust junger Männer beschützen musst. Gott hat mich in dein Leben gesetzt, um die Reinheit deiner Gefühle und deiner Sexualität zu beschützen. Wenn du also merkst, dass ein junger Mann mit dir flirtet oder daran interessiert ist, mehr als nur eine Freundschaft mit dir zu haben, dann gib ihm bitte einfach meine Visitenkarte und sage ihm, dass er einen Termin mit mir vereinbaren soll. Ich werde mich gerne mit ihm treffen, um herauszufinden, ob er dir von Gott als möglicher Ehepartner geschickt ist.

Liebes, in den nächsten Monaten, beziehungsweise im nächsten Jahr, wirst du auch viele Veränderungen an deinem Körper bemerken. Es werden Haare an Körperstellen wachsen, an denen vorher noch nie welche gewesen sind. Du wirst eines Tages auch vaginale Blutungen bei dir feststellen. Ich weiß, dass es etwas peinlich ist, darüber zu sprechen, aber ich möchte, dass du weißt, dass das völlig normal ist. Wenn das passiert, möchte ich nicht, dass du Angst hast oder denkst, dass du stirbst oder sehr krank bist. Das ist normal und von Gott für jedes Mädchen so geplant, wenn sie eine Frau wird. Diese Blutung ist Teil des normalen Lebenszyklus, das deinen Körper reinigt und dir die Fähigkeit verleihen wird, eines Tages Kinder zu bekommen. Du musst davor keine Angst haben und es muss dir auch nicht peinlich sein. Wenn dieser Zyklus in deinem Körper beginnt, möchten deine Mama und ich mit dir feiern, denn das wird das Zeichen sein, dass du dich von einem kleinen Mädchen zu einer Frau entwickelst.»

Wenn du diese Art von offenem Gespräch mit deinem Sohn oder deiner Tochter führst, bist du auf dem richtigen Weg, eine offene Beziehung mit ihnen in den folgenden Jahren aufrecht zu erhalten. Das wird dich in die Lage versetzen, sie weiterhin zu segnen und anzuleiten, während sie lernen, in ihrer eigenen Identität und Bestimmung als Erwachsene zu wandeln. Es scheint vielleicht, als würde ich «das Sexgespräch» beschreiben, aber das ist nicht meine Absicht. Es ist meine Hoffnung, dass du über die Jahre viele Gelegenheiten ergreifst, um diese Art Gespräch mit deinen Kindern zu führen.

DIE ZEREMONIE

Die Zeit der Anleitung, die über mehrere Monate bis zu einem Jahr hin gehen kann, sollte ihren Höhepunkt in einer Segnungszeremonie finden, die den Sohn oder die Tochter in das Erwachsenenleben entlässt. Diese Zeremonie trägt dazu bei, die Kindheit emotional zu einem Abschluss zu bringen. Wie ich schon erwähnt habe, ist diese Zeremonie keine kleine Sache und sollte als sehr wichtiges Ereignis behandelt werden. In der jüdischen Kultur wird dieser Zeremonie oft eine gleich hohe Bedeutung beigemessen wie einer Hochzeit. In seinem Buch *Raising a Modern-Day Knight* (Wie man einen modernen Ritter erzieht) beschreibt Robert Lewis die vier Hauptbestandteile einer bedeutungsvollen Segnungszeremonie.[2]

1. *Sie ist nicht billig.* Etwas, das nichts kostet, vermittelt nur wenig Wert. König David wollte dem Herrn auf der Tenne Arawna,

dem Jebusiter, einen Altar errichten. Arawna bot dem König an, ihm seine Tenne zu schenken, aber David sagte Arawna: «Nicht so, sondern ich will es dir abkaufen gemäß seinem Wert; denn ich will dem Herrn, meinem Gott, kein Brandopfer darbringen, das mich nichts kostet! So kaufte David die Tenne und die Rinder für 50 Schekel Silber.» (2.Samuel 24,24). David verstand, dass es Wert vermittelt, wenn man für etwas Geld ausgibt. Ich möchte hier nicht den Eindruck vermitteln, dass du zehntausende Euro für die Segnungszeremonie ausgeben musst, aber ich glaube, dass der Betrag beträchtlich sein sollte.

2. *Sie misst dem Menschen Wert bei.* Indem du «eine große Sache» aus der Segnungszeremonie machst, sagst du deinem Kind: «Du bist wichtig. Dieser Moment ist wichtig.»
3. *Sie sollte bedeutungsvolle Symbole beinhalten.* Es sollte ein greifbares Erinnerungsstück geben, das dein Kind als Andenken an die Bar Barakah behalten kann. Das kann ein Ring oder ein Medaillon sein, ein Kleidungsstück, eine Urkunde oder ein anderes greifbares Erinnerungsstück. Einige primitive Volksgruppen bringen dauerhafte Markierungen an ihrem Körper an, wenn sie eine bedeutsame Zeremonie durchlaufen haben. Ich persönlich glaube, dass viel von der Mode des Körperpiercings unter jungen Leuten heute auf den Mangel an väterlichem Segen zurückzuführen ist, der sie in ihre Identität als Erwachsene entlassen würde. Für viele junge Menschen sind Körperpiercings und Tätowierungen einfach ein Ausdruck des legitimen Bedürfnisses nach einem einzigartigen sichtbaren Zeichen ihres Mannseins/Frauseins, das ihnen niemals wirklich von einem Vater zugesprochen wurde.
4. *Sie befähigt zu einem Leben mit Vision.* Eine unvergessliche Zeremonie schafft einen Moment des Übergangs. Sie vermittelt auf kraftvolle Weise die Botschaft: «Dein Leben wird nie mehr dasselbe sein. Du trittst in eine neue Phase ein.» Das geschah mit Jesus, als er im Jordan getauft wurde. Es geschieht mit einem jüdischen Sohn bei seiner Bar Mitzvah, und es geschieht mit jedem verheirateten Paar bei der Eheschließung. Wir möchten unseren Kindern bei ihrer Segnungszeremonie vermitteln: «Dein Leben wird ab jetzt völlig anders sein. Du wirst nie wieder ein kleiner Junge/ein kleines Mädchen sein.»

Eine Tradition, die in einigen Versammlungen Beliebtheit erlangt hat, ist ein Vater-Sohn-Wochenende im Wald. Das soll dazu dienen, die Söhne in der Gemeinschaft der Männer willkommen zu heißen. Einige Gemeinschaften veranstalten auch gerne einen «Ball der Prinzessinnen», als Teil der Zeremonie, um ihre Töchter in das Frausein zu entlassen. Ich glaube, dass diese Art von Veranstaltungen sehr wertvoll sind, da es wichtig ist, die Reise zum Mannsein oder zum Frausein in Gesellschaft mit anderen zu unternehmen. Es ist auch wichtig, die Kultur des Segens über deine eigene Familie hinaus in die Gemeinschaft der Gläubigen hineinzubringen.

Es würde den Rahmen dieses Buches sprengen, die Zeremonie selbst genauer zu beschreiben. Wenn du genauere Anleitungen haben möchtest, wie man eine Segnungszeremonie plant, kann ich dir mein Buch *Bar Barakah: A Parent's Guide to a Christian Bar Mitzvah* empfehlen.

Ich glaube, dass die Zeremonie Verpflichtungserklärungen des Kindes genauso beinhalten sollte wie Segenssprüche der Eltern, besonders des Vaters. Nachstehend werde ich verschiedene beispielhafte Verpflichtungserklärungen und Segenssprüche anführen, die meiner Meinung nach in die Zeremonie einfließen sollten.

Diese Muster sind Abwandlungen von denen, die meine Frau und ich bei unseren beiden Söhnen Josh und Johnny bei ihren Segnungszeremonien benutzt haben. Diese Verpflichtungserklärungen können für einen Sohn oder eine Tochter abgeändert werden.

Mustererklärungen für das Kind

1. Ich gebe den Rest meines Lebens dem Herrn Jesus Christus hin. Ich möchte, dass Er mich zu dem Mann/zu der Frau macht, der/die ich nach Seinem Willen sein soll.
2. Ich verpflichte mich, mein Leben so wie Gott mir Gnade dazu gibt, auf eine Weise zu leben, die Ihm gefällt. Ich nehme die Bibel als meinen absoluten Standard für meinen Glauben, mein Handeln und als Basis für alle Entscheidungen, die ich im Leben treffe, an.
3. Ich verpflichte mich als allein stehender junger Mann/als allein stehende junge Frau, Frauen/Männern auf gottesfürchtige und reine Weise zu begegnen. Ich entscheide mich, meine Beziehungen mit Frauen/Männern in Übereinstimmung mit den Prinzipien

gottgemäßer Freundschaften und Partnerschaften zu führen anstatt lose romantische Beziehungen einzugehen. (Ich werde dieses Konzept in Kapitel 9 ausführlicher beschreiben.)

4. Da ich heute als Mann/als Frau anerkannt werde, verpflichte ich mich, weiterhin die Autorität meiner Eltern zu ehren und sie als Gottes wichtigste Werkzeuge anzusehen, um Wachstum und Charakterentwicklung in mein Leben zu bringen.
5. Ich verpflichte mich, Geld als Geschenk Gottes anzuerkennen und nicht so sehr als etwas, das ich verdient habe. Deshalb verpflichte ich mich, alle finanziellen Ressourcen, die Gott mir gemäß seinem Plan zur Verfügung stellt, gottgemäß zu verwalten. Ich weise besonders den Geist des Mammon zurück und entscheide mich, Jesus Christus vom heutigen Tag an zur Quelle meiner finanziellen Versorgung zu machen.
6. Ich beschließe, alle gesetzlichen Autoritäten in meinem Leben zu ehren. Ich verpflichte mich, die Autorität meiner Eltern, meiner Lehrer, Pastoren und behördlichen Institutionen zu ehren. Ich weise besonders die Einstellung oder den Lebensstil der Unabhängigkeit und der Rebellion zurück, und ich beschließe, mein Leben als freier Mann/freie Frau unter Autorität zu leben und Autorität auszuüben.
7. Meine Lieblingsschriftstelle an diesem Punkt meines Lebens ist: --------

Mustererklärungen für die Eltern

1. Wir verpflichten uns, dich weiterhin die Prinzipien Gottes für dein Leben zu lehren.
2. Wir verpflichten uns, dich weiterhin zu lieben. Nichts, was du jemals tun kannst, wird uns daran hindern, dich zu lieben. Du wirst immer unser Sohn/unsere Tochter sein.
3. Wir verpflichten uns, es zu einer Priorität zu machen, dir jederzeit für Rat in jedem Bereich deines Lebens zur Verfügung zu stehen. Wir werden dich anhören, ohne dich zu verurteilen oder zu verdammen und alles in unserer Macht stehende tun, mit Gott zusammenzuarbeiten, um dein Leben zu segnen.
4. Wir verpflichten uns, regelmäßig für dich zu beten. Wir werden weiter dafür beten, dass Gottes Wille in deinem Leben geschieht, und dass du deine Bestimmung in Ihm erfüllen kannst.

5. Wir verpflichten uns, mit dir im Gebet zusammenzustehen, um Gott zu suchen, damit Er uns den Ehepartner zeigt, den er für dich ausgewählt hat, und auch das richtige Timing. Wir erklären uns bereit, dich vor jeder Frau /jedem Mann zu beschützen, der dir nicht von Gott als deine Ehefrau/dein Ehemann gesandt ist.
6. Wir verpflichten uns, dich weiterhin mit offener Kommunikation und Verständnis zu ehren. So, wie Gott uns Gnade gibt, werden wir immer versuchen, Identität von Verhalten zu trennen, um dich als Person zu ehren, auch wenn dein Verhalten diszipliniert werden muss.
7. Wir verpflichten uns, so lange du in unserem Haus bist, dem Alter entsprechende gottgemäße Disziplinierung in deinem Leben zur Anwendung zu bringen, wie der Herr uns anleitet, um deinen Charakter zu entwickeln und dich auszubilden, damit du deine Bestimmung erfüllen kannst.

Mustergebet für einen väterlichen Segen

Viele Menschen haben mich um ein Mustergebet für den väterlichen Segen gebeten, der über einem Kind in einer Segnungszeremonie gebetet werden kann. Offensichtlich gibt es hier kein Standardgebet, da alle Eltern so beten müssen, wie der Heilige Geist sie leitet. Allerdings habe ich die folgenden Richtlinien und ein Mustergebet für den Segen angefügt, um dir eine Richtung zu geben.

Ein Mustergebet über einem jungen Menschen bei seiner Bar/Bat Barakah Zeremonie sollte zumindest die folgenden fünf Komponenten beinhalten:

1. Eine Bestätigung der Geschlechtsidentität
2. Eine Entlassung in das Leben als Mann oder Frau
3. Das Zusprechen positiver Charaktereigenschaften
4. Eine Proklamation der prophetischen Worte, die über dem Sohn oder der Tochter ausgesprochen wurden
5. Eine Erklärung des besonderen persönlichen Segens des Vaters und der Mutter für das Kind

Der Segen, den ein Vater vielleicht über seinen Sohn Robert betet, könnte ungefähr so aussehen:

Vater Gott, ich danke Dir für meinen Sohn Robert. Robert, du bist kein kleiner Junge mehr. Heute bist du ein Mann geworden. Du bist mit allem ausgestattet, was du brauchst, um deine Bestimmung als ein Mann Gottes zu erfüllen. Vor Grundlegung der Welt hat der allmächtige Gott dich als Mann geplant. Es gibt nichts, was du noch tun müsstest, um ein Mann zu werden, weil Gott dich zu einem Mann gemacht hat. Heute erkennen wir einfach nur öffentlich an, was Gott in dir getan hat.

Betone auch bestimmte Charaktereigenschaften deines Kindes, wie zum Beispiel:

Robert, ich habe gemerkt, dass Gott dich sehr intelligent gemacht hat. Er hat dir auch die Gabe gegeben, dich gut auszudrücken und komplizierte Zusammenhänge zu verstehen und sie so zu vereinfachen, dass andere sie verstehen können. Ich glaube, dass der Herr dich mächtig gebrauchen wird, um andere Sein Wort zu lehren. Du bist auch ein Friedensstifter. Ich sehe, dass Gott dir oft genau die richtigen Worte gibt, um Versöhnung zu bringen, wenn deine Freunde Probleme miteinander haben. Ich glaube, dass Gott dich mächtig im Bereich von Versöhnung und Lehre gebrauchen wird.
Sohn, ich bin so froh, dass Gott dich unserer Familie gegeben hat. Du bist ein wunderbarer Sohn. Ich liebe dich! Ich bin heute so stolz auf dich. Ich segne dich mit Weisheit von Gott, mit emotionaler Sicherheit, mit sexueller Reinheit und ehelicher Treue. Möge Gott dich weiter in allem erfolgreich sein lassen was du tust, und mögest du dem Herrn Jesus Christus alle Tage deines Lebens dienen. Ich löse dich heute von deiner Identität als Mutters kleiner Junge, und ich spreche dir die Autorität und die Verantwortung des Mannseins zu. Robert, heute erkläre ich vor Gott und diesen Zeugen als dein Vater, dass du ein Mann bist. Ich liebe dich, mein Sohn, und ich gebe dich frei, um deine Bestimmung in Christus zu erfüllen.

DIE FEIER

Keine Zeremonie ist komplett, wenn danach nicht eine Party gefeiert wird. Diese Bar/Bat Barakah Feier könnte so ähnlich wie ein Hochzeitsempfang aussehen. Auch hier werde ich einige Vorschläge machen, aber du wirst für dein Kind einen Empfang planen müssen, der zu deiner Kultur passt. Die meisten Menschen brauchen nicht viel Anleitung, wenn es darum geht, eine Party zu feiern.

Ich glaube, dass dieser Empfang dieselbe Art von Lokalität erfordert, die man auch für einen Hochzeitsempfang wählen würde. Vielleicht möchtest du eine komplette Mahlzeit servieren lassen, vielleicht auch nur einige Häppchen. In jedem Fall wirst du eine Torte organisieren, um deinen Sohn/deine Tochter zu ehren. Es ist auch absolut in Ordnung, wenn die Gäste den jungen Mann oder die junge Frau mit Geschenken oder Geld segnen (vielleicht für eine spätere Ausbildung oder Missionseinsätze). Vielleicht möchtest du auch eine Lobpreisband dabei haben, die für die Musik sorgt.

Nachdem die Gäste gegessen und für eine Weile die Gemeinschaft genossen haben, möchtest du vielleicht den Gästen Gelegenheit geben, dein Kind weiter zu segnen. Vielleicht möchtest du ein paar informelle Segensworte sagen oder bestimmte Personen bitten, eine Bibelstelle, ein prophetisches Wort, ein Gebet, ein Gedicht, ein Lied oder eine Geschichte über dein Kind beizutragen. Es ist wichtig, dass jeder Beitrag dazu dient, dein Kind zu segnen und aufzubauen. Geschichten oder Worte, die es in Verlegenheit bringen, herabsetzen oder beschämen, sind nicht geeignet.

Erinnere dich, dass alles, was ich in diese Werkzeugkiste des Segens gepackt habe, nur ein Textbaustein ist, aus dem du deine eigene Segnungstradition in deiner Familie und in deiner Gemeinschaft entwickeln kannst. Die Art, auf die du es machst ist weit weniger wichtig als die Tatsache, dass du es machst. Ich ermutige dich deshalb, nicht zu viel Zeit mit dem Versuch zu verbringen, es perfekt zu machen. Frage Gott, wie Er deine Kinder segnen möchte, und Er wird dich führen.

— 9 —

WIE MAN SEIN KIND ZUR ZEIT DER EHESCHLIESSUNG SEGNET

Kommen wir nun zur sechsten wichtigen Segnungszeit im Leben eines Sohnes oder einer Tochter. Das ist der Segen, den Gott für die Zeit der Eheschließung geplant hat. Nicht jeder Sohn und nicht jede Tochter sind von Gott zur Ehe berufen, aber die meisten sind es. So wie in der Pubertät eine bedeutende Veränderung und der Übergang von der Kindheit zum Erwachsenenleben stattfindet, so findet zur Zeit der Eheschließung ein weiterer wichtiger Übergang statt – der vom Singleleben zum Eheleben. Ich glaube, es ist Gottes Plan, dass jede Ehe von beiden Elternpaaren gesegnet werden sollte. Allerdings werden in unserer heutigen Kultur viele Paare in der Ehe nicht von ihren Eltern gesegnet.

DIE SCHLÜSSELFIGUREN

Beide Eltern spielen eine wichtige Rolle, wenn es darum geht, die Ehe ihrer Kinder zu segnen und ihren Sohn oder ihre Tochter freizugeben, um mit einem Ehepartner verbunden zu werden. Jeder Elternteil hat die Fähigkeit, zu segnen und freizugeben oder zu verfluchen und zurückzuhalten. Deshalb finden wir es sehr wichtig, die Eltern in den Prozess der Ehevorbereitung zu involvieren. Wenn Eltern verstehen, dass es ihre schriftgemäße Aufgabe ist zu segnen und freizugeben, wird das den Übergang vom Singleleben zum Eheleben für das frisch verheiratete Paar wesentlich leichter machen.

SCHLÜSSELFRAGEN, DIE BEANTWORTET WERDEN MÜSSEN

Die Schlüsselfragen, die zur Zeit der Eheschließung von Gott oder dem Satan beantwortet werden, sind: *Bin ich wirklich liebenswert? Habe ich wirklich, was es braucht, um jemandes Ehefrau/Ehemann zu sein? Wird mich jemand auf Dauer lieben und bei mir bleiben?* Da die Ehe ein Bund fürs Leben ist, haben viele Menschen große Angst, nicht den richtigen Partner zu wählen.

Eltern haben zu dieser Zeit die Gelegenheit, ihrem Sohn oder ihrer Tochter zu sagen: «Ja, du bist absolut gut genug und du bist bereit, ein Ehemann/eine Ehefrau zu sein. Du hast alles, was du geistlich, emotional und physisch brauchst. Wir haben seit dem Tag deiner Geburt dafür gebetet, dass Gott dir die Ehefrau/den Ehemann Seiner Wahl zeigt, und das hat Er nun getan. Es ist die richtige Person zur richtigen Zeit, und wir segnen deine Ehe und euer zukünftiges gemeinsames Leben.»

Leider sind viele Eltern nicht in der Lage, die Ehe ihres Sohnes oder ihrer Tochter aufrichtig zu segnen, weil sie nicht wirklich glauben, dass die zukünftige Braut oder der Bräutigam Gottes Wahl ist oder dass ihr Kind für die Ehe bereit ist. Folglich stehen viele Eltern vor dem Dilemma, entweder eine Ehe zu segnen, an die sie nicht wirklich glauben, oder ihren Segen zu verweigern.

Es war Gott so wichtig, die Ehen der Kinder von den Eltern gesegnet zu sehen, dass Er eine Schutzmaßnahme in der Kultur der alten Hebräer installierte, die es für eine Ehe fast unmöglich machte, nicht von den Eltern gesegnet zu werden. In der biblischen hebräischen Kultur waren die Eltern sehr stark an der Auswahl der Ehepartner ihrer Kinder beteiligt. In einigen Fällen suchten die Eltern den Ehepartner ihres Sohnes oder ihrer Tochter aus, ohne dem Kind viele Wahlmöglichkeiten zu lassen. Da die Eltern die Ehepartner aussuchten, waren sie praktisch immer mit der Ehe einverstanden.

Ich schlage nicht vor, dass wir zu arrangierten Ehen zurückkehren sollten. Ich bemerke hier nur, dass es Gott so wichtig war, die Ehen der Kinder gesegnet zu sehen, dass Er es in der Kultur der alten Hebräer fast unmöglich machte, eine Ehe ohne Segen zu schließen. Ich glaube, dass Gott selbst in unserer heutigen Kultur

Familien beibringen möchte, wie man zusammenarbeitet, um romantische Beziehungen erwachsen zu lassen und einen Ehepartner auszuwählen. Wenn Eltern mit ihrem Sohn oder ihrer Tochter beten und Gott suchen, damit Er sie zu dem Ehepartner seiner Wahl führt, ist die Chance wesentlich größer, dass die Eltern die Ehe segnen werden, als wenn die Eltern an diesem Prozess nicht beteiligt sind. Wenn Söhne und Töchter das Knüpfen romantischer Beziehungen getrennt von ihren Eltern selbst in die Hand nehmen ist die Wahrscheinlichkeit wesentlich größer, dass der Sohn oder die Tochter Gottes Plan für einen Ehepartner verpasst.

SEGEN UND FLUCH ZUR ZEIT DER EHESCHLIESSUNG

Fast jede Kultur auf der Welt hat in irgendeiner Form das Konzept der Eheschließung übernommen. In den meisten Kulturen spielt der Segen der Eltern bei der Hochzeit eine große Rolle dabei, das frisch verheiratete Paar in ein erfolgreiches gemeinsames neues Leben zu entlassen.

Der Segen zur Zeit der Eheschließung kann die folgenden Schlüsselkomponenten enthalten:

1. Beide Elternpaare stimmen mit ihrem Sohn oder ihrer Tochter bei der Auswahl ihres Ehepartners und des Zeitpunktes der Hochzeit überein.
2. Beide Elternpaare nehmen an der Hochzeitszeremonie teil und segnen die Ehe
3. Beide Elternpaare nehmen den neuen Schwiegersohn/die neue Schwiegertochter freudig in ihre Familie auf
4. Beide Elternpaare geben willentlich ihren Sohn/ihre Tochter frei, um geistlich und emotional mit einer Ehefrau/einem Ehemann verbunden zu werden und zu einer neuen Familieneinheit zu werden.

Der Fluch zur Zeit der Eheschließung kann die folgenden Komponenten enthalten:

1. Eines der Elternpaare oder alle beide sind nicht mit dem Ehepartner einverstanden, den das Kind ausgewählt hat oder halten den Zeitpunkt für falsch; sie bringen zum Ausdruck, dass die Person keine gute Wahl ist und die Ehe nicht halten wird
2. Eines der Elternpaare oder alle beide weigern sich, zur Hochzeitsfeier zu kommen und lehnen es ab, ihren Sohn/ihre Tochter zu segnen oder bringen aktiv einen Fluch auf die Ehe ihres Kindes
3. Eines der Elternpaare oder alle beide lehnen den neuen Schwiegersohn/die neue Schwiegertochter ab und weigern sich, ihn/sie in ihre Familie aufzunehmen
4. Eines der Elternpaare oder alle beide erlauben ihrem Sohn/ihrer Tochter nicht, Vater und Mutter geistlich und emotional zu verlassen und verhindern so, dass ihr Kind sich in angemessener Weise mit der Ehefrau/dem Ehemann in einer neuen Familieneinheit verbinden kann

MÖGLICHE KONSEQUENZEN VON SEGEN UND FLUCH IN DER EHE

Wir wollen nun einige der Konsequenzen betrachten, die Segen und Fluch in der Ehe haben. Wenn beide Elternpaare eine Ehe segnen, bringt das den Kindern gewöhnlich ein stärkeres Gefühl von Frieden und Sicherheit. Sie müssen ihren Eltern nichts beweisen und sind in der Lage, sich in ihrer Ehe vom Heiligen Geist leiten zu lassen.

Wenn die Eltern hingegen die Ehe ihrer Kinder mit einem Fluch belastet haben, werden die Kinder viel Energie darauf verwenden, die düsteren Vorahnungen ihrer Eltern zu widerlegen. Wenn die Eltern Dinge äußerten wie: «Diese Ehe wird keine sechs Monate halten», «Du heiratest den Falschen/die Falsche», oder «Du bist zu jung zum Heiraten», werden die Kinder für gewöhnlich versuchen, ihnen zu beweisen, dass sie sich geirrt haben.

Wenn Eltern solche Aussagen machen und Worte gebrauchen, die die Identität eines Sohnes oder einer Tochter unter einen Fluch bringen, dann wird die Seele des Kindes ganz sicher nicht im Frieden sein. Weil das erwachsene Kind daran arbeitet, die Worte der Eltern zu widerlegen, ist sein Herz nicht frei, in der Ehe vom Heiligen Geist geleitet zu werden. Stattdessen treibt das Fleisch das Kind ständig an, seiner Seele Frieden zu bringen, indem es zu beweisen versucht, dass die Aussagen der Eltern falsch sind. Beide in der Ehe arbeiten dann unter dem Fluch der Eltern, um zu versuchen, ihre Worte zu widerlegen.

Eine zweite Konsequenz ist, dass Kinder, die von ihren Eltern bei der Eheschließung nicht gesegnet wurden, gewöhnlich keine Freundschaft mit ihren Eltern entwickeln und deshalb in ihrem Erwachsenenleben keine enge Beziehung mit ihnen genießen können. Das kann die Beziehung zu den Enkelkindern die vielleicht geboren werden, belasten.

DER SEGEN SETZT FREI, WÄHREND DER FLUCH BINDET

Wenn die Eltern die Ehe eines erwachsenen Kindes nicht segnen hat das weiterhin zur Folge, dass der verheiratete Sohn/die verheiratete Tochter die Eltern nicht richtig verlassen und sich mit einer Ehefrau oder einem Ehemann verbinden kann. Der Segen kann dem Kind die geistliche und emotionale Fähigkeit geben, Vater und Mutter zu verlassen, während der Fluch das Herz des Kindes wahrscheinlich geistlich und emotional an die Eltern binden wird. Ich habe im Laufe der Jahre tausenden verheirateten Paaren gedient und dabei entdeckt, dass viele Ehekonflikte ihre Wurzel darin haben, dass jemand unfähig ist, einem Ehepartner in richtiger Weise anzuhangen (mit ihm verbunden zu werden), weil sein Herz seine Eltern niemals geistlich und emotional verlassen hat. (Siehe 1.Mose 2,24). Wenn jemand nicht verlässt; ist er nicht in der Lage anzuhangen. Offensichtlich handelt es sich hierbei nicht um ein geographisches Verlassen, sondern um ein geistliches und emotionales.

Nach Gottes Plan sollen sich Männer durch den Segen ihrer Eltern in ihrer Identität als Männer sicher fühlen und dann ihre Ehefrauen führen, beschützen und für sie kämpfen. Doch ein Mann, der nicht von seinen Eltern gesegnet worden ist, wird für gewöhnlich von seiner Frau erwarten, dass sie dafür sorgt, dass er sich als Mann fühlt. Ein solcher Mann wird seine Frau nicht führen, beschützen und für sie kämpfen. Stattdessen wird er sich selbst beschützen, gegen seine Frau ankämpfen und seine Führungsposition in der Familie aufgeben.

Gott hat die Frau geschaffen, um darauf zu vertrauen, dass ihr Mann sie beschützt und für sie kämpft, und ihr so erlaubt, ihn zu respektieren und sich ihm unterzuordnen. Eine Frau, die niemals von ihren Eltern gesegnet wurde, wird für gewöhnlich ihrem Mann nicht vertrauen, weil sie ihrem Vater nicht vertrauen konnte. Wegen dieses Misstrauens wird sie ihren Mann weder respektieren noch sich ihm unterordnen. Stattdessen wird sie sich selbst beschützen, gegen ihren Mann ankämpfen und seine Autorität in der Familie an sich reißen oder untergraben.

In meiner Arbeit mit Ehepaaren habe ich oft gemerkt, dass es einen Hauptmechanismus gibt, der das Herz eines erwachsenen Kindes an die Eltern bindet: Die Verurteilung der Eltern durch das Kind und seine Verbitterung. Hebräer 12,15 sagt uns, dass Bitterkeit in meinem Herzen nicht nur mich verschmutzt, sondern auch noch viele andere Menschen. Wie funktioniert das?

Unglücklicherweise ist die menschliche Seele wie eine Kamera und reproduziert tief im Inneren das Bild dessen, was sie fokussiert. Du kannst deine Kamera nicht auf den Löwen im Zoo richten und hoffen und erwarten, dass sie ein Bild von einem Elefanten aufnimmt. Du wirst das Bild des Löwen bekommen, auf den du die Kamera gerichtet hast, nicht das Bild des Elefanten, das du wolltest. Das Wollen bringt kein Bild hervor; das tut nur der emotionale Fokus. Verurteilung und Verbitterung schaffen tief im Inneren einen emotionalen Fokus auf genau die Charaktereigenschaft, die man bei einem anderen Menschen verurteilt, auch wenn man die Absicht hat, in seinem Leben genau die gegenteilige Eigenschaft hervorzubringen. Wenn ein Kind also während es heranwächst ungerecht behandelt und unter einen Fluch gebracht wird, wenn es niemals von seinen Eltern gesegnet wird, kann es sich in seinem Herzen von seinen Eltern isolieren und sie verurteilen.

Dieses Kind geht dann eine Ehe ein und trägt tief in seinem Herzen ein Bild der negativen Charaktereigenschaften, die es bei einem Elternteil verurteilt. Wegen des Prinzips von Saat und Ernte (jedes Samenkorn bringt Früchte nach seiner Art hervor), hat dieses Bild das Potenzial, im Leben des erwachsenen Kindes genau die

Eigenschaften zu reproduzieren, die es bei einem seiner Eltern verurteilt hat. Oder noch schlimmer: Ein erwachsenes Kind kann anfangen, seinen Ehepartner durch das negative Bild des verurteilten Elternteils hindurch zu sehen und unbewusst die Erwartung entwickeln, dass der Ehepartner genau wie dieser Elternteil werden wird. Dieser Same der Bitterkeit im Herzen kann dann im Ehepartner exakt die Eigenschaften hervorrufen, die man bei einem Elternteil verurteilt hat. Lasse mich ein praktisches Beispiel anführen.

SAMEN BRINGEN FRÜCHTE NACH IHRER ART HERVOR

Nehmen wir einmal an, eine junge Frau namens Mary wächst bei einem überkritischen Vater auf, den sie verurteilt. Sie schwört sich dann, niemals einen Mann zu heiraten, der so kritisch ist wie ihr Vater. Währenddessen wächst ein junger Mann namens Tom bei einer undisziplinierten, fettsüchtigen Mutter heran, die er verurteilt. Er schwört sich, niemals eine Frau zu heiraten, die so übergewichtig ist wie seine Mutter.

Diese beiden jungen Menschen treffen sich und heiraten. Tom ist anderen gegenüber sehr offen und annehmend - ganz anders als Marys Vater. Mary hat - anders als Toms Mutter - eine sehr gute Figur und sie kocht auch ganz vorzüglich. Weil sie ihren Mann segnen möchte, kocht Mary jeden Abend eine wunderbare Mahlzeit. Allerdings sind diese Mahlzeiten für sie etwas zu gehaltvoll und sie nimmt ein paar Pfunde zu. Da Tom in seinem Herzen noch an seine Mutter gebunden ist, vergleicht er Mary unbewusst mit seiner Mutter. Ihre geringfügige Gewichtszunahme versetzt ihn in höchste Alarmbereitschaft, und er macht ihr gegenüber vorsichtige Bemerkungen bezüglich ihrer Figur. Mary, die in ihrem Herzen immer noch an ihren Vater gebunden ist, hört Toms Worte und vergleicht sie mit denen ihres Vaters. Von Toms Kritik tief verletzt, reagiert Mary sehr emotional. Als Tom weiter seiner tiefen Besorgnis über Marys Gewicht Ausdruck verleiht, kommt es zu einem ernsten Streitgespräch.

Da sie durch die Kritik ihres Ehemannes unter zusätzlichem emotionalem Druck steht beginnt Mary, zwischen den Mahlzeiten ein paar kleine Snacks zu sich zu nehmen und nimmt ein paar weitere Pfunde zu – was natürlich dazu führt, dass Toms Alarmglocken umso lauter läuten. Er konfrontiert Mary erneut, was zu einem weiteren höchst emotionalen Streitgespräch führt. Wenn Tom und Mary nicht herausfinden, dass ihre Herzen durch Verurteilung und Verbitterung immer noch an ihre Eltern gebunden sind und nicht darüber Buße tun, wird ihre Ehe bald aus einem sehr enttäuschten und kritischen Ehemann und einer sehr verletzten und übergewichtigen Ehefrau bestehen.

Wir hatten einmal eine Frau als Nachbarin, die gerade dabei war, sich von ihrem dritten Mann scheiden zu lassen. Als ich sie fragte, was sie mit ihren drei Ehemännern erlebt hatte, fing sie an mir zu erzählen, dass sie bei allen dieselbe Abhängigkeit dieselbe ernsthafte Störung erlebt hätte, unter der auch schon ihr Vater gelitten hätte. Ich fragte sie, ob diese drei Männer sich schon vor der Hochzeit derart verhalten hätten. Sie bestätigte, dass ihr erster Mann einige der Eigenschaften ihres Vaters besessen habe, meinte aber, dass keiner der anderen beiden vor der Hochzeit ein solches Verhalten auch nur im Ansatz gezeigt hätte.

Ich fragte diese Frau, worauf sie die Tatsache zurückführte, dass sie drei Männer geheiratet hatte, die alle über dieselben negativen Charaktereigenschaften verfügten, die sie bereits bei ihrem Vater verachtet hatte. Meine Nachbarin antwortete einfach: «Ich schätze, ich habe ein unglückliches Händchen bei der Auswahl meiner Ehemänner.» Als ich ihre Geschichte hörte, wollte ich sie fragen: «Ist dir jemals der Gedanke gekommen, dass du diejenige sein könntest, die ein entsprechendes Samenkorn in sich trägt? Es macht nicht viel Unterschied, in welches Feld du es pflanzt. Wenn du das nicht erkennst und in deinem Leben nicht dagegen angehst, wird dieses Samenkorn der Verurteilung und Verbitterung deinem Vater gegenüber jedes Mal dieselbe Frucht bringen.» Leider musste ich feststellen, dass sie noch nicht bereit war, auf dieses Wort zu hören.

DU BIST GENAU WIE MEINE MUTTER!

Lasse mich dir ein weiteres Beispiel von einem Ehepaar geben, für das ich vor einigen Jahren gebetet habe. Ein Mann, den ich Jim nennen werde, beschloss, sich von seiner Mutter zu distanzieren und schaffte es, bei seiner Frau genau die Eigenschaften zum Vorschein zu bringen, die er bei seiner Mutter hasste. Jims Frau war diejenige, die mich zuerst um Hilfe bat. Sie sagte, dass sie Jim sehr liebte, dass sie aber an eine Scheidung dachte, weil die Zustände in ihrer Ehe ihr das Leben unerträglich machten. Sie sagte, Jim lehnte es ab, irgendeine Art von Verantwortung zu Hause zu übernehmen. Nun war die Bank dabei, sich das Haus zu holen – nicht etwa, weil sie kein Geld gehabt hätten um die Raten zu zahlen, sondern weil Jim nie «dazukam», die Zahlungen zu tätigen.

Jim wusste, dass es sein Job war, die Rechnungen zu bezahlen, sich um den Garten zu kümmern, die Autos instand zu halten, die Gehwege im Winter zu räumen und so weiter, aber er tat diese Dinge nie wirklich. In der Folge hatte Jims Frau all diese Pflichten grummelnd übernommen und war extrem ausgelaugt und frustriert.

Ich traf Jim in der darauf folgenden Woche. Eingangs fragte ich ihn, wie es um seine Ehe stünde. Er antwortete: «Oh, wir haben unsere Höhen und Tiefen wie jeder andere auch, aber wir lieben uns wirklich und haben eine gute, stabile Ehe. Ich kann mich wirklich über nichts beklagen.» Zwischen seiner Wahrnehmung seiner Ehe und der seiner Frau gab es eine ziemliche Kluft. Jim war schockiert, als ich ihm sagte, dass seine Frau über eine Scheidung nachdachte.

Ich konfrontierte Jim mit der Verantwortungslosigkeit, von der mir seine Frau berichtet hatte. Er räumte ein, dass er die Dinge zeitlich gerne «umverteilte». Zuerst arbeitete ich mit Jim an seinem Zeitmanagement und an seiner Zielsetzung, doch was ich auch versuchte, er erfüllte seine Aufgaben rund ums Haus immer noch nicht. Ich begann, die Frustration seiner Frau zu verstehen.

Dann erkannte ich, dass es eine viel tiefere Wurzel gab. Nachdem wir zusammen gebetet hatten, um den Herrn zu bitten, die Wurzel des Problems zu offenbaren, fühlte ich mich geführt, Jim einige Fragen über seine Mutter zu stellen, und die Antworten kamen. Jim war der Jüngere von zwei Geschwistern. Seine Mutter bevorzugte deutlich seine ältere Schwester und übermittelte ihm die Botschaft, dass er nichts richtig machen konnte.

Jims Mutter wollte es ihm ersparen, irgendwelche peinlichen Fehler zu machen und machte deshalb alles, was er getan hatte, noch einmal neu, damit es «richtig» wäre. Wenn sie Jim bat, den Tisch fürs Abendessen zu decken, stand sie dabei immer hinter ihm und rückte alles zurecht, weil sie nie mit seinem Werk zufrieden war. Sie verankerte in ihm auch die Vorstellung, dass ein Fehler eine schreckliche Sache sei, die unter allen Umständen zu vermeiden wäre.

Jedes Mal wenn Jims Mutter etwas, das er getan hatte, noch einmal machte und ihn für seine Arbeit kritisierte, verletzte das sein Herz tief. Es war eine Art von Fluch, die sich auf seine Identität legte, und es war emotional sehr schmerzhaft. Es lehrte Jim schon in einem sehr frühen Alter, dass er nichts tun konnte, was seiner Mutter gefallen würde. Also war das Beste, was er tun konnte, um Schmerz und Kritik zu entgehen, gar nichts für seine Mutter zu tun. Danach wurde er zwar getadelt, weil er seine Aufgaben nicht erfüllt hatte, aber das tat Jim weit weniger weh als dafür bestraft zu werden, es «falsch» gemacht zu haben. Außerdem kam seine Mutter ohnehin immer und tat die Dinge so wie sie sie haben wollte, und die Aufgabe wurde so oder so erfüllt.

Was denkst du, was für eine Art Frau Jim sich suchte, als er heiratete? Richtig. Jemand, der das genaue Gegenteil seiner Mutter war. Er fand ein wunderbares gläubiges Mädchen, das Jim so liebte wie er war und ihn niemals so kritisierte, wie seine Mutter das immer getan hatte. Natürlich erfüllte Jims Frau nicht die Erwartungen seiner Mutter, und sie sagte ihm immer, er hätte eine viel bessere Wahl treffen können. Jims Mutter segnete die Ehe ihres Sohnes nicht und nahm seine Frau nie an.

In der Folge wurde Jim wegen all des Fluches und der Kritik bitter gegen seine Mutter. Ohne, dass es Jim bewusst geworden wäre, schuf diese Bitterkeit eine Erwartungshaltung in seinem Herzen, die ihn tief im Inneren an seine Mutter kettete. Ohne es zu merken, begann er zu erwarten, seine Frau würde anfangen ihn so zu behandeln, wie seine Mutter das getan hatte. Er erwartete, dass sie – und übrigens auch alle anderen Frauen – ihn letztendlich kritisieren und ablehnen würden, obwohl seine Frau ihn niemals so behandelt hatte. Das richtete in Jims Ehe großen Schaden an, weil Jim im Lauf der Zeit seine Frau in genau die Rolle drängte, die seine Mutter gespielt hatte.

Es war die unbewusste Angst, kritisiert zu werden, die Jim dazu brachte, all seine häuslichen Pflichten zu vernachlässigen. Schliesslich hatte er seiner Frau nur drei Optionen gelassen, von denen keine gut war:

1. Nichts zu tun und zuzusehen, wie alles um sie herum verkam
2. Weiter an Jim herumzunörgeln und zu versuchen, ihn dazu zu bewegen, seine Aufgaben zu erfüllen - für gewöhnlich mit wenig Erfolg und großer Frustration
3. Aufgeben und selber machen

Anfangs wartete sie darauf, dass Jim das tun würde, was er versprochen hatte. Doch schließlich begann sie aus Frustration heraus, ihn zu kritisieren und an ihm herumzunörgeln, wie das seine Mutter getan hatte. Das verstärkte Jims Entschlossenheit, gar nichts mehr zu tun, weil er befürchtete, es falsch zu machen und weiter kritisiert zu werden. Schließlich wählte Jims Frau - sehr zu seiner Erleichterung - die dritte Option und machte die Dinge einfach selbst. Er dachte, alles liefe hervorragend, aber sie war unglaublich frustriert. Jim hatte seine Frau gezwungen, seine Mutter zu sein anstatt seiner Ehefrau, und hatte so in seiner Frau unabsichtlich dasselbe Muster von Kritik und Verfluchung seiner Identität reproduziert, das er bei seiner Mutter so gehasst hatte.

Erst als Jim seiner Mutter das beständige Verfluchen seiner Identität wirklich vergeben konnte und dann den Segen des Herrn und seine wahre Identität und Bestimmung annahm, wurde er frei, eins mit seiner Frau zu werden und ihr ein ordentlicher Ehemann zu sein. Als wir erst einmal Jims eigentliches Problem - die Bindung an seine Mutter - identifiziert hatten, war er frei, sich von der Verurteilung seiner Mutter und von seiner Versagensangst zu lösen. Sehr zur Freude seiner Frau wurde Jim endlich fähig, der verantwortungsbewusste Ehemann zu werden, als den Gott ihn geschaffen hatte. Viele Paare wie Jim und seine Frau haben gewaltige Heilung erlebt, als sie erkannten, dass der eigentliche Grund für ihre Eheprobleme der war, dass einer von ihnen oder alle beide immer noch an einen Elternteil gebunden waren, der seinen Segen nicht gegeben hatte.

DIE WEIGERUNG, LOSZULASSEN BRINGT DIE IDENTITÄT VERHEIRATETER KINDER UNTER EINEN FLUCH

Ein weiterer möglicher Weg, auf dem Eltern die Identität ihrer verheirateten Kinder unter einen Fluch bringen können ist, ihnen nicht zu erlauben, das Zuhause emotional zu verlassen. Es ist manchmal sehr schwierig für Eltern, ihre verheirateten Kinder loszulassen und ihnen zu erlauben, sich einem Ehepartner anzuschließen. Auch wenn sie die Ehe ihres Kindes gesegnet und den Ehepartner angenommen haben, möchten sie immer noch Entscheidungen für ihr verheiratetes Kind treffen. Wenn das geschieht, ist es sehr wichtig für das verheiratete Kind, Grenzen zu setzen und festzulegen, welchen Input es bereit ist von seinen Eltern anzunehmen. Es muss auch sicherstellen, dass der Ehepartner in Bezug auf Beziehung die Priorität hat - nicht die Eltern.

Kürzlich erzählte mir ein Vater von einem Treffen mit seiner verheirateten Tochter. Sie rief eines Abends weinend zu Hause an und war wegen eines Streits mit ihrem Ehemann sehr aufgebracht. Beide hatten einige unschöne Dinge gesagt, die sie nicht so gemeint hatten, und nun wollte die Tochter nach Hause kommen. Der weise Vater sagte seiner Tochter: «Mein Liebes, du bist zu Hause. Ich werde dich immer lieben und du wirst immer meine Tochter sein, aber dein zu Hause ist nicht mehr hier. Es ist jetzt bei deinem Ehemann.» Wie schwierig muss es für diesen liebenden Vater gewesen sein, so etwas zu seiner verletzten Tochter zu sagen! Dieser weise Vater verstand allerdings seine Rolle als Zuhörer und Tröster, der dann seine Tochter an den Herrn und zurück an ihren Ehemann verweisen musste, damit sie weiter «ein Fleisch» mit ihm werden konnte.

DIE STRATEGIE DER FAMILIENPARTNERSCHAFT ZUR AUSWAHL EINES EHEPARTNERS

Ich habe mit vielen Eltern geredet, die über den Partner, den ihr Sohn oder ihre Tochter geheiratet hatte, bestürzt waren. Ich habe auch mit vielen Leuten gesprochen, deren Ehe sehr schwierig war oder sogar in einer Scheidung endete und habe oft gehört, dass ihre Eltern nicht mit dem Partner, den sie gewählt hatten, einverstanden waren. Erst nach einiger Lebenserfahrung - oft um den vierzigsten Geburtstag herum - sehen sie die Weisheit in der Zurückhaltung ihrer Eltern. Deshalb ist es so wichtig, dass Eltern in den Prozess der Wahl des Ehepartners ihres erwachsenen Kindes miteinbezogen werden.

Wie das alte Sprichwort sagt, macht Liebe blind. Sie kann auch taub, sprachlos und dumm machen. Wenn die Scheuklappen erst einmal aufgesetzt sind, ist das verliebte Kind nicht mehr in der Lage, negative Charaktereigenschaften, über Generationen vererbte Muster an sündhaftem Verhalten oder eine für eine künftige Ehe schädliche Familiengeschichte zu erkennen. Aus diesem Grund braucht der junge Mensch ein weiteres Paar «Augen», die nicht durch irgendein romantisches Gefühl getrübt sind. Die Menschen, die Gott dafür vorrangig in das Leben der Kinder gestellt hat, damit sie ihnen objektiver zu sehen helfen, sind ihre Eltern.

Ich sage nicht, dass wir zur arrangierten Ehe zurückkehren sollten, die in der biblischen hebräischen Kultur üblich war. Allerdings glaube ich, dass es einen Weg gibt, Eltern in den Auswahlprozess des Ehepartners ihres Kindes mit einzubeziehen - und zwar auf eine Art, die weder so restriktiv ist wie die arrangierte Ehe noch so nachgiebig wie unser derzeitiges System von romantischen Verabredungen, in dem die Eltern sehr wenig Input geben können. Ich glaube, dass eine Partnerschaft, in der sowohl die Eltern als auch die Kinder Gott gemeinsam suchen, um zu erkennen, wen Er dem Kind als Ehepartner sendet, die geeignetere Strategie wäre.

Diese Strategie nutzt das wirkungsvolle Prinzip der Übereinstimmung und bereitet das Kind darauf vor, innerhalb der Ehe in Übereinstimmung zu agieren. Die meisten von uns, die schon eine Weile verheiratet sind, haben den Fehler gemacht, eine Entscheidung zu treffen, die unser Ehepartner nicht unterstützt. In fast jedem Fall in meinem eigenen Leben wünschte ich, ich hätte auf meine Frau gehört. Wir haben das Prinzip der Übereinstimmung früh in unserer Ehe entdeckt. Wenn nur einer von uns dachte, dass wir etwas Bestimmtes tun sollten, befanden wir es für besser, davon Abstand zu nehmen. Jan und ich haben herausgefunden, dass, wenn wir bezüglich einer Entscheidung übereinstimmten, das meist auch der Wille Gottes war.

Es ist weise, den Kindern das Prinzip der Übereinstimmung beizubringen, wenn man sie darauf vorbereitet, in ihr Erwachsenenleben entlassen zu werden. Während der Zeit der Anleitung können wir ihnen erklären, dass wir am Besten den Willen Gottes bezüglich ihres zukünftigen Ehepartners erkennen können, wenn wir alle - sowohl die Eltern als auch die Kinder - übereinstimmen. Wenn nur einer von uns denkt, jemand sei der von Gott gesandte Ehepartner, der andere jedoch nicht, dann ist die Wahrscheinlichkeit groß, dass es nicht Gottes Plan ist. Wenn hingegen die Eltern und das Kind übereinstimmen, wird der Wille Gottes sich wahrscheinlich in dieser Übereinstimmung ausdrücken.

Wenn eine Familie in dieser Richtung unterwegs ist, ist es sehr leicht für die Eltern, dem erwachsenen Kind bei der Eheschließung zu sagen, dass es das Prinzip der Übereinstimmung in seiner Beziehung mit dem Ehepartner anwenden soll. Auch ist die Wahrscheinlichkeit, dass die Eltern die Ehe nicht segnen werden, sehr gering.

Um die Strategie der Partnerschaft richtig einzusetzen, muss man die fünf Prinzipien beachten, auf die sie sich gründet:

1. Der Zweck der Ehe ist nicht, jemanden «glücklich» zu machen, sondern jemanden zu befähigen, eine Bestimmung in Christus zu erfüllen, die er besser als verheirateter Mann/Frau erfüllen kann als wenn er/sie alleinstehend wäre.
2. Gott weiß besser als wir, wen unser Sohn oder unsere Tochter heiraten sollte, und Er wird den von Ihm gewählten Ehepartner genau zur richtigen Zeit in das Leben unseres Kindes bringen.
3. Das Herz und der Körper unseres Kindes gehören nicht ihm selbst und es kann sich nicht vergeben wie es will; sie gehören Gott und sollen bis zur Ehe rein gehalten werden.
4. Den Willen Gottes bezüglich eines Ehepartners erkennt man am Besten an der Übereinstimmung zwischen den Eltern und dem Kind.
5. Beide Eltern und das Kind vertrauen darauf, dass Gott beide Parteien gebrauchen wird, um Seinen Willen zu offenbaren - trotz ihrer jeweiligen Schwächen und Fehler. Das bringt gegenseitigen Respekt, Wertschätzung und Gottvertrauen hervor.

Wenn Eltern bei der Auswahl eines Ehepartners an der Seite ihrer Kinder sind, ist die Wahrscheinlichkeit wesentlich größer, dass das Kind eine erfolgreiche Ehe haben und mit seinem Ehepartner zusammen den Plan Gottes für sein Leben erfüllt.

WAS IST SO FALSCH AN UNSEREM MODERNEN VERABREDUNGSSYSTEM?

An einem System, das eine Fehlerquote von ungefähr 50 Prozent aufweist, ist offensichtlich etwas falsch, aber das ist genau das, was unser derzeitiges Verabredungssystem hervorgebracht hat. Fast die Hälfte aller Ehen endet heute mit einer Scheidung.

Um die Dinge klar zu definieren - wenn ich das Wort Verabredung benutze, dann meine ich damit die Strategie, dass ein junger Mensch Zeit mit Angehörigen des anderen Geschlechts verbringt, in der Hoffnung, jemand Besonderen als Freund oder Freundin zu bekommen. In dieser Beziehung, die auf der Basis von Verabredungen besteht, entwickeln die beiden Parteien bewusst starke romantische Gefühle zueinander. Dieses System wird einer wahren romantischen Beziehung nicht gerecht und ist letztendlich ungeeignet, um einen Ehepartner auszuwählen. Lasse mich erklären, warum das so ist.

Romantische Verabredungen stellen Gottes Plan auf den Kopf

Gott hat den Menschen als dreiteiliges Wesen geschaffen: Geist, Seele und Körper. Der Geist sollte Gott unterstellt sein, die Seele (Verstand, Wille und Gefühle) sollten dem Geist unterstellt sein, und der Körper der Seele. Wenn es um romantische Verabredungen geht, werden die Menschen gewöhnlich zuerst körperlich von jemandem angezogen, dann gefühlsmäßig, und dann vielleicht noch geistlich. Wenn wir zuerst auf das Physische achten, wird Gottes Ordnung umgekehrt. Im Gegensatz dazu erlaubt eine gottgemäße Partnerschaft dem jungen Menschen und den Eltern, zuerst nach jemandem mit gottgemäßem Charakter zu suchen, um dann als zweites auf die emotionale und körperliche Attraktivität zu sehen.

Romantische Verabredungen zielen darauf ab, das Beste für sich selbst zu suchen.

Das unbewusste Motiv für romantische Verabredungen klingt gewöhnlich so: «Ich möchte jemanden, der für *mich* attraktiv ist und der *mich* glücklich macht, jemand mit dem *ich* gerne zusammen bin, der ähnliche Interessen hat wie die *meinen.*» Der Fokus liegt darauf, das Beste und Angenehmste für sich selbst zu suchen. Im Gegensatz dazu würde eine gottgemäße Partnerschaft den jungen Menschen dahin bringen, dem anderen zu dienen und ihn zu segnen. Das Motiv für die Beziehung ist, sich hinzugeben und nicht, das Beste für sich selbst zu suchen.

Das Ziel hier ist, seine eigene Selbstsucht abzulegen, um dem anderen zu dienen und nicht, den anderen zu benutzen, um selbst glücklich zu werden.

Das eine Konzept ist das eines Flohs, der auf der Suche nach einem Hund ist, das andere ist das eines Akkus für ein Mobiltelefon. Das Ziel des Flohs ist, Lebenskraft von dem Hund zu nehmen. Die Aufgabe des Akkus ist es, dem Mobiltelefon Kraft zu geben. Wenn der Hund dem Floh keine Lebenskraft mehr geben kann, verlässt der Floh den Hund und sieht sich nach einem anderen um. Wenn dem Akku die Kraft ausgeht, kehrt er zum Ladegerät (Jesus Christus) zurück, um neue Kraft zu bekommen, die er dann an das Telefon weitergeben kann.

Romantische Verabredungen haben kein langfristiges Ziel.

Der vorrangige Zweck romantischer Verabredungen ist es, «Spaß zu haben». Wenn der Spaß vorbei ist, endet die Beziehung gewöhnlich. Gottgemäße Partnerschaften erlauben es dem Herzen nur dann, mit einem Menschen eine romantische Beziehung einzugehen, wenn sowohl die Eltern als auch das Kind glauben, dass dieser Mensch ein möglicher von Gott gesandter Ehepartner ist. Das Ziel der romantischen Beziehung ist es, auf die Schließung eines Ehebundes hinzuarbeiten.

Romantische Verabredungen richten oft emotionalen Schaden an.

Wenn zwei fünfzehnjährige eine romantische Verabredung haben, dann haben sie für gewöhnlich nicht im Sinn, zu heiraten. Sie möchten einfach nur Spaß haben, aber ihre Herzen verbinden sich für die Dauer der Beziehung in romantischer Liebe miteinander. Es ist, als ob man zwei Blätter Papier zusammenkleben würde. Wenn eine Partei die Gesellschaft der anderen nicht mehr als angenehm empfindet, zerbricht die Beziehung, aber die Herzen können nicht so einfach voneinander getrennt werden, wie sie zusammengefügt wurden. Es gibt ein Zerren und ein Reißen, das beträchtlichen emotionalen Schmerz verursacht.

Jeder Floh - also jeder der beiden jungen Menschen - geht dann auf die Suche nach einem anderen Freund oder einer anderen Freundin, um den emotionalen Schmerz zu lindern, den das Zerbrechen der Beziehung verursacht hat. Jedes Mal, wenn eine Beziehung zerbricht, lässt man ein Stück seines Herzens bei dem anderen. Nehmen wir an, das passiert fünf, acht oder zehn Mal vor einer Eheschließung. Wie viel von seinem Herzen hat man dann tatsächlich noch übrig, um es einem Ehepartner zu geben? Das Herz ist oft so verletzt, dass der Mensch massive emotionale Heilung braucht, nur um in den Zustand zurück versetzt werden zu können, der von Gott für den Beginn einer Ehe vorgesehen war. Stelle dir nur das Chaos vor, das entsteht, wenn keine Heilung stattfindet und zwei verwundete Flöhe eine Ehe miteinander eingehen!

Im Gegensatz dazu versucht die gottgemäße Partnerschaft, sowohl das Herz als auch den Körper zu bewahren, damit beides dem einen gegeben werden kann, den Gott als Ehepartner sendet. Bei dieser Strategie werden junge Leute viel Zeit zusammen in Gruppen verbringen, aber sie bilden keine Paare als Freund und Freundin und gehen keine romantischen Beziehungen mit Menschen ein, die sie nicht zu heiraten beabsichtigen. Bei dieser Strategie verpflichtet sich der Sohn oder die Tochter, sowohl Körper als auch Herz (Gefühle) in Ganzheit und Reinheit zu bewahren, um sie eines Tages ausschließlich dem Ehemann oder der Ehefrau zu übergeben.

Eine junge Frau, die ich hier Sarah nenne, erzählte mir eine sehr aussagekräftige Geschichte. Sie war eine gläubige Schülerin, die ziemlich regelmäßig romantische Verabredungen hatte. Eines Abends ging sie bei einer solchen Verabredung mit einem jungen Mann ins Kino. Dort küssten und umarmten sie sich, und sie dachte sich nicht viel dabei, bis sie ein paar Tage später in Sprüche 31 las, wo von der tugendhaften Frau die Rede ist. Besonders die Verse 10 bis 12 ließen sie aufhorchen.

> *«Eine tugendhafte Frau – wer findet sie? Sie ist weit mehr wert als die kostbarsten Perlen! Auf sie verlässt sich das Herz ihres Mannes, und an Gewinn mangelt es ihm nicht.* ***Sie erweist ihm Gutes und nichts Böses alle Tage ihres Lebens.***»
> – (Hervorhebung hinzugefügt)

Sarah sagte dem Herrn: «Ich möchte eine tugendhafte Frau sein, wie sie hier beschrieben ist». Dann hörte sie, wie der Heilige Geist sie fragte: «Kann das Herz deines Ehemannes sich auf dich verlassen? Tust du ihm Gutes und nichts Böses alle Tage deines Lebens?»

Sie antwortete: «Herr, ich habe noch keinen Ehemann. Ich bin erst sechzehn.»

Darauf kam die nächste Frage: «Wann, heißt es, sollst du ihm Gutes und nichts Böses tun?»

Sarah las den Vers 12 erneut. «Alle Tage meines Lebens», überlegte sie. «Ich schätze, ‚alle Tage meines Lebens' ist bereits jetzt.»

«Ja», hörte sie den Herrn antworten. «Tust du also deinem Ehemann Gutes und nichts Böses?»

«Herr, ich weiß nicht. Ich weiß nicht, wer mein Ehemann ist.»

«Ich weiß es», antwortete der Herr. «War der junge Mann, mit dem du ins Kino gegangen bist, dein Ehemann?»

«Er ist ein netter Junge», sagte sie, «aber ich denke nicht, dass ich ihn heiraten würde.»

«Er ist also nicht dein Ehemann?», fragte der Herr nach.

«Nein, er wird nie mein Ehemann sein», antwortete Sarah.

Dann sagte der Herr zu ihr: «Du kannst wissen, ob du deinem Ehemann Gutes und nichts Böses tust. Was, wenn der Mann, der dein Ehemann sein wird, dich bei dieser Verabredung begleitet und dein Verhalten diesem jungen Mann gegenüber gesehen hätte? Wie, denkst du, hätte er sich gefühlt?»

Ihren zukünftigen Ehemann in das Bild der Verabredung der letzten Woche zu bringen, bewirkte eine drastische Veränderung.

«Er hätte sich sehr betrogen und verletzt gefühlt, denke ich», antwortete sie.

«Warum?», fragte der Herr.

«Weil ich jemand anderem gegeben habe, was für ihn reserviert sein hätte sollen», erwiderte sie. «Ich verstehe jetzt. Meine Küsse und mein Herz gehören eigentlich nicht mir selbst. Sie gehören dir, Herr, damit du sie bis zu meinem Hochzeitstag bewahrst, wenn ich mein ganzes Herz und meinen Körper meinem Ehemann gebe.»

Sarah tat Buße darüber, mit ihrem Körper so umgegangen zu sein, als gehöre er ihr und als könne sie ihn nach ihrem Belieben weggeben. Sie empfing Gottes Vergebung und hörte dann, wie der Herr ihr sagte: «Dein Herz und dein Körper gehören Mir, aber dein Vater ist der menschliche Handlungsbevollmächtigte, den Ich beauftragt habe, dein Herz und deinen Körper bis zu deinem Hochzeitstag zu bewahren. An deinem Hochzeitstag wird dein Vater die Verantwortung, dich zu beschützen, an deinen Ehemann übergeben.»

Nach dieser Offenbarung hatte Sarah nie wieder eine romantische Verabredung. Eineinhalb Jahre später traf sie den Mann, der ihr Ehemann sein sollte, und an ihrem Hochzeitstag war sie in der Lage, ihn mit einem geheilten, vollständigen, reinen Herzen zu beschenken. Wenn du die Früchte dieser Art von Hingabe sehen willst, kannst du dir einen kurzen Videoclip einer Braut ansehen, die an ihrem Hochzeitstag den Ring der Reinheit an ihren Vater zurückgibt, den er ihr gegeben hatte, als er sie in ihrer Pubertät segnete und sie freisetzte, eine Frau zu werden: www.familyfoundations.com/index.php/dating15.

Romantische Verabredungen sind eine gute Vorbereitung auf die Scheidung.

Ich habe einige Leute sagen hören, romantische Verabredungen seien eine gute Vorbereitung auf die Ehe. Das Konzept ist also, dass eine Beziehung ohne langfristiges Ziel, die auf körperlicher Anziehungskraft gegründet ist und ihre Wurzeln in der Suche nach dem Besten für sich selbst hat und zu Ende geht, wenn einer der Partner dem anderen nicht mehr gefällt, eine gute Vorbereitung auf die Ehe ist? Ich glaube nicht! Das ist eine ausgezeichnete Vorbereitung für die Scheidung. Dieses System lehrt junge Menschen nichts über die Ehe, die eine lebenslange Hingabe an Gottes Pläne ist, und zwar durch bedingungslose, aufopfernde Liebe, die einen Bund geschlossen hat. Eine gottgemäße Partnerschaft ist eine viel bessere Vorbereitung auf die Ehe. Sie hilft jungen Menschen dabei, sich selbst zu verleugnen und zuerst darauf zu achten, den anderen zu segnen.

Romantische Verabredungen führen dazu, dass tugendhafte junge Frauen lüsterne junge Männer zurückweisen und abwehren müssen.

Es war nie Gottes Plan, dass eine Frau so etwas tun muss. Gott hat dem Vater die Aufgabe übertragen, das Herz und die Jungfräulichkeit seiner Tochter zu beschützen. Wenn der Vater das nicht tut, muss die Tochter das selbst erledigen. Da Gott Frauen gar nicht dafür geschaffen hat, so etwas zu tun, müssen sie unglücklicherweise ihr Herz verhärten, um andauernd: «NEIN, NEIN, NEIN, NEIN, NEIN» zu sagen. Denkst du, dass die Tendenz einer Frau, sich selbst emotional und sexuell zu schützen, augenblicklich in der Hochzeitsnacht verschwindet? Natürlich nicht! Das kann ihre sexuelle und emotionale Beziehung in der Ehe über Jahre beeinträchtigen.

Eine gottgemäße Partnerschaft hingegen beinhaltet, dass der Vater seine Tochter beschützt. Er ist die Tür, durch die jeder junge Mann kommen muss. Bei dieser Strategie lässt die Tochter ihren Vater jeden jungen Mann begutachten, der ein romantisches Interesse an ihr hat. Der Vater wird dann dem jungen Mann den Zugang zur Zeit und zum Herzen seiner Tochter gewähren oder verweigern. Weil sie ihr Herz nicht verhärten muss und ihn eventuell selbst abweisen muss, kann ihr Herz weich und zart bleiben, wenn sie es bei der Eheschließung ihrem Ehemann übergibt.

Romantische Verabredungen finden gewöhnlich ohne den Rat und die Zustimmung der Eltern statt.

Wie ich bereits erwähnt habe, sind junge Menschen den potentiellen negativen Eigenschaften des Menschen, an dem sie ein romantisches Interesse haben, gegenüber blind. Sie brauchen ein weiteres Paar Augen, die die Eltern zur Verfügung stellen können. Ein Teil der Folgen dieser Blindheit ist die aktuelle Scheidungsrate von fast 50 Prozent, die wir in den meisten westlichen Ländern haben. Im Gegensatz dazu, nutzt die Partnerschaft die Einsicht der Eltern. Diese Strategie erlaubt es den beiden Parteien nur dann, ein romantisches Interesse zu entwickeln, wenn beide Eltern und das Kind übereinstimmen. Die Kinder verpflichten sich im Vorhinein, ihr Herz nicht an jemanden zu verschenken, bevor sie sich nicht mit ihren Eltern einig darüber sind, dass derjenige ein möglicher von Gott gesandter Ehepartner ist.

Romantische Verabredungen führen vermehrt zu Eheschließungen, die die Eltern nicht segnen können.

Kinder, die mit dem System der romantischen Verabredungen aufwachsen, fragen gewöhnlich ihre Eltern nicht, bevor sie sich auf eine romantische Beziehung einlassen. Sie geben meist nur ihre Heiratsabsichten bekannt. An diesem Punkt ist es zu spät für die Eltern, wirksamen Input zu geben. In der Folge werden die Eltern in eine unangenehme Situation gebracht: Sie sollen etwas segnen, mit dem sie gar nicht einverstanden sind. Im Gegensatz dazu bezieht eine gottgemäße Partnerschaft die Eltern mit ein, bevor irgendeine romantische Beziehung beginnt. Bei dieser Strategie ist die Wahrscheinlichkeit wesentlich größer, dass die Eltern die Ehe segnen werden, besonders wenn sie bereits ab dem Zeitpunkt der Segnung in der Pubertät angewendet wird.

Ich rate dir dringend, deine Kinder die Strategie der Partnerschaft zu lehren, wenn es um die Frage geht, wie man von der Pubertät an mit romantischen Interessen und einer möglichen Eheschließung umgeht. Damit wirst du die größte Chance haben, deine Kinder bei der Hochzeit segnen zu können.

WAS, WENN MEIN KIND JEMANDEN HEIRATEN WILL, MIT DEM ICH NICHT EINVERSTANDEN BIN?

Eltern mit gebrochenen Herzen fragen mich häufig, was sie tun sollen, wenn ihr erwachsenes Kind ihnen ankündigt, jemanden heiraten zu wollen, den sie nicht für den Richtigen halten. Sie fragen sich, ob sie die Ehe trotzdem segnen sollen, auch wenn sie mit der Wahl des Kindes nicht einverstanden sind. Ich glaube, dass der Segen der Eltern die Kraft hat, eine erfolgreiche Ehe zu ermöglichen und würde daher empfehlen, die Ehe zu segnen außer, sie ist moralisch bedenklich oder du kannst sie nicht mit deinem Gewissen vereinbaren.

Allerdings glaube ich, dass den Eltern die Pflicht obliegt, ihrem erwachsenen Kind zu sagen, warum sie denken, dass es die ausgewählte Person nicht heiraten sollte. Nachdem sie ihre Bedenken geäußert haben, sollten die Eltern dem Kind erlauben, seine eigene Entscheidung zu treffen – ohne Manipulation oder Kontrolle. Wenn das Kind sich zu heiraten entschließt, glaube ich, dass es das Beste für die Eltern ist, die Ehe zu segnen und den Menschen, den das Kind ausgewählt hat, anzunehmen.

Der einzige Vorbehalt ist: «wenn es unmoralisch ist oder die Eltern es nicht mit ihrem Gewissen vereinbaren können». Wenn das Kind sich für eine Ehe mit einem Angehörigen desselben Geschlechts entschieden hat, wenn die Ehe Inzest, Ehebruch oder Polygamie bedeuten würde, wäre es für mich als Elternteil nicht möglich, die Ehe zu segnen oder an der Zeremonie teilzunehmen. Eine solche Ehe ist nicht nur unklug und abstoßend, sondern auch moralisch falsch. Als Elternteil kannst du ein Kind segnen, wenn es eine unkluge Entscheidung trifft oder eine, mit der du nicht übereinstimmst. Aber du kannst nicht gegen deine moralischen Überzeugungen handeln und die sündhafte oder unmoralische Entscheidung deines Kindes segnen.

Ich kenne ein Ehepaar, das ich Sam und Sharon nennen werde. Sie waren durch ihren Sohn John mit diesem Dilemma konfrontiert. Als John in der Oberstufe war, hatte er eine ehebrecherische Affäre mit der Frau seines Jugendpastors. Sie beendeten die Beziehung bald nachdem sie ans Licht gekommen war, und John verbrachte schließlich ein Jahr an einem anderen Ort. Doch als er zurückkam, ließ sich die Frau des Jugendpastors von ihrem Mann scheiden und begann, sich mit John zu treffen. Sam und Sharon waren entsetzt und rieten ihrem Sohn, die Beziehung zu beenden.

Er lehnte das ab, und kurze Zeit später kündigte er an, dass er diese Frau heiraten wollte. Er wollte, dass seine Eltern bei der Hochzeit anwesend sein sollten, aber Sam und Sharon hatten darüber absolut keinen Frieden. Sie liebten ihren Sohn, aber sie waren überzeugt, dass Johns Ehe mit der früheren Frau des Jugendpastors gemäß Markus 10,12 und Lukas 16,18 einem Ehebruch gleichkommen würde. Nach viel Gebet und vielen schlaflosen Nächten beschlossen Sam und Sharon, dass sie weder John in seiner Ehe segnen noch an der Feier anlässlich seines Ehebruchs teilnehmen konnten.

Es brach Sam das Herz, seinem Sohn diese Nachricht zu überbringen, aber er und Sharon konnten nicht gegen ihr Gewissen handeln. Sam machte John klar, dass er und Sharon ihn sehr liebten und ihn als Sohn akzeptierten, welche Entscheidungen er auch immer treffen würde, dass sie aber nicht zu seiner Hochzeit kommen konnten. Sam und Sharon hielten ihre Beziehung mit ihrem Sohn aufrecht. Dann, ungefähr zwei Jahre später, bat John seinen Vater in einer sehr schwierigen Phase seiner Ehe um Rat. Bei diesem Treffen bedankte sich John bei seinem Vater dafür, dass er für das eingestanden war, was er glaubte, selbst wenn das ihre Beziehung gefährdete, und dafür, dass sein Vater ihn trotz seiner Entscheidungen weiterhin geliebt und akzeptiert hatte. John gab zu, dass seine Eltern die ganze Zeit über Recht gehabt hatten. Er sah seine Entscheidung nun aus Gottes Perspektive und war gedemütigt und bereit, Buße zu tun.

Im Fall von Sam und Sharon war es das Beste, was sie zu der Zeit für ihren Sohn tun konnten, nicht an der Hochzeit teilzunehmen und nicht gegen ihr Gewissen zu handeln. Wenn allerdings eine Ehe nicht unmoralisch ist, solltest du besser - nachdem du liebevoll deine Bedenken geäußert hast - die Wahl deines Kindes segnen, auch wenn du nicht damit übereinstimmst, und deinen Segen nicht zurückhalten. Wenn die Ehe unmoralisch ist, kannst du sie oder das Kind nicht segnen und gleichzeitig ein reines Gewissen vor Gott behalten.

GOTTES SCHUTZMASSNAHMEN IN DER KULTUR DER ALTEN HEBRÄER

Wie es auch bei all den vorhergehenden wichtigen Segnungszeiten der Fall war, hat Gott auch für die Zeit der Eheschließung Praktiken innerhalb der Kultur der alten Hebräer eingesetzt, die sicherstellten, dass praktisch jedes Kind den Segen seiner Eltern erhielt. Auffallend sind besonders vier Traditionen und soziale Normen:

1. Ehen wurden vorwiegend von beiden Elternpaaren arrangiert und folglich immer gesegnet.
2. Jeder in der Gesellschaft betrachtete die Ehe als einen lebenslangen Bund, und Sex außerhalb der Ehe war ein Kapitalverbrechen.
3. Der Vater war die «Tür» zum Leben und zum Herzen seiner Tochter; deshalb musste sie sich nicht selbst vor lüsternen jungen Männern schützen.
4. Väter brachten ihren Söhnen bei, Frauen zu beschützen, zu ehren und zu respektieren, und auch die Gesellschaft bestätigte diese Einstellung.

So zuwider unserem modernen westlichen Verstand eine arrangierte Ehe auch sein mag – ich glaube, dass Gott diese Strategie in die biblische hebräische Kultur setzte, weil es ihm so wichtig war, dass jede Ehe von den Eltern gesegnet wurde. Erinnere dich daran, dass «segnen» unter anderem «zum Erfolg befähigen» bedeutet. Ich glaube, dass Gott sicherstellen wollte, dass jede Ehe zum Erfolg befähigt werden sollte.

In der Kultur der alten Hebräer war eine Scheidung eine Seltenheit, und praktisch kein Paar lebte unverheiratet zusammen. Ein ehrenwerter Mann hätte sich niemals einer jungen Frau, an der er interessiert war, direkt genähert; er ging auf ihren Vater zu, weil der Vater die Tür war, die passieren musste, um mit der Tochter auch nur zu sprechen. Selbst in unserer westlichen Kultur war das bis zum Beginn des zwanzigsten Jahrhunderts die Rolle, die der Vater spielte. Im neunzehnten Jahrhundert war es für einen potentiellen Verehrer üblich, sich zuerst an den Vater einer jungen Frau zu wenden, bevor er versuchte, ihr den Hof zu machen. Das schützte sie vor unpassenden Verehrern und lüsternen Männern.

Wegen dieser vier schützenden Praktiken wurden praktisch alle Ehen und Ehepartner in der Kultur der alten Hebräer von beiden Elternpaaren gesegnet. Da diese Praktiken bis heute zum größten Teil aufgegeben wurden, ist die Wahrscheinlichkeit sehr groß, dass eine Ehe von den Eltern nicht gesegnet oder sogar mit einem Fluch belastet wird, und folglich nicht erfolgreich sein kann.

DIE WERKZEUGKISTE DES SEGENS

Im folgenden Abschnitt werden wir uns einige konkrete Schritte ansehen, die du tun kannst und einige Gebete, die du über deine Kinder beten kannst, um dazu beizutragen, eine Segenskultur zur Zeit der Eheschließung zu begründen.

KONKRETE SCHRITTE

1. Übernehmt als Eltern die Strategie der gottgemäßen Partnerschaft anstelle der Strategie der romantischen Verabredungen, wenn es um romantische Beziehungen und die Wahl des Ehepartners geht.
2. Lehre deine Kinder die Strategie der gottgemäßen Partnerschaft in ihrer Pubertät und lebe in ihren Teenagerjahren eine lebendige Beziehung mit ihnen.

WIEDERHERSTELLENDE GEBETE, DIE DEN FLUCH BRECHEN

Wenn du mit der Ehe deines erwachsenen Kindes nicht einverstanden warst und durch deine Worte einen Fluch auf diese Ehe gebracht hast

1. Tue Buße darüber, als Erfüllungsgehilfe Satans seine Botschaft in das Leben deines Kindes gesprochen zu haben.

Du kannst in etwa folgendes beten:

Vater, ich erkenne heute an, dass ich als Erfüllungsgehilfe des Teufels meinem Kind zur Zeit seiner Eheschließung Satans Botschaft von Identität übermittelt habe. Herr, ich habe über der Ehe von [Name des Kindes] *Worte des Todes gesprochen anstelle von Worten des Lebens. Ich kehre mich heute von der Sünde ab, die ich begangen habe, als ich die Ehe und die Identität meines Kindes unter einen Fluch gebracht habe. Ich tue Buße darüber, das getan zu haben und wende mich von ihr vollständig ab. Ich kann keine Wiedergutmachung dafür leisten, meinen Segen zurückgehalten zu haben, aber ich erkenne an, dass Jesus Christus gestorben ist, um für meine Sünde zu bezahlen. Ich empfange heute das Blut Jesu, das dafür bezahlt, dass ich einen Fluch auf die Identität und die Ehe meines Sohnes/meiner Tochter gebracht habe; und weil Jesus Christus für diese Sünde bezahlt hat, empfange ich heute Deine Vergebung. Vater, weil Du mir vergeben hast, vergebe ich mir selbst heute dafür, die Ehe von* [Name des Kindes] *unter einen Fluch gebracht zu haben.*

2. Trefft euch mit eurem Kind, gesteht ein, dass ihr seine Ehe nicht gesegnet habt und bittet es um Vergebung.

Ich schlage vor, dass beide Eltern das wenn möglich gemeinsam tun. Wenn es nicht möglich ist, tue es alleine. Es ist wichtig, dass du deine eigenen Worte findest, aber du kannst vielleicht etwas sagen wie: «Wir erkennen jetzt, dass Gott uns als Eltern berufen hat, deine Ehe zu segnen. Das haben wir nicht getan. Stattdessen haben wir Worte des Todes über eurer Ehe ausgesprochen. Gott hat uns gezeigt, dass wir damit gegen dich gesündigt haben. Ist da irgendetwas in deinem Herzen, das dir sagt, dass du uns vergeben kannst? [Wartet auf eine Antwort.] Wenn du es uns erlaubst, würden wir jetzt gerne deine Ehe segnen.»

3. Segnet jetzt euer Kind, seinen Ehepartner und ihre Ehe.

Ich schlage vor, dass ihr über eurem Kind und seinem Ehepartner gemeinsam betet. Ihr könntet in etwa folgendes beten:

Vater, wir nehmen heute die Ehe von [Name des Kindes] und [Name des Ehepartners des Kindes] an. Wir segnen diese Ehe und erklären, dass ihr in eurer Ehe und in jedem Bereich eures gemeinsamen Lebens erfolgreich sein werdet. Ihr werdet die Aufgabe, die Gott euch als Ehepaar gegeben hat, erfüllen, und große Erfüllung in eurer gemeinsamen Bestimmung finden. Wir erklären, dass [Name des Kindes] ein wunderbarer Ehemann/eine wunderbare Ehefrau ist und von Gott gebraucht werden wird, um seine Ehefrau/ihren Ehemann zu segnen. Wir erklären, dass ihr beide schnell bereit sein werdet, einander zu vergeben und einander zu segnen. Ihr werdet bei guter Gesundheit sein und die Frucht eures Leibes wird gedeihen. Eure Kinder werden Gott von ganzem Her-

zen lieben. Wir segnen eure Arbeit und eure Finanzen und wir erklären, dass ihr finanziell erfolgreich sein werdet. Ihr werdet große Gunst bei eurem Arbeitgeber und bei euren Freunden finden. Wir lassen dich heute los, damit du deinen Vater und deine Mutter geistlich und emotional verlassen und mit deiner Ehefrau/deinem Ehemann ein Fleisch in Christus werden kannst. Wir lieben dich und segnen dich an diesem Tag. Wir segnen [Name des Ehepartners des Kindes], wir segnen eure Ehe und wir setzen euch frei, damit ihr all das erfüllen könnt, wozu Gott euch als Paar berufen hat. Im mächtigen Namen Jesu Christi. Amen.

Wenn du merkst, dass du deinen Sohn oder deine Tochter emotional nicht losgelassen hast

1. Tue vor Gott Buße darüber, dass du deinen Sohn oder deine Tochter nicht losgelassen hast.
Vielleicht möchtest du in etwa folgendes Gebet sprechen:

Vater, ich erkenne heute, dass ich mein Kind emotional nicht losgelassen habe, damit es sich mit seinem Ehepartner verbinden kann. Ich erkenne, dass es ihn/sie daran gehindert hat, in richtiger Weise eins mit seinem/ihrem Ehepartner zu werden. Heute tue ich Buße darüber, [Name des Kindes] *emotional und geistlich an mich gebunden zu haben. Ich bitte Dich, mir zu vergeben, dass ich ihn/sie nicht früher losgelassen habe. Ich empfange Deine Vergebung. Ich lasse in Jesu Christi Namen* [Name des Kindes] *jetzt los, damit er/sie mich geistlich und emotional verlassen und sich mit seinem/ihrem Ehepartner verbinden kann. Ich segne die Ehe von* [Name des Kindes] *und erkläre, dass diese beiden ein Fleisch sein und in Jesu Namen ein erfolgreiches Leben führen werden.*

2. Trefft euch mit eurem Kind und bittet es, euch zu vergeben.
Auch hier schlage ich vor, dass wenn möglich beide Eltern das gemeinsam tun sollten. Wenn das nicht möglich ist, dann tue es alleine. Es ist wichtig, dass du deine eigenen Worte findest, aber du wirst wahrscheinlich in etwa folgendes sagen: «Wir erkennen nun, dass wir dich geistlich und emotional nicht losgelassen haben, damit du dich mit deiner Ehefrau/deinem Ehemann verbinden kannst. Vergibst du uns bitte? [Wartet auf eine Antwort.] Wir

würden dich nun gern freigeben und dich segnen, damit du mit deiner Ehefrau/deinem Ehemann eine Einheit bilden kannst.»

3. Segnet nun euer Kind und seinen Ehepartner gemeinsam. Vielleicht möchtet ihr einen Segen wie den oben angeführten über eure verheirateten Kinder sprechen.

VORBEUGENDE GEBETE, DIE DEN SEGEN FREISETZEN

Segnet euer Kind an seinem Hochzeitstag, um es freizusetzen, sich mit seinem Ehepartner zu verbinden und um seine Ehe zu segnen. Du könntest in etwa das folgende Gebet über deinem Kind sprechen:

> [Name des Kindes], *wir sind heute, an deinem Hochzeitstag, so stolz auf dich. Gott hat dich auf diesen Tag und auf dein Leben als verheirateter Mann/verheiratete Frau vorbereitet. Du hast alles, was du brauchst, um ein wunderbarer Ehemann/eine wunderbare Ehefrau zu werden. Heute lassen wir dich als deine Eltern geistlich und emotional frei und segnen dich, damit du dich mit* [Name des Ehepartners des Kindes] *verbindest, eine neue Familie gründest und damit ihr ein Fleisch in Christus werdet. Wir versprechen, euch zur Seite zu stehen und uns alle Tage unseres Lebens für euren Ehebund einzusetzen. Wir beten um Gottes reichen Segen über eurem gemeinsamen Leben.*

Wenn du eine Tochter hast, wirst du vielleicht den Bräutigam ansprechen und ihm deine Tochter als seine Ehefrau übergeben. Der Vater wird vielleicht sagen: «Ich habe [Name der Tochter] ihr ganzes Leben lang kraft meiner geistlichen Autorität bis heute beschützt und bewahrt. Heute übertrage ich dir diese Verantwortung. Wir übertragen dir die Aufgabe, [Name der Tochter] zu lieben, sie wertzuschätzen, zu beschützen und für sie zu sorgen, so wie Christus das für Seine Braut, die Gemeinde tut. Wir versprechen, regelmäßig für dich und deine Ehe zu beten. Wir freuen uns sehr, dich in unsere Familie aufzunehmen und dich unseren Schwiegersohn zu nennen.»

Ein Vater wird vielleicht seinen Sohn bestätigen, indem er ihm sagt: «Mein Sohn, an diesem deinem Hochzeitstag sind wir so stolz darauf, dich unseren Sohn zu nennen. Du bist in jeder Hinsicht bereit, ein großartiger Ehemann zu sein und deine Familie geistlich, emotional und finanziell zu leiten. Wir sind voller Zuversicht, dass du ein ausgezeichneter Ehemann und Vater und ein erfolgreicher Mann sein wirst.»

Vielleicht möchtest du den folgenden Segen über deinem Kind und seinem zukünftigen Ehepartner beten:

Wir segnen eure Ehe und erklären, dass ihr in jedem Bereich eures gemeinsamen Lebens erfolgreich sein werdet. Ihr werdet Gottes Bestimmung für euch als Ehepaar erfüllen und große Erfüllung darin finden, eure Aufgabe gemeinsam zu tun. Wir erklären, dass Gott euch gebrauchen wird, um einander zu segnen. Wir erklären, dass ihr in eurer Beziehung zueinander wachsen werdet. Wir erklären, dass ihr beide schnell bereit sein werdet, einander zu vergeben und zu segnen.
Ihr werdet bei guter Gesundheit sein. Die Frucht eures Leibes wird gedeihen. Eure Kinder werden Gott von ganzem Herzen lieben. Wir segnen eure Arbeit und eure Finanzen und erklären, dass ihr finanziell erfolgreich sein werdet. Ihr werdet große Gunst bei eurem Arbeitgeber und bei euren Freunden haben. Wir lieben euch und segnen euch an diesem Tag. Wir segnen [Name des Ehepartners des Kindes], wir segnen eure Ehe und wir setzen euch frei, um all das zu erfüllen, wozu Gott euch als Ehepaar berufen hat. Im mächtigen Namen Jesu Christi. Amen!

10

WIE MAN SEINE ELTERN IM FORTGESCHRITTENEN ALTER SEGNET

In der siebten wichtigen Segnungsphase kehren sich die Rollen innerhalb der Familie um. In den ersten sechs Lebensphasen segnen die Eltern ihre Kinder, aber in dieser siebten Phase segnen die Kinder ihre Eltern. Sprüche 31,28 sagt, dass die Kinder der tüchtigen Frau «aufstehen und sie preisen.» Damit wird der Segnungszyklus abgeschlossen. Nachdem die Eltern ihre Kinder in den ersten sechs Lebensphasen gesegnet haben, ist es ganz natürlich, dass auch die Kinder ihre Eltern im fortgeschrittenen Alter segnen wollen.

So, wie jeder Sohn oder jede Tochter sich danach sehnt, die Eltern sagen zu hören: «Ich liebe dich und ich bin stolz auf dich», so sehnen sich auch alle Eltern danach, ähnliche Worte von ihren erwachsenen Kindern zu hören. In Kapitel 1 habe ich erwähnt, dass das griechische Wort für «Segen» *eulogia* ist, wovon unser Wort *Eulogie* abgeleitet ist, was so viel wie «Lobrede» bedeutet. Leider sprechen die meisten erwachsenen Kinder erst dann kraftvolle Segensworte über ihre Eltern aus, wenn diese gestorben sind. Die Segensworte, die bei einer Beerdigung gesprochen werden, mögen den anderen Familienmitgliedern nutzen, aber nicht dem verstorbenen Elternteil. Eltern müssen Segensworte von ihren Kindern hören, während sie noch am Leben sind, damit Gott das Kind gebrauchen kann, um dazu beizutragen, die Schlüsselfragen im Herzen des Vaters oder der Mutter zu beantworten.

Meine Mutter ist kürzlich im Alter von sechsundachtzig Jahren verstorben. Bei ihrem Gedenkgottesdienst konnte ich denselben Segen vorlesen, den ich fünfzehn Jahre früher schon einmal über ihr ausgesprochen habe, als ich mich entschlossen hatte, meine Eltern bei einer unserer jährlichen Konferenzen von Family Foundations International öffentlich zu segnen. Ich war froh, den Gedenkgottesdienst meiner Mutter ohne jedes Bedauern in meinem Herzen besuchen zu können, weil ich wusste, dass ich alles gesagt hatte, was ich sagen wollte, und den Segnungszyklus zu ihren Lebzeiten abgeschlossen hatte.

Vor einigen Jahren besuchte ich eine Feier, die mein Freund Paul veranstaltete, um die goldene Hochzeit seiner Eltern zu feiern. Paul war die meiste Zeit seines Lebens ein ordentlicher Halunke gewesen und war schon Mitte vierzig, als er Christus sein Leben gab. Folglich waren seine Eltern sehr überrascht, als Paul sagte, er wolle ihnen zu Ehren zu ihrer goldenen Hochzeit eine Feier veranstalten. Nachdem ich mit Paul über die Macht des Segens gesprochen hatte, entschloss er sich, einen Segnungstext für seine Eltern zu schreiben und ihn bei der Feier vorzulesen. Paul erzählte auch seinem Bruder von dem Konzept des Segens, sodass auch er einen Segnungstext schreiben und vorlesen wollte.

Da Paul ein ziemlich wohlhabender Mann war, scheute er bezüglich der Feier keine Kosten. Weil seine Eltern deutscher Abstammung waren, mietete Paul einen Festsaal in einem Hotel, engagierte eine deutsche Polkaband und bestellte ein Buffet für zweihundert Freunde seiner Eltern. Nachdem alle Gäste gegessen, getanzt und sich eine Weile unterhalten hatten, nahmen Paul und sein Bruder das Mikrofon und kündigten an, dass sie ihren Eltern etwas zu sagen hätten. Dann las jeder Sohn den Segnungstext vor, den er als Anerkennung an das Leben und die Ehe seiner Eltern geschrieben hatte.

Ich beobachtete die Gesichter der Gäste, während Paul seinen Eltern seinen Segensspruch vorlas. Den meisten liefen Tränen über die Wangen, und ich konnte sehen, dass jeder einzelne von ihnen sich danach sehnte, einen ähnlichen Segen von seinen eigenen Kindern zu bekommen. Nachdem Paul zu Ende geredet hatte, hörte ich mehrere Gäste zu Pauls Eltern sagen: «Ihr habt Glück, einen solchen Sohn zu haben! Ihr müsst sehr stolz auf ihn sein.»

Als ich diese Reaktion sah, erkannte ich erneut die Macht des Segens. Dies war etwas, das alle Eltern im fortgeschrittenen Alter nach Gottes Plan von ihren erwachsenen Kindern erhalten sollten. Weil viele Eltern ihre Kinder in den ersten sechs Lebensphasen aber nicht gesegnet haben, kommen leider auch die Kinder nicht auf die Idee, ihre Eltern später im Leben zu segnen. Wenn deine Mutter und dein Vater noch am Leben sind, kannst du diesen Kreislauf in deiner Generation unterbrechen, indem du deine Eltern segnest.

DIE SCHLÜSSELFIGUREN

Die Kinder spielen die Hauptrolle, wenn Gott Menschen benutzt, um Seine Botschaft des Segens in die Herzen der Eltern zu bringen. Erwachsene Kinder können ihren Eltern im fortgeschrittenen Alter durch ihre Einstellungen und Handlungen eine kraftvolle Botschaft des Segens oder des Fluchs übermitteln.

SCHLÜSSELFRAGEN, DIE BEANTWORTET WERDEN MÜSSEN

Die Schlüsselfragen im Herzen eines älteren Elternteils, die entweder Gott oder Satan beantworten werden, sind: *Werde ich noch gebraucht? Habe ich wirklich irgendetwas Bedeutendes in meinem Leben erreicht?* Ich glaube, dass es drei Einstellungen gibt, die Kinder an den Tag legen können, um ihre Eltern im fortgeschrittenen Alter zu segnen und ihnen Wert zu vermitteln. Es handelt sich um *Annahme, Bewunderung und Wertschätzung.*

Satan möchte erwachsene Kinder benutzen, um ihren älteren Eltern zu sagen, dass sie wertlos und abgelehnt sind. Er möchte, dass sie hören: «Du wirst nicht mehr gebraucht. Du hast deine nützliche Phase hinter dir und verbrauchst hier auf dem Planeten nur noch Nahrung, Luft und Wasser. Du hast nichts in deinem Leben erreicht. Niemand schätzt dich und niemand wird sich bei dir bedanken, weil dein Leben nichts bedeutet hat.»

Gottes Botschaft ist natürlich das genaue Gegenteil. Er möchte erwachsene Kinder gebrauchen, um den älteren Eltern zu sagen: «Danke für alles, was ihr mein ganzes Leben hindurch getan habt, um zu versuchen mir zu helfen erfolgreich zu sein und ein gutes Leben zu haben. Ich erkenne an, dass ihr sehr viel Zeit, Geld und Energie in mein Leben investiert habt. Du bist der wunderbarste

Vater/die wunderbarste Mutter, die man sich vorstellen kann. Ich bewundere euch so sehr für das, was ihr in eurem Leben erreicht habt. Wir brauchen euren Rat und eure Weisheit immer noch dringend in unserem Leben. Wir möchten, dass unsere Kinder euch kennen und eure Liebe und Weisheit von euch empfangen können.»

SEGEN UND FLUCH FÜR DIE ELTERN

Selbst wenn Eltern schwere Fehler in ihrem Leben gemacht haben, möchte Gott ihre erwachsenen Kinder gebrauchen, um Seine Botschaft von Identität und Bestimmung im höheren Alter in ihre Herzen zu bringen. Ob deine Eltern dich in deiner Jugend segnen wollten und konnten oder nicht – es ist wichtig für dich, deine Eltern im fortgeschrittenen Alter zu segnen, um den Herrn zu ehren und um den Kreislauf des Fluches zu unterbrechen. Lass uns einen Blick darauf werfen, was der Segen und der Fluch für die Eltern beinhalten kann.

Ein Segen für Eltern können zum Beispiel die folgenden Dinge sein:

1. Die Kinder schreiben eine Anerkennung an jeden Elternteil, in der Dankbarkeit und Respekt ausgedrückt wird, und sie wählen eine besondere, bedeutsame Zeit, um sie ihren Eltern vorzulesen und zu präsentieren.
2. Die Kinder geben ihren Eltern einen wahren Ehrenplatz in ihren Herzen, respektieren sie und übermitteln ihnen Gottes Botschaft, die sagt, dass sie immer noch gebraucht werden und für das Leben ihrer Kinder wertvoll sind.
3. Die Kinder zeigen ihren Eltern, dass sie sie ehren und respektieren, und zwar in der Gegenwart ihrer eigenen Kinder und sie lehren die Enkelkinder, ihre Großeltern zu schätzen und zu ehren.
4. Die Kinder unterstützen die Eltern geistlich und emotional durch Gebet, Besuche und regelmäßige Kommunikation

Die folgenden Dinge können ein Fluch für die Eltern sein:

1. Die Kinder schreiben niemals einen Segen für ihre Eltern und kritisieren sie stattdessen, setzen sie herab oder sind ihnen gegenüber undankbar
2. Die Kinder geben ihren Eltern keinen Ehrenplatz in ihren Herzen und übermitteln ihnen die Botschaft des Teufels, die sagt, dass die Eltern nicht gebraucht werden und nicht wertvoll sind
3. Die Kinder machen ihre Eltern vor ihren eigenen Kindern lächerlich, behandeln sie respektlos und lehren ihre Kinder so, dass ältere Menschen wertlos sind.
4. Die Kinder brechen den Kontakt mit ihren Eltern ab, besuchen sie nicht und kommunizieren nicht mit ihnen.

MÖGLICHE FOLGEN VON SEGEN UND FLUCH

Wenn Kinder ihre Eltern nicht segnen, können sowohl die Eltern als auch die Kinder der Freude einer gegenseitigen tiefen Erwachsenenfreundschaft beraubt werden. Eine der größten Freuden im Familienleben besteht darin, dass Eltern im fortgeschrittenen Alter mit ihren erwachsenen Kindern ein freundschaftliches Verhältnis pflegen und ihren Enkelkindern etwas mitgeben können. Wenn allerdings die erwachsenen Kinder Vorbehalte gegen ihre Eltern haben oder verbittert sind, werden sowohl die Eltern als auch die Kinder der Freundschaft beraubt, die Gott geplant hat.

Ausserdem könnte der Segen eines erwachsenen Kindes das Herz eines unerretteten Elternteils für den Herrn öffnen. Einige erwachsene Kinder haben mir gesagt, dass es schwierig für sie wäre, ihre Eltern zu segnen, weil ihre Eltern hartherzig wären und den Segen wahrscheinlich nicht annehmen würden. Wir haben allerdings festgestellt, dass der Segen die Herzen öffnet, während der Fluch sie verschließt. Meist ist der Grund dafür, dass Menschen ihre Herzen verschließen der, dass ihre Identität unter einen Fluch gebracht wurde und ihre Gefühle an einem bestimmten Punkt in der Vergangenheit verletzt wurden. Viele erwachsene Kinder waren schockiert zu sehen, dass ihre Eltern positiv reagierten, als sie ihnen mitteilten, dass sie sie offiziell segnen wollten.

Ich habe auch viele erwachsene Kinder sagen hören, dass sie ihren Eltern jahrelang das Evangelium erklärt hätten, ohne dass es zu irgendwelchen Ergebnissen geführt hätte. Doch nachdem sie ihren Eltern einen offiziellen Segensbrief überreicht hatten, begannen ihre Eltern, ihnen Fragen über den Herrn zu stellen. Einige von ihnen berichteten sogar, dass selbst zornige, verbitterte, launische alte Eltern, die keine Beispiele für ein gottgemäßes Leben waren, sich öffneten und Christus annahmen, als ihre Kinder ihnen Ehre und Segen übermittelten.

Offensichtlich hat der Segen die gewaltige Auswirkung, dass er die Herzen unerretteter Eltern für den Herrn öffnen kann. Die Kehrseite der Medaille ist, dass Eltern, denen der Segen vorbehalten bleibt, dem Evangelium gegenüber verschlossen bleiben können.

Eine weitere mögliche Auswirkung ist, dass Kinder, die ihre Eltern nicht segnen, vielleicht niemals von ihren Eltern gesegnet werden. Denke daran, dass der Segen der Eltern uns im Erwachsenenleben erfolgreich sein lässt. Eine der wirkungsvollsten Arten, den Eltern einen Segen zu entlocken, ist, sie zuerst zu segnen. Wenn man einen Segen empfängt, ist eine der natürlichsten Reaktionen, sich demjenigen zuzuwenden, der einen gesegnet hat und den Segen zu erwidern. Viele erwachsene Kinder, die sich entschlossen hatten, ihre Eltern zu segnen, berichteten in der Folge, dass die Eltern schon nach kurzer Zeit – manchmal sogar noch am selben Tag – fragten, ob sie im Gegenzug auch den Sohn oder die Tochter segnen könnten.

Kinder, die sich dagegen entscheiden, ihre Eltern zu segnen, hegen ihren Eltern gegenüber vielleicht noch Groll und Bitterkeit und entehren sie so mit ihrer Einstellung. Wiederum sagt 5.Mose 5,16, dass, wenn du deine Eltern nicht ehrst, dein Leben verkürzt wird und es dir nicht gut gehen wird – du nicht erfolgreich sein wirst – in dem Land, das der Herr, dein Gott dir gibt. Einige erwachsene Kinder haben Mühe damit, ihre Eltern zu segnen, weil die Eltern sie missbraucht oder unter einen Fluch gebracht haben. Trotzdem befreit der Vers in 5.Mose diese Kinder nicht von der Pflicht, ihre Eltern zu ehren.

Es heißt nicht: «Ehre deinen Vater und deine Mutter, außer natürlich, sie haben dich missbraucht, misshandelt, verflucht, im Stich gelassen, oder dich sehr ungerecht behandelt.» Es heißt nur: «Ehre deinen Vater und deine Mutter.» Punkt. Die Auswirkungen davon, dass man seine Eltern ehrt oder entehrt sind immer dieselben, und sie sind direkt mit der Entscheidung des Sohnes oder der Tochter verbunden, nicht mit dem Verhalten der Eltern.

Hier erhebt sich vielleicht die Frage, wie man Eltern segnet, von denen man missbraucht oder misshandelt worden ist. Der Schlüssel dazu ist wiederum, dass man die Identität vom Verhalten trennt. So kannst du einen Menschen annehmen und ehren, während du gleichzeitig sein Verhalten ablehnst und hasst. Wenn du Identität und Verhalten in deinem Denken vermischst, wirst du auf einen von zwei Irrwegen geraten. Bei deinem Versuch, die Sünde zu hassen und abzulehnen, wirst du auch den Menschen, der sündigt, hassen, entehren und ablehnen. Oder aber, du wirst versuchen, den Menschen, der sündigt, zu lieben und damit auch die Sünde annehmen und lieben.

Gott trennt den Menschen (die Identität) immer von der Sünde (dem Verhalten). So kann Gott beide Irrwege vermeiden und unbußfertige Sünder lieben, annehmen und sogar für sie sterben (Römer 5,7-8), während er die Sünde hasst und ablehnt. Dieses Prinzip ist die Basis für die Vergebung. Es ist nicht möglich, einem unbußfertigen Sünder zu vergeben, wenn man nicht die Identität vom Verhalten trennen und die Sünde hassen kann, während man den Sünder ehrt.

Aus diesem Grund sind die Auswirkungen davon, dass man seine Eltern ehrt oder entehrt nach 5.Mose 5,16 immer dieselben. Die Aufforderung, Vater und Mutter zu ehren, existiert unabhängig vom Verhalten der Eltern und basiert auf der Fähigkeit des Kindes, zu vergeben. Satan versteht dieses Prinzip gut und arbeitet sehr hart daran, sicherzustellen, dass missbrauchte Kinder ihren Eltern nie vergeben, sondern sie entehren, indem sie Groll und Bitterkeit hegen. Dieses Entehren gibt Satan die Autorität, die in 5.Mose beschriebenen Auswirkungen in Kraft zu setzen - ihr Leben wird verkürzt und es wird ihnen nicht wohl ergehen.

Wenn du bis jetzt Mühe damit gehabt hast, deinen Eltern zu vergeben, rate ich dir dringend, vom Herrn Heilung zu empfangen. Bei unseren Segnungswochenenden der Generationen haben wir viele Menschen gesehen, die von emotionalen Verletzungen geheilt und von Lügen befreit worden sind, die aus Missbrauch, ungerechter Behandlung oder dem Mangel an Segen in jeder der ersten sechs wichtigen Lebensphasen stammen. Ausgebildete Seelsorger gehen mit den Menschen durch den Prozess, den Eltern zu vergeben und den Segen von Gott zu empfangen, den sie niemals von ihren irdischen Eltern bekommen haben. Dadurch werden sie in die Lage versetzt, ihren Vater oder ihre Mutter zu ehren und sie als Gottes Handlungsbevollmächtigte in ihren fortgeschrittenen Jahren zu segnen.

GOTTES SCHUTZMASSNAHMEN IN DER KULTUR DER ALTEN HEBRÄER

Wir sehen auch hier, dass Gott es in der Kultur der alten Hebräer so gut wie ausgeschlossen hatte, dass Eltern im fortgeschrittenen Alter von ihren erwachsenen Kindern nicht gesegnet wurden. Gott installierte die beiden folgenden Schutzmaßnahmen in der Gesellschaft, um sicherzustellen, dass Eltern im höheren Alter gesegnet und geehrt wurden.

1. Ältere Menschen im Allgemeinen und Eltern im Besonderen wurden hoch geachtet und mit großem Respekt behandelt.
2. Erwachsene Kinder hatten das natürliche Verlangen, ihre Eltern zu ehren und zu segnen, wenn die Eltern sie in den ersten sechs Lebensphasen gesegnet hatten.

In der Kultur der alten Hebräer betrachtete man einen älteren Menschen als Quelle von Weisheit und Erfahrung, die wertgeschätzt und geachtet wurde (Sprüche 16,31; 20,29). Jesus sprach auch in Markus 7 über die Verantwortung der erwachsenen Kinder, ihre Eltern zu ehren, indem sie im fortgeschrittenen Alter finanziell für sie sorgen (Markus 7,9-12).

Im Gegensatz dazu hat die moderne westliche Kultur zum größten Teil den Respekt vor älteren Menschen verloren. Sie werden oft lächerlich gemacht und beschämt. Eltern sprechen in der Gegenwart ihrer Kinder häufig abfällig über ihre betagten Eltern und lehren ihre Kinder so, dass ältere Menschen nicht wertvoll und nicht ehrenswert sind. Wenn wir eine Kultur des Segens wiederherstellen wollen ist es wichtig für uns als Eltern, unsere Kinder zu lehren, unsere älteren Mitbürger zu respektieren und zu ehren.

Mir ist keine besondere Segnungszeremonie in der Kultur der alten Hebräer für Eltern im höheren Alter bekannt. Ich glaube, dass es damals zum Alltagsleben in den Familien selbstverständlich dazugehörte, die Eltern zu segnen und zu ehren. Ich glaube, dass es angebracht ist, die Segnungszeremonie für Eltern im fortgeschrittenen Alter so zu gestalten, dass der Segen greifbar wird - so, wie es mein Freund Paul bei der Feier der goldenen Hochzeit seiner Eltern getan hatte. Allerdings würden wir gut daran tun, das Ehren und Unterstützen betagter Eltern in unserer Kultur als Lebensstil zu übernehmen.

DIE WERKZEUGKISTE DES SEGENS

Der wichtigste Schritt ist, einen Segnungstext für jeden deiner lebenden Eltern zu schreiben und eine bedeutsame Zeit zu finden, um ihn jedem einzelnen von ihnen zu überbringen. Das wird dazu beitragen, eine Kultur des Segens in deiner Familie zu etablieren.

Es liegt eine große Kraft darin, etwas öffentlich zu erklären. In Kapitel 8 habe ich über die Kraft einer öffentlichen Zeremonie und des Segens des Vaters geschrieben, um einen Jungen in das Leben als Mann zu entlassen und ein Mädchen in das Leben als Frau. So, wie wir das Gefühl für den Wert der Zeremonie in unserer modernen Kultur verloren haben, so haben wir meiner Meinung nach auch das Gefühl für den Wert der öffentlichen Erklärung verloren. Eine öffentliche Erklärung beeinflusst nicht nur den Menschen, den sie betrifft - sie setzt auch Autorität im geistlichen Bereich frei. Wenn jemand mit legitimer Autorität etwas öffentlich proklamiert, das in Übereinstimmung mit Gottes Wahrheit ist, setzt das den Heiligen Geist und Heerscharen von Engeln frei, das zu tun, was proklamiert worden ist. Eine von Satan inspirierte öffentliche Proklamation hingegen setzt dämonische Kräfte frei, um das zu tun, was proklamiert worden ist.

Bei einer Hochzeitszeremonie wird offiziell verkündigt, dass zwei vormals allein stehende Menschen nun Ehemann und Ehefrau sind. Dem Paar wird dann ein Zertifikat ausgehändigt, das ihre Eheschließung dokumentiert. Das drückt ein emotionales und geistliches Siegel auf das Herz des Paares, es hat Auswirkungen im geistlichen Bereich, und es stellt eine öffentliche Aufzeichnung dar, die dokumentiert, dass ein Bund geschlossen wurde.

Als die Sklaverei im Januar 1863 abgeschafft wurde, stand Präsident Abraham Lincoln nicht einfach nur da und sagte: «Alle Sklaven sind nun frei». Er entwarf ein besonderes Dokument, das man «Emancipation Proclamation» nannte, und ließ es öffentlich aushängen, weil er verstand, dass die öffentliche Proklamation die Macht hatte, Dämonen ihre Autorität zu entziehen, dem Zweck des Reiches Gottes zu dienen und die Herzen der Menschen mit einer Vision zu erfüllen.

Aufgrund dieses Verständnisses rate ich dir dringend, dir die Zeit zu nehmen, einen besonderen Brief an deine Eltern zu entwerfen, wenn sie noch leben. Wähle dann eine besonders bedeutungsvolle Gelegenheit aus, um ihnen diesen Brief offiziell vorzulesen und zu überreichen. Der Autor Dennis Rainey hat diesen schriftlichen Segen für Eltern als Anerkennung (englisch: tribute)1 bezeichnet. Ich denke, dass dieses Wort passt. Es wird deinen eigenen Kindern vor Augen führen, wie wertvoll es ist, Eltern zu ehren und älteren Menschen Respekt zu erweisen. Es wird auch dazu beitragen, eine Familienkultur des Segens für die nächste Generation zu schaffen.

WIE MAN EINEN SEGEN FÜR SEINE ELTERN ENTWIRFT

In seinem ausgezeichneten Buch The Tribute erklärt Dennis Rainey detailliert, wie man eine Anerkennung schreibt. Ich werde das hier nicht so erschöpfend behandeln wie er, aber ich werde sieben einfache Richtlinien zum Schreiben eines Segens für deine Eltern anführen.

1. *Liste alles auf, was deine Eltern richtig gemacht haben.* Im fortgeschrittenen Alter erinnern sich viele Eltern nicht mehr so gut an die Dinge, die sie richtig gemacht haben. Vielleicht erinnern sie sich nur mehr an ihre Sünden, Fehler und Irrtümer. Nimm die Gelegenheit wahr, sie an die Dinge zu erinnern, die sie richtig gemacht haben.
2. *Liste alles auf, was du an deinen Eltern schätzt.* Schreibe einige Worte des Dankes an deine Mutter oder deinen Vater für diese Handlungen oder Eigenschaften auf.

3. *Liste gottgemäße Charaktereigenschaften auf, die du beobachtet hast.* Wenn deine Eltern nicht gläubig waren und du Schwierigkeiten hast, an gottgemäße Eigenschaften zu denken, bete, und der Herr wird dir die Herzensabsichten deiner Eltern zeigen. Wenn dein Vater jeden Tag in der Arbeit war und nur nach Hause kam, um vor dem Fernseher sein Bier zu trinken, kannst du ihm dafür danken, dass er beständig war und für die Familie gesorgt hat. Gott wird dir helfen, die gottgemäßen Qualitäten in deinen Eltern zu sehen, wenn du Ihn bittest, sie dir zu zeigen.
4. *Liste bedeutungsvolle (oder vielleicht komische) Dinge auf, die du mit deinen Eltern gemeinsam erlebt hast.* Jede Familie hat bedeutungsvolle Erlebnisse gehabt. Vielleicht habt ihr gemeinsam einen Campingurlaub gemacht und das Zelt ist mitten in der Nacht zusammengebrochen. Vielleicht haben deine Mutter oder dein Vater etwas getan, womit sie dir das Leben gerettet haben. Der Zweck ist, deine Eltern dafür zu segnen, dass sie an deinem Leben Anteil genommen haben.
5. *Benutze deine Listen, um eine Anerkennung zu entwerfen, in der du deinen Eltern dankst und von all den guten Dingen sprichst, die sie getan haben, und auch über den bedeutenden Einfluss, den dein Vater oder deine Mutter auf dein Leben gehabt haben.* Nachdem du einen Entwurf des Segnungsbriefes geschrieben hast, empfehle ich dir, dir noch etwas mehr Zeit zu nehmen, um ihn zu überarbeiten. Mache dir nicht zu viel Sorgen über die grammatikalische Korrektheit. Bringe ihn einfach in eine Form, die nach dir klingt.
6. *Personalisiere die Anerkennung.* Lasse sie deine Persönlichkeit reflektieren und entscheide dann, wie du sie dauerhaft präsentiert haben möchtest (zum Beispiel in Kalligraphie auf Pergament, gedruckt und gerahmt, handgeschnitzt in Holz, usw.). Dieser Schritt dient dazu, deine Anerkennung dauerhaft aufzuzeichnen, damit sie an einer markanten Stelle ausgestellt werden kann. Ich schlage vor, dass du etwas Geld investierst und sie zu einem wunderschönen Ausdruck deiner Ehrerbietung deinem Vater oder deiner Mutter gegenüber machst.
7. *Wähle einen Tag, der für dich und deinen Elternteil etwas Besonderes ist.* Vielleicht wählst du einen Geburtstag, Jahrestag, Muttertag, Vatertag oder irgendeinen anderen Tag, der für deinen Vater oder deine Mutter von Bedeutung ist. Es muss nicht unbedingt ein Feiertag sein. Es kann einfach nur ein Tag sein, an dem du

und deine Eltern Zeit haben. Wenn deine Eltern beide noch leben, kannst du entscheiden, ob du ihnen ihre Anerkennung am selben Tag oder zu verschiedenen Gelegenheiten präsentierst.

In den späten 1990er Jahren suchten meine Frau und ich den Herrn, weil wir wissen wollten, wann wir meine Mutter und meinen Vater öffentlich segnen sollten. Wir spürten, dass der Herr mich leitete, den Segen über meine beiden Eltern bei unserer jährlichen Konferenz von Family Foundations International in jenem Jahr öffentlich zu proklamieren. Während einer der Zusammenkünfte bei dieser Konferenz las ich jede einzelne Anerkennung vor und dankte meinen beiden Eltern für alles, was sie in mein Leben hatten hineinfließen lassen. Dann betete ich für jeden einzelnen von ihnen und segnete sie auch einzeln. Ich füge hier Teile des Segens ein, den ich geschrieben und meiner Mutter präsentiert habe, um dir ein Beispiel dafür zu geben, wie eine solche Anerkennung aussehen könnte.

Eine Anerkennung an meine Mutter, Vonnie Hill

Als sie sah, wie ihr Sohn am Fenster im ersten Stock des Hauses an einem Fallschirm hängend vorbeisegelte, beendete Mama schnell ihr Telefongespräch und rannte nach draußen um zu sehen, was passiert war. Nachdem sie festgestellt hatte, dass er – bis auf einen gebrochenen Arm – noch ganz war, lief sie auf seine Bitte hin los, um seinen neuen Fallschirm aus dem Baum zu retten, in dem er sich verfangen hatte. Viele Mütter hätte ein solches Ereignis so erschüttert, dass sie ob seiner Torheit zornig auf ihren Sohn gewesen wären. Außerdem wären sie froh gewesen, wenn der Wind den Fallschirm zerrissen hätte, weil man dann kein weiteres Unheil mit ihm anrichten hätte können.

Mama, danke, dass du dich immer mehr um mich als Person gekümmert hast – und um die Dinge, die mir wichtig waren – als um deine eigene Angst, deine eigenen Unannehmlichkeiten und Umstände. Die Erfahrungen, die ich selbst als Vater gemacht habe, haben mir gezeigt, dass es sehr schwierig ist, einem Kind sowohl die Möglichkeit zum Lernen und Wachsen zu geben als auch die angemessenen Grenzen zu setzen, damit es in Sicherheit und vor

Unheil geschützt groß werden kann. Du hast immer eine großartige Arbeit geleistet, wenn es darum ging, mir Liebe zu zeigen, ganz bei mir zu sein, mir Grenzen zu setzen, ohne mich zu kontrollieren, zu begrenzen oder mich zu unterdrücken. Danke, dass du mir nie Möglichkeiten entzogen hast, wenn ich Fehler machte, als ich heranwuchs.

Viele Menschen, die ich treffe, haben eine selbstsüchtige, kontrollierende, überbehütende Mutter, in deren Augen sie nichts richtig machen können. Ich danke Gott dafür, dass ich dich als Mutter hatte. Ich habe mein ganzes Leben lang immer gespürt, dass du mehr besorgt um mich warst als darum, welche Auswirkungen mein Handeln auf dich hatte.

Viele wünschen sich, dass ihre Mutter sich ihre Meinung anhören würde. Meine Mutter tut das.

Viele wünschen sich, dass ihre Mutter sie loslässt, damit sie emotional einer Ehefrau anhangen können. Meine Mutter hat das getan.

Viele wünschen sich, dass ihre Mutter regelmäßig für sie betet. Meine Mutter tut das.

Danke Mama, dass du für mich und meine Familie jeden Tag betest. Danke, dass du mich all das tun ließest, was ich in meinen Teenagerjahren getan habe, ohne mich aus Angst einzuschränken. ... Obwohl du und Papa in eurem frühen Erwachsenenleben nicht viel Bibellehre hattet, habt ihr immer ein beständiges Leben vor Gott geführt. Danke, dass eure Ausdrucksweise und eure Gespräche immer rein und aufrichtig waren. Du bist immer ein wunderbares Beispiel der tugendhaften Frau gewesen, von der in Sprüche 31 die Rede ist. Ich liebe dich! Danke, Mama, dass du mich liebst und meine Mutter bist. Ich bin so stolz darauf, dich als meine Mutter zu haben. Gott hat mich zu einem gesegneten Mann gemacht.

Dein Brief sollte dein Herz deinen Eltern gegenüber zum Ausdruck bringen, deine Persönlichkeit und auch deinen Schreibstil. Es ist nicht so wichtig, wie du deinen Segen deinen Eltern gegenüber ausdrückst; wichtig ist, dass du es tust. Versuche nicht, die Anerkennung perfekt zu machen. Schreibe sie einfach und mache sie zu einem wahren Ausdruck deines Herzens.

Manche Menschen haben mir gegenüber die Befürchtung ausgedrückt, dass ihr Vater oder ihre Mutter ihnen niemals erlauben würde, einen solchen Brief vor anderen vorzulesen. Ich habe Menschen mit diesen Bedenken immer ermutigt, zu beten und Gott um Gunst und das richtige Timing zu bitten, wenn es darum geht, ihren Vater oder ihre Mutter zu fragen, ob sie sie segnen könnten. Die meisten sind überrascht von der Offenheit, die ihnen begegnet, wenn sie vorher gebetet und Gottes Gunst erwartet haben.

WIEDERHERSTELLENDE GEBETE, UM DEN FLUCH ZU BRECHEN

Wenn du deine Eltern im fortgeschrittenen Alter unter einen Fluch gebracht hast

1. **Tue vor dem Herrn Buße darüber, im Leben deiner Eltern eher der Erfüllungsgehilfe des Teufels gewesen zu sein als der Handlungsbevollmächtigte Gottes.**

Vielleicht möchtest du die folgenden Zeilen beten:

> *Vater, ich erkenne heute an, dass ich als Erfüllungsgehilfe des Teufels meinem Vater/meiner Mutter im höheren Alter Satans Botschaft übermittelt habe. Herr, ich habe eher Worte des Todes als Worte des Lebens über meinen Vater/meine Mutter gesprochen. Ich wende mich heute ab von der Sünde, die Identität meines Vaters/meiner Mutter zu verfluchen und ihm/ihr keine Ehre und keinen Respekt in meinem Herzen entgegenzubringen. Ich tue Buße über die Unehre, die in meinem Herzen war und ich bitte Dich, mir durch das Blut Jesu Christi zu vergeben. Vater, ich bete, dass Du meinen Vater/meine Mutter von den Verletzungen heilst, die ich ihnen durch meine Einstellung, meine entehrenden Worte und den Fluch auf seiner/ihrer Identität zugefügt habe. Ich bitte Dich, meinen Vater/meine Mutter jetzt im fortgeschrittenen Alter zu segnen. Herr, ich bitte Dich nun, mir Gunst bei meinem Vater/meiner Mutter zu geben, damit ich eine passende Zeit finde, meine falsche Einstellung zu bekennen, um Vergebung zu bitten und meinen Vater/meine Mutter zu segnen und zu ehren. Amen.*

2. **Triff dich mit deinem Vater/deiner Mutter, bekenne, dass du deinen Segen zurückgehalten hast, und bitte um Vergebung.**

Wenn du dich mit deinen Eltern triffst, ist es wichtig, dass du deine eigenen Worte findest und sie direkt aus deinem Herzen sprichst. Vielleicht möchtest du etwas sagen wie: «Papa/Mama, ich habe erkannt, dass meine Einstellung dir gegenüber respektlos, richtend und undankbar war. Ich erkenne jetzt, dass das falsch ist und dass ich mit meiner Einstellung und meinem Handeln gegen dich gesündigt habe. Könntest du prüfen, ob du mir vergeben kannst? [Warte auf eine Antwort.] Ich möchte mich bei dir für alles bedanken, was du mein ganzes Leben lang für mich getan hast und mit dir einige Gedanken teilen, die ich aufgeschrieben habe, um mich auf diese Zeit heute mit dir vorzubereiten.»

3. Nachdem du um Vergebung gebeten hast, gehe bei diesem Treffen zum Segnungsteil über.

Lies deine Anerkennung vor und segne deinen Vater/deine Mutter.

Wenn deine Eltern dich missbraucht oder misshandelt haben und du Mühe hast, sie zu segnen

1. Ich ermutige dich, ein Gebet der Vergebung und der Heilung zu sprechen, das in etwa so klingen kann:

Himmlischer Vater, mein Vater/meine Mutter haben mich misshandelt und tief verletzt. Ich bekenne heute, dass ich mich gegen weitere Verletzungen geschützt habe, indem ich eine Mauer des Grolls, der Verbitterung und der Schuldzuweisung aufgebaut habe, um mich vor meinem Vater/meiner Mutter zu schützen. Herr, ich habe auf meine eigene Schutzmauer mehr vertraut als auf Dein Blut. Vater, heute möchte ich diese Mauer aus Groll, Verbitterung und Schuldzuweisung niederreißen. Ich bereue, dass ich auf meine eigene Mauer des Grolls vertraut habe, um mich selbst zu schützen, und bitte Dich heute, mir zu vergeben.

Ich erkenne, dass mein Vater/meine Mutter nicht für die Misshandlungen und Verletzungen zahlen können, die sie mir zugefügt haben. Aber Jesus, Du hast bereits für alle Sünden, die mein Vater und meine Mutter an mir begangen haben, bezahlt. Ich erkläre heute, dass Dein Blut genug ist, um die Schuld in meinem Herzen zu tilgen, die ich meinem Vater/meiner Mutter zugerechnet habe. Heute nehme ich Dein Blut als volle Bezahlung für die Sünde, die mein Vater/meine Mutter an mir begangen hat, an. Weil du bezahlt hast, erkläre ich heute, dass mein Vater/meine Mutter nicht mehr dafür bezahlen muss. Wegen Deines Blutes vergebe ich meinem Vater/meiner Mutter. Ich setze meine Hoffnung nun darauf, dass Du mich beschützt und in Zukunft für meine Sicherheit sorgst. Weil ich meinem Vater/meiner Mutter vergeben habe, was er/sie getan hat, entscheide ich mich heute, meinem Vater/meiner Mutter in meinem Herzen zu respektieren und zu ehren. Ich entscheide mich, meinen Vater/meine Mutter zu ehren und zu segnen.

Herr, ich bitte Dich jetzt, mir Gunst bei meinem Vater/meiner Mutter zu geben, damit ich eine passende Zeit finde, ihm/ihr zu bekennen, dass ich ihn/sie nicht geehrt habe, um Vergebung zu bitten und ihn/sie zu segnen und zu ehren. Amen.

2. **Ich schlage vor, dass du nun die beschriebenen Schritte unternimmst und mit deinen Eltern einen Termin für ein Treffen vereinbarst.**

Vielleicht möchtest du auch das Seminar «Der Segen der Generationen» besuchen, um weitere Heilung zu erleben und von Gott, deinem Vater, den Segen zu erhalten, den du von deinem irdischen Vater oder deiner Mutter nicht bekommen hast.

Wenn deine Mutter oder dein Vater bereits verstorben ist, und du sie nicht zu Lebzeiten gesegnet hast, wirst du nicht mehr in der Lage sein, sie in dieser Phase zu segnen.

Ich ermutige dich allerdings, dem Herrn die Dinge zu sagen, die du deinen Eltern gerne gesagt hättest. Sprich nicht direkt zu deinen Eltern, da die Bibel es uns verbietet, mit den Toten zu sprechen und das als Zauberei bezeichnet (5.Mose 18,11). Du kannst dein Herz aber erleichtern, indem du die Dinge, die du gerne deinen Eltern gesagt hättest, direkt an den Herrn richtest. Dann könntest du etwas in der folgenden Art beten:

Vater, ich habe die Gelegenheit nicht genutzt, meinen Vater/meine Mutter zu segnen und ihr meine Anerkennung zu übergeben, als er/sie noch am Leben war. Herr, ich erkenne an, dass ich für diesen Fehler nicht bezahlen kann, und ich bitte Dich, mir durch das Blut Jesu Christi zu vergeben, das für alle meine Sünden, Irrtümer und Fehler vergossen wurde. Ich empfange Deine Vergebung und vergebe heute mir selbst dafür, dass ich die Gelegenheit nicht genutzt habe, um meinen Vater/meine Mutter zu segnen, als sie noch am Leben waren. Herr, ich hätte meinem Vater/meiner Mutter gerne die folgenden Dinge gesagt: [Nun ist es Zeit, dem Herrn wegen des Segens, den du deinen Eltern gegenüber niemals ausgesprochen hast, dein Herz auszuschütten].

Vater Gott, ich erkenne an, dass ich nicht fortfahren kann, meinen Vater/meine Mutter in meinem Herzen festzuhalten. Ich werde ihn/sie immer lieben und die Erinnerungen, die ich an ihn/sie habe, in Ehren halten. Danke, Herr, für die Zeit, die ich mit meinem Vater/meiner Mutter gehabt habe. Ich erkenne heute an, dass er/sie in Wirklichkeit nicht mir, sondern Dir gehört. Deshalb entscheide ich mich heute, meinen Vater/meine Mutter loszulassen. Ich übergebe ihn/sie in Deine Hände. In Jesu Namen. Amen.

VORBEUGENDE GEBETE, UM DEN SEGEN FREIZUSETZEN

Schaffe eine Kultur des Segnens in deiner Familie, indem du eine Gelegenheit organisierst, zu der du in einer öffentlichen Erklärung deinen Vater und deine Mutter segnest, wenn sie noch am Leben sind. Folge dabei den oben angeführten Schritten. Nachdem du deine Anerkennung präsentiert hast, möchtest du vielleicht einen Familiensegen sprechen, der dem nachstehend angeführten ähnlich ist. Er stammt aus dem Buch *The Family Blessing Guidebook* (Anleitung für den Familiensegen) von Terry und Melissa Bone[2]. Er wurde von erwachsenen Kindern geschrieben und von ihnen über ihre gläubigen Eltern in deren späten Jahren ausgesprochen. Du kannst selbstverständlich den Wortlaut abändern, um ihn an deine spezifische Situation anzupassen.

Wir wollen diese Gelegenheit ergreifen, um dich für deinen Charakter und deine Verdienste in deinem Leben zu ehren und zu segnen.

Wir ehren dich für all die Jahre selbstlosen Dienens, während du deine Kinder aufzogst und uns alles gabst, was wir materiell, emotional und geistlich benötigten.

Wir ehren dich dafür, dass du unsere Bedürfnisse über deine eigenen gestellt hast und für die Opfer die du unseretwegen gebracht hast.

Wir ehren deine Hingabe, mit der du dem Herrn Jesus nachfolgst und

segnen dich dafür, dass du uns geistliche Werte mitgegeben hast.
Wir ehren dich dafür, dass du uns immer ein Vorbild für ein gottgemäßes Leben gewesen bist, dem wir folgen konnten. Deine Integrität segnet und inspiriert uns.
Wir danken dir für deine vielen Gebete, dank denen uns viele Schwierigkeiten erspart geblieben sind.
Wir danken dir dafür, dass du uns deine Weisheit weitergegeben und uns wertvolle Lebenslektionen gelehrt hast.
Wir danken dir dafür, dass du uns bei den folgenden Gelegenheiten zur Seite gestanden bist: (an diesem Punkt des Segens werden einige kurze Geschichten weitergegeben).
Für die Jahre, die dich Gott noch auf der Erde bleiben lässt:
Mögest du niemals ohne die Gegenwart des Heiligen Geistes sein,
möge dein Herz immer Frieden haben,
möge dein Verstand immer wach und aufnahmefähig sein,
möge deine Stärke so weit reichen wie die Länge deiner Tage.
möge Gott dich allzeit in Seiner Liebe bewahren.
Wir segnen deine Erinnerungen, damit du an die Güte Gottes und an die großartigen Zeiten denken kannst, die wir mit Familie und Freunden gehabt haben.
Wir segnen dein geistliches Leben, damit du weiterhin Gott im Geist und in der Wahrheit anbetest.
Wir verpflichten uns, dich auf dem Rest deiner Reise auf dieser Erde zu begleiten.
Während der Jahre deines Lebensabends, werden wir, wenn du dich weniger um dich selbst kümmern kannst, umso mehr zur Verfügung stehen, um für deine Bedürfnisse zu sorgen...
Oder, wenn wir weit entfernt wohnen ... dich besuchen, wenn es uns möglich ist und für dich beten, wenn wir nicht in deiner Nähe sein können.
Wenn du heute auf deine Kinder schaust, dann schaust du auch auf den Beginn eines Vermächtnisses, das die Generationen überdauern wird.
Wir verpflichten uns, dein Vermächtnis weiter zu tragen und unser geistliches Erbe an unsere Kinder und Enkelkinder weiterzugeben.

«Der Herr segne dich und behüte dich!
Der Herr lasse sein Angesicht leuchten über dir und sei dir gnädig!
Der Herr erhebe sein Angesicht auf dich und gebe dir Frieden!»
– 4.Mose 6,24–26

— 11 —

DER FAMILIENSEGEN: DER SCHLÜSSEL, UM DEN BERG DER FAMILIE ZURÜCKZUGEWINNEN

In den letzten Jahren ist in christlichen Kreisen ziemlich viel die Rede vom Zurückgewinnen der sieben Berge der Kultur gewesen. Das Konzept besteht darin, dass man, will man eine Nation für Jesus Christus gewinnen, die sieben Sphären – oder Berge – beeinflussen muss, die die Säulen jeder Gesellschaft bilden: Geschäftswelt, Regierung, Medien, Kunst und Unterhaltung, Schulbildung, Familie und Religion. In seinem 2011 veröffentlichten Buch *Change Agent* bemerkte mein Freund, Os Hillmann, dass diese sieben Sphären von einem kleinen Prozentsatz von Leitern und Netzwerken kontrolliert werden. Er schrieb sogar, dass es «weniger als 3 bis 5 Prozent derjenigen braucht, die auf dem Gipfel eines Berges einer Kultur wirken, um eine tatsächliche Veränderung der Werte, die auf diesem Berg repräsentiert werden, zu bewirken.»[1] Os sagt weiter:

> James Hunter beleuchtet in seinem «Trinity Briefing» von 2002, was der Soziologe Randall Collins in seinem Buch *The Sociology of Philosophies* (Die Soziologie der Philosophien) sagt. Laut Collins sind Zivilisationen von einem sehr kleinen Prozentsatz von Kulturphilosophen definiert worden, die seit der Geburt unserer Zivilisation sieben Tore und unterstützende Netzwerke beeinflussen. Hunter fasst zusammen: «Selbst wenn wir die weniger wichtigen Akteure in all den Netzwerken, in all den Zivilisationen in die Rechnung mit einbeziehen, ergibt sich eine Summe von nur 2.700. Insgesamt haben etwa 150 bis 300 Menschen (ein kleiner Teil der ungefähr 23 Milliarden Menschen, die zwischen 600 vor Christus und 1900 nach Christus gelebt haben) die Hauptkonturen aller Weltzivilisa-

tionen gezeichnet. Die Veränderungen fanden dabei ganz klar von oben nach unten statt.»[2]

Von Anfang an ist Kultur immer von einem kleinen Teil der Bevölkerung definiert worden – von nicht mehr als dreitausend Leuten. «Deshalb müssen wir erkennen, dass wir nicht unbedingt eine Kultur verändern, indem wir dafür sorgen, dass Menschen sich bekehren.» Os schreibt: «Es ist wichtig, dass Menschen sich bekehren, aber es ist wichtiger, dafür zu sorgen, dass diejenigen, die sich bekehrt haben, auf den Gipfeln der kulturellen Berge operieren, und zwar auf der Grundlage ihrer biblischen Weltanschauung... Je liberaler und gottloser die «Change Agents» – die Menschen, die auf dem Gipfel die Veränderungen bewirken, – desto liberaler und gottloser die Kultur. Je mehr die Change Agents auf dem Gipfel mit Gottes Willen übereinstimmen, desto gerechter wird eine Kultur sein. Es kommt nicht darauf an, dass die Mehrheit der Menschen in einer Kultur aus Christen besteht. Es kommt nur darauf an, wer den größten Einfluss auf diesem Berg der Kultur hat. *Und der Berg der Familie muss das Fundament all der anderen Berge einer Kultur stützen.*»[3]

Es trifft tatsächlich zu, dass der Berg der Familie das Fundament für all die anderen Berge einer Kultur ist. Warum ist das so? Ich glaube, weil die Eltern über die Macht verfügen, ihre Kinder entweder freizusetzen, um erfolgreich zu sein und ihre von Gott gegebene Bestimmung zu erfüllen, oder sie daran zu hindern. Viele unserer Kinder sind dazu berufen, an Schlüsselpositionen auf dem Gipfel der anderen sechs Berge unserer Kultur ihren Einfluss auszuüben. Wenn wir als Eltern allerdings unsere Verantwortung nicht wahrnehmen, eine Kultur des Segens in unseren eigenen Familien zu schaffen und diese Kultur in unseren Gemeinschaften zu multiplizieren, dann werden viele Kinder daran gehindert werden, erfolgreich zu sein und ihre Bestimmung zu erfüllen. Es ist die Macht des elterlichen Segens, der Gottes Vision und Zuversicht in das Herz der Kinder legt und sie freisetzt, die Schlüsselpositionen auf dem Gipfel der anderen sechs Berge der Kultur einzunehmen. Allerdings haben wir Christen in den letzten Jahrzehnten einer Kultur des Fluches erlaubt, in unserer Gesellschaft Fuß zu fassen und in der Folge haben wir beständig an Einfluss eingebüßt – sogar am Berg der Familie selbst.

Es ist leider eine Tatsache, dass seit den späten 1960er Jahren der Teil der Bevölkerung Nordamerikas, der an einem biblischen Weltbild festhielt, ständig an Einfluss auf Ehe und Familie verloren hat. Noch in den 1970er Jahren war es üblich, dass die meisten Menschen die Ehe als offensichtlichen nächsten Schritt ansahen, wenn ein Paar ein langfristiges romantisches Interesse aneinander hatte. Sobald ein Paar beschloss zu heiraten, setzten sich die Menschen – selbst solche, die weder eine Kirche noch eine Synagoge regelmäßig besuchten – mit einem Pastor, Priester oder Rabbi zusammen, damit er die Hochzeitszeremonie leiten und das Paar seelsorgerlich auf die Ehe vorbereiten konnte.

Das ist heute kaum noch der Fall. Viele Paare, die in einer romantischen und sexuellen Beziehung zueinander stehen, ziehen eine Eheschließung vielleicht noch nicht einmal in Erwägung, und wenn sie es tun, werden sie vielleicht keinen Pastor oder irgendeine andere religiöse Autorität aufsuchen, um die Zeremonie durchzuführen. Tatsächlich sind bibeltreue Christen nicht diejenigen, die die Normen der Gesellschaft maßgeblich beeinflussen, wenn es um romantische, sexuelle und familiäre Beziehungen geht. Wir haben den Kampf um diesen Einfluss haushoch verloren, wie Os Hillman mit den nachfolgenden Statistiken belegt.

> In den letzten vierzig Jahren ist die Ehe weniger üblich und zerbrechlicher geworden. Der Prozentsatz an Kindern, die außerhalb von intakten Ehen aufgezogen werden, hat dramatisch zugenommen. Zwischen 1970 und 2008 fiel, laut Volkszählungsdaten, der Prozentsatz der Kinder, die bei zwei miteinander verheirateten Eltern lebten, von 85 Prozent auf 66,7 Prozent. Etwa drei Viertel der Kinder, die bei einem allein stehenden Elternteil leben, leben bei einer allein erziehenden Mutter.
> Diese wichtigen Veränderungen in der Familienstruktur haben ihren Ursprung in zwei fundamentalen Veränderungen im Verhalten der US-Bürger bezüglich Eheschließung: die Zunahme an unehelichen Geburten und die hohen Scheidungsraten. Mehr als ein Drittel aller US-amerikanischen Kinder werden nun außerhalb eines Ehebundes geboren (39,7 Prozent), bei afro-amerikanischen Babys sind es 71,6 Prozent und 27,8 Prozent bei Weißen und anderen Volksgruppen.[4]

> «Fünfundsechzig Prozent der jungen Erwachsenen, deren Eltern sich scheiden ließen, hatten eine schlechte Beziehung zu ihrem Vater (im

Vergleich zu 29 Prozent in Familien ohne Scheidung)». Das sind die Ergebnisse einer Studie über die Wichtigkeit der Ehe für das Familienleben, die von sechzehn der führenden Experten herausgegeben wurde.[5]
Die *Washington Times* beschrieb die Auswirkung der Scheidung auf Kinder. «Mehr als die Hälfte der amerikanischen Teenager sind bei Eltern aufgewachsen die ‹einander ablehnten›, was nichts Gutes für die zukünftige Führungsriege der Nation verheißt – und auch nicht für die Produktivität, den Wohlstand und das Wohlergehen im Allgemeinen», sagt ein neuer nationaler Bericht über amerikanische Familien. Nur 45 Prozent der Teenager zwischen 15 und 17 Jahren sind von Geburt an bei ihren verheirateten biologischen Eltern aufgewachsen, sagt der neue US Index von Zugehörigkeit und Ablehnung.»[6]

In den vorangegangenen Kapiteln haben wir die wichtigen geistlichen und emotionalen Auswirkungen betrachtet, die daraus folgen, wenn ein Mensch außerhalb des Schutzwalles des Ehebundes empfangen wird. Die oben genannten Statistiken sagen uns, dass über 70 Prozent der afro-amerikanischen Babys und fast 40 Prozent aller in Amerika geborenen Babys sich bei der Empfängnis in einem Mutterleib mit wenig Segen und ohne geistlichen Schutzwall befinden. Das bedeutet, dass die meisten dieser Kinder durch ihre Eltern gleich zu Beginn ihres Lebens auf machtvolle Art Satans Botschaft von Identität und Bestimmung vermittelt bekommen. Manche können sogar im Mutterleib von dämonischen Geistern angegriffen werden.

Wenn es keine übernatürliche Intervention gibt, wird der Feind freie Hand haben, ein tief sitzendes Gefühl der Ablehnung und der Wertlosigkeit in das Herz dieser Kinder zu pflanzen. Wenn das geschieht, werden diese Kinder verzweifelt darauf angewiesen sein, einen Segen vermittelt zu bekommen, um die Macht des Fluches in ihrem Leben zu brechen. Ohne eine starke Erfahrung mit Jesus Christus, die Satans Botschaft durch die Botschaft Gottes ersetzt, wird sich im Leben dieser Kinder fast sicher das Familienmuster ihrer Eltern wiederholen.

Wir haben auch das dringende Bedürfnis gesehen, dass sich Väter in das Leben ihrer Kinder einbringen – besonders in der Pubertät. Wie wir gesehen haben, ist es der Segen des Vaters, der einen Jungen geistlich und emotional freisetzt, ein Mann zu werden – und ein Mädchen, eine Frau zu werden. Die oben genannten Statistiken sagen uns, dass nur 45 Prozent aller Kinder in ihren Teenagerjahren mit beiden Eltern zu Hause leben. Das bedeutet, dass mehr als die Hälfte aller Kinder nicht einmal die Chance haben, von ihrem Vater gesegnet und in ihre Identität als Erwachsene entlassen zu werden, wenn sie die Pubertät erreichen.

WARUM CHRISTEN DEN KAMPF UM DIE FAMILIE VERLIEREN

Meiner Meinung nach ist der Hauptgrund dafür, dass wir Nachfolger Jesu Christi unseren Einfluss auf den Berg der Familie verloren haben, das weitgehende Fehlen einer Segnungskultur in unseren eigenen Familien. Ehrlich gesagt ist es nicht wahrscheinlicher, dass jemand, der in einer christlichen Familie aufgewachsen ist, in den sieben wichtigen Lebensphasen gesegnet wurde als jemand, der in einer Familie ohne Glaubensbekenntnis aufgewachsen ist. Dennoch ist der Segen in den sechs wichtigen Lebensphasen das Fundament, das ein Kind befähigt, eine gesunde Identität und einen Sinn für Bestimmung zu entwickeln. Auf ihrer eigenen Suche nach Wert, Liebe und Sinn, neigen Kinder, die ohne den Vorzug des elterlichen Segens aufwachsen, dazu, dieselben zerstörerischen Werte wie die Gesellschaft um sie herum zu übernehmen, die ihnen kurzfristiges Vergnügen versprechen.

Dadurch, dass wir diese Werte übernommen haben, haben Menschen, die in christlichen Familien aufgewachsen sind, auch dieselben Statistiken bei Scheidung, außerehelichen Beziehungen, vorehelichem Sex, Teenager-Schwangerschaften, Drogenmissbrauch, emotionalen Störungen und Verhaltensstörungen wie Menschen, die aus Familien ohne Glaubensbekenntnis stammen. Das hat die Welt um uns - inklusive Kinder von Eltern, die einer Gemeinde angehören, dazu gebracht, die berechtigte Frage zu stellen: «Warum sollten wir das haben wollen, was ihr in eurer Familie habt? Euer ‹auf Glauben gegründetes› Familienleben führt zu keinen besseren Ergebnissen, und in einigen Fällen produziert ihr sogar schlechtere Resultate und mehr Störungen als wir.»

Das sollte uns zum Aufwachen bringen, denn diese Kritik ist nicht unberechtigt. Etwas läuft falsch. In den letzten Jahrzehnten sind wir nicht die «Change Agents» gewesen, die ihren Einfluss auf dem Berg der Familie geltend gemacht hätten.

Wir haben schon über die prophetische Ermahnung im Buch Jeremia gesprochen: *«Tretet hin an die Wege und schaut und fragt nach den Pfaden der Vorzeit, welches der gute Weg ist, und wandelt darauf, so werdet ihr Ruhe finden für eure Seelen!»* (Jeremia 6,16). Das Segnen in den sieben wichtigen Lebensphasen ist ein Pfad der Vorzeit. Wenn Familien auf diesem Pfad der Vorzeit gehen und das Segnen praktizieren, bringt es den Seelen der Kinder tatsächlich Ruhe.

Kinder, die von ihren Eltern gesegnet worden sind, haben tendenziell eine innere Ruhe und ein gesundes Gefühl von Selbstwert und Bestimmung. Erwachsene Kinder, die nie von ihren Eltern gesegnet worden sind, haben häufig keine innere Ruhe und neigen dazu, große Teile ihres Lebens mit der Suche nach Wert und Sinn durch Leistung und Beziehungen zu verbringen. Solche Erwachsene sind nicht frei, einen Ehepartner aus der Sicherheit ihres Selbstwertes heraus zu lieben. Stattdessen erwarten sie von ihrem Ehepartner, dass er ihnen Wertgefühl vermittelt.

Das Fehlen des elterlichen Segens verursacht einen Mangel an Frieden in der Seele eines Menschen und setzt in vielen Familien einen Kreislauf von Scheidung und Störung in Gang, der sich über Generationen hinzieht. Ich habe diesen Kreislauf in einer Predigt beschrieben, die ich bei der jährlichen Konferenz von Family Foundations International im Jahr 2010 gehalten habe.

> Wenn es in einer Generation zu Scheidung und Wiederheirat kommt, dann verletzt das die Herzen der Kinder zutiefst und sät einen Samen der Unsicherheit, der Scham und der Leistungsorientiertheit in die nächste Generation. Wenn diese verletzten Kinder erwachsen werden, bringt ein solcher Same häufig in der Ehe mindestens eine der folgenden vier Früchte hervor: Ehebruch, Missbrauch, Verlassen oder Süchte.
> Diese Symptome führen dann ihrerseits wieder zur Scheidung in der zweiten Generation. Wenn die Wurzelproblematik in der Ehe nicht behandelt wird und die tiefen Verletzungen des Herzens nicht wirklich geheilt werden, sondern wir weiterhin Scheidung und Wiederheirat als angemessene Lösung für diese vier Früchte akzeptieren, können wir in jeder weiteren Generation eine Verschlimmerung und eine starke Zunahme der sich immer mehr ausbreitenden Sünde des abweichenden Sexualverhaltens erwarten. Die Ehe zwischen Homosexuellen ist nur die Spitze des Eisbergs,

der auf uns zukommt. Die Geschichte lehrt uns, dass es genau ein solcher Kreislauf war, der schliesslich zum Fall des römischen Reiches führte. Wenn wir vermeiden wollen, dass sich die Geschichte des römischen Reiches bei uns wiederholt, dann muss die authentische Heilung und Veränderung der Herzen in dieser Generation und die Wiederherstellung der Familie in unserer Nation und in der Welt für uns Priorität haben.

Leider gelten in großen Teilen der Kirche heute Scheidung und Wiederheirat als annehmbare Lösungen, wenn ein Ehepartner eine oder mehrere der vier oben genannten Früchte zeigt. Meiner Meinung nach ziehen die meisten Leiter keine Bilanz, was die Folgen dieser Politik für die Gesellschaft und die nächsten Generationen betrifft. Doch so wie Jesus den besessenen Gadarener in Markus 5,1-20 befreite, so kann Er auch Ehemänner und Ehefrauen heilen, freisetzen und wieder nach Hause bringen, die von Ehebruch, Missbrauch, Verlassen und Süchten gebunden waren.

Eine genauere Erörterung, wie man bei einer ernsthaften Ehekrise, an der diese vier Früchte beteiligt sind, beiden Seiten wahre Heilung und Wiederherstellung bringt, würde den Rahmen dieses Buches sprengen. Es gibt allerdings viele andere hervorragende Bücher über dieses Thema. Für den Anfang könntest du vielleicht mein Buch *Two Fleas and No Dog: Transform Your Marriage From Fleadom to Freedom*[7] lesen. (Zwei Flöhe und kein Hund: Transformiere deine Ehe vom Flohleben zur Freiheit).

Wenn der Feind eine Ehe durch Ehebruch, Missbrauch, Verlassen oder Süchte erfolgreich verwüstet, unterstützen glaubensschwache Christen oft den Gedanken an Scheidung anstatt den Gedanken an Heilung und Wiederherstellung für beide Partner. Leider reißt Scheidung eine Lücke in Gottes Schutzwall, der durch den Ehebund besteht, und öffnet dem Feind die Tür, um seine Botschaft in das Herz der Kinder zu pflanzen. Ich glaube, dass dies einer der Gründe ist, warum viele Scheidungskinder die tief sitzende irrationale Idee haben, dass sie irgendwie schuld an der Trennung ihrer Eltern sind. Der Feind wird eine Scheidung auch dazu benutzen, um tiefe Gefühle der Verlassenheit, der Schuld, der Scham und des Perfektionismus in Kinder zu pflanzen, die befürchten, dauerhaft abgelehnt zu werden - genau so, wie der eine Elternteil den anderen abgelehnt hat.

Gott hat die Ehe als bedingungslosen Bund geplant, der auf Gnade gegründet ist. Scheidung stellt ihn als Vertrag mit Bedingungen dar, der auf Werken und Leistung basiert. Deshalb zerstört Scheidung im Herzen des Kindes das prophetische Bild dessen, wie Christus uns, seine Braut, behandeln wird (Epheser 5,31–32). Anstatt als auf Gnade gegründeter, bedingungsloser Bund wird die Ehe als leistungsorientierter Vertrag mit Bedingungen betrachtet, aufgrund dessen eine fehlgeleitete Partei hinausgeworfen und durch jemanden ersetzt werden kann, der eine zufriedenstellendere Leistung erbringt.

Scheidung öffnet die Tür für den Feind, der seine Botschaft von Identität im Herzen des Kindes deponiert und diesem Kind seinen Seelenfrieden raubt. Die Scham führt zu Perfektionismus und zum Verlangen, Kontrolle auszuüben, was Scheidungskinder im Erwachsenenleben anfällig für Schuldgefühle und Depression macht. Diese Kinder können dann im Erwachsenenleben versuchen, ihre tiefen Gefühle von Wertlosigkeit, Verlassenheit, Schuld und Scham mit Alkohol, Drogen, Pornographie, Sex und anderen Süchten zu lindern. Die Symptome von Zorn, Kontrolle, Depression, Alkoholismus, Drogenmissbrauch, Pornographie und Sexsucht manifestieren sich dann alle in der Ehebeziehung der erwachsenen Kinder als derselbe Ehebruch, derselbe Missbrauch, dasselbe Verlassen und dieselbe Sucht, die ihre Eltern bereits zur Scheidung getrieben haben.

Nun haben wir mindestens eine derselben vier Früchte in der zweiten Generation. Sie werden wieder zur Scheidung führen und der Kreislauf wiederholt sich mit größerer Intensität in der dritten Generation. In irgendeiner Generation muss das Volk Gottes erkennen, dass *Scheidung und Wiederheirat nicht die Lösung für diese vier Früchte in einer Ehe sind. Sie sind vielmehr die Samen, die dieselben vier Früchte in der nächsten Generation hervorbringen.* Um den sich in den Generationen wiederholenden Kreislauf des Fluches in einen Kreislauf des Segens zu verwandeln, wird irgendjemand irgendwo irgendwann beschließen müssen, seinem eigenen, persönlichen, kurzfristigen Vorteil zu sterben und für den langfristigen Segen seiner Kinder und der künftigen Generationen zu leben. (Markus 8,34–37).

Das bedeutet allerdings nicht, dass ein Ehepartner, der sich mit irgendeiner dieser vier Früchte konfrontiert sieht, ein solches Verhalten einfach akzeptieren und nichts unternehmen soll. Scheidung ist zwar keine Lösung, aber es ist doch sehr wichtig, dass ein Ehepartner im Fall von emotionalem, sexuellen oder physischen Missbrauch sofort (beim ersten Auftreten) seinem Pastor oder seiner geistlichen Autorität davon berichtet und Hilfe für die Familie sucht. (1.Johannes 1,7).

Wenn sich Missbrauch in Familien immer wieder wiederholt, gibt es selten - oder gar nie - eine Lösung ohne Hilfe von außen. Gott hatte nie geplant, dass ein Ehepartner isoliert und ganz alleine mit Missbrauch in der Familie umgehen muss. Gemeinsam mit dem seelsorgerlichen Rat deines Pastors musst du schnell einen Plan erstellen und umsetzen, um dich und andere Familienmitglieder zu schützen, die gefährdet sein könnten, und um den Täter zu konfrontieren und ihm die notwendige Hilfe zukommen zu lassen. Dieser Plan wird wahrscheinlich die Unterstützung von Seelsorgern, speziellen Diensten und vielleicht von Behörden beinhalten.

Die Entscheidung eines Ehepartners, der kurzfristigen Versuchung zu widerstehen, die Ehebeziehung dauerhaft durch eine Scheidung zu beenden und sich lieber der langfristigen Heilung und Wiederherstellung der Ehe zu verschreiben ist eines der kraftvollsten prophetischen Bilder des Evangeliums, die gemalt werden können. Es ist nicht allzu schwer, jemanden zu lieben, der dich liebt, jemanden zu segnen, der dich segnet, jemandem treu zu sein, der dir treu ist. Aber jemandem treu zu sein, der dir nicht treu ist, jemanden anzunehmen, der dich ablehnt, jemanden zu segnen, der dich verflucht (missbraucht) - das ist schon ein wenig schwieriger, und es ist das wahre prophetische Bild dessen, was Jesus Christus für uns getan hat. (Epheser 5,28–32).

DER AUSTAUSCH DREIER SCHLÜSSELWERTE IN DER GESELLSCHAFT

Ich habe bereits erwähnt, dass christliche Kinder, die nicht gesegnet worden sind, dazu neigen, dieselben kurzfristigen Werte anzunehmen wie die Gesellschaft um sie herum. Es ist dieser Wertewechsel, der bewirkt hat, dass Christen ihren Einfluss auf den Berg der Familie in der Gesellschaft verloren haben. Ich habe gesehen, wie drei Schlüsselwerte über die letzten Jahrzehnte ausgetauscht worden sind – zuerst in der Gesellschaft, und jetzt auch in großen Teilen der Kirche.

1. Das Wort Gottes als absoluter Standard der Wahrheit ist ausgetauscht worden gegen das Wort Gottes als relativer Standard.
2. Aufopferungsbereitschaft als Tugend ist ersetzt worden durch Selbsterfüllung als Tugend.
3. Die Ehe als Bund ist ausgetauscht worden gegen Ehe als Vertrag.

Ich glaube, dass der Feind in der Lage war, den Austausch dieser drei Werte hauptsächlich deshalb durchzuführen, weil wir von Gottes Pfad der Vorzeit – dem Segnen in den sieben wichtigsten Lebensphasen – abgewichen sind. Wie wir gesehen haben, bringt der Segen die Seele eines Menschen zur Ruhe und bewirkt, dass er sich sicher, geliebt und wertvoll fühlt. Menschen, die nicht gesegnet worden sind, neigen dazu, mit emotionalem Schmerz und großer Unsicherheit zu leben. Das motiviert sie häufig dazu, kurzfristige Selbsterfüllung zu suchen, anstatt in der Gegenwart ein Opfer zu bringen, um später im Leben und in zukünftigen Generationen eine gute Ernte einbringen zu können.

Lass uns kurz diese drei Werte betrachten. Als Nachfolger Jesu Christi glaube ich fest daran, dass die Bibel das inspirierte Wort Gottes ist. Sie ist das Produkt von handverlesenen Männern, die das ausgesprochen und aufgeschrieben haben, was der Heilige Geist ihnen eingab. Deshalb sehe ich die Bibel für mich als unfehlbare Quelle der Wahrheit an. Das bedeutet, dass ich der Bibel Autorität gebe, über das zu herrschen, was ich glaube und wie ich lebe. Wenn es einen Konflikt zwischen dem geschriebenen Wort Gottes und einem Umstand, einem Gefühl, einem prophetischen Wort, einem Traum, einer Erfahrung oder dem Rat eines Pastors oder Leiters gibt, dann entscheide ich mich, das geschriebene Wort Gottes höher zu achten als jedes andere subjektive Wort oder jede andere subjektive Erfahrung.

In den letzten Jahrzehnten allerdings – besonders mit dem Aufkommen der modernen Wissenschaft – sind die Menschen gelehrt worden, alles zu bezweifeln, bis der Beweis dafür greifbar ist. Die Folge ist, dass Menschen die Bibel nicht länger als den absoluten Standard von Recht und Wahrheit ansehen, sondern als relativen

Standard, der wie alles andere geprüft und bewiesen werden muss. Das Problem mit dieser Strategie ist, dass viele Menschen zugrunde gehen, während sie damit experimentieren, von Gottes Pfaden der Vorzeit abzuweichen. Leider merken viele die Folgen der Verletzung biblischer Prinzipien erst, wenn gewaltiger Schaden entstanden ist - nicht nur für sie selbst, sondern auch für ihre Kinder und zukünftige Generationen.

Ich staune immer wieder wenn Christen mir erzählen, dass sie beschlossen haben, einen Weg einzuschlagen, der genau entgegengesetzt zu den klaren Anweisungen der Bibel verläuft. Wenn ich frage, warum sie das für die richtige Entscheidung halten, zitieren sie oft ein prophetisches Wort, einen Traum, eine Vision, einen Umstand oder einen Rat, der sie zu dieser Entscheidung gebracht hat. Subjektive Worte und Erfahrungen dürfen niemals höher gestellt werden als Gottes Wort.

Um die Folgen dieses Wertewechsels zu verstehen, stelle dir einen Leuchtturm vor, der sich auf einem fahrenden Schiff befindet anstatt an einem festen Ort. Schiffe, die sich auf den Leuchtturm verlassen und sich bei der Navigation durch tückische Gewässer an ihm orientieren, werden an den Felsen zerschellen, weil es keinen festen Bezugspunkt gibt, der ihnen helfen könnte, den Weg zu finden. Ihr Wegweiser wird sich ständig bewegen. Das ist genau das, was gerade jetzt mit vielen Familien in der Gemeinde passiert.

Der zweite Wert, der ausgetauscht wurde, ist die Aufopferungsbereitschaft. Sie wurde durch Selbsterfüllung ersetzt. Ein aufopferungsvolles Leben war einst ein wichtiger Wert unter Christen. Schließlich hat Jesus Sein Leben für uns geopfert. Als Gott Abraham im 1. Buch Mose sagte, dass Er ihn segnen und erfolgreich sein lassen würde, war das nicht nur zu seinem eigenen Vorteil gedacht. Alle Familien auf der Erde sollten durch Abraham gesegnet werden.

Historisch gesehen lebten, aßen und arbeiteten Familien zusammen. Das war die Art, auf die sie überlebten. Wenn einer sich weigerte, seine Verantwortung zu tragen, konnte es sein, dass die ganze Familie darunter litt oder sogar deshalb zugrunde ging. Heute wird das emotionale Überleben des Einzelnen über das physische Überleben der Allgemeinheit gestellt. Jeder einzelne Mensch schleppt so viel an emotionaler Belastung mit sich herum, dass viele nur noch das Ziel haben, zu überleben und möglichst weiteren emotionalen Schmerz zu vermeiden. Diese Denkweise hält den

Menschen natürlich in dem emotional unreifen Zustand der Abhängigkeit und führt zu reaktivem statt proaktivem Verhalten. Ein solcher Mensch wird dann als Opfer seiner Umstände und der Entscheidungen anderer leben, was zu weiterem und größerem emotionalen Schmerz führt.

Dieser Wertewechsel führt unter anderem vor allem dazu, dass Kinder, die in einer solchen Umgebung aufwachsen, das Gefühl für ihren inneren Wert verlieren. In der Vergangenheit wuchs jeder Mensch mit dem Gefühl auf, einzigartig und besonders zu sein. Er spürte, dass er für Gott und für die Gesellschaft wertvoll war, als ob er hier wäre, um eine Aufgabe zu erfüllen, die so viel größer war als er selbst. Ich habe vor kurzem einen Brief gelesen, den mein Vater im Jahr 1945 an seinen Vater geschrieben hatte. Mein Vater wuchs in einer Gemeinde auf, die einer traditionellen Denomination angehörte, und hatte an diesem Punkt seines Lebens kein starkes Bewusstsein von Gottes Führung. Doch beachte die Werte, die er als Zwanzigjähriger hochhielt.

> Ich plane, nach dem Krieg wieder auf die Schule zu gehen, um mich in vielen verschiedenen wissenschaftlichen, militärischen und politischen Bereichen weiterzubilden. Meine Hauptinteressen liegen in den vielen Zweigen der Wissenschaft, wie Medizin, Genetik, Physik, Chemie, Astronomie und bestimmten wissenschaftlichen, psychologischen und mentalen Phänomenen, die mit der Medizin in Zusammenhang stehen. Ich würde nur dann in die Politik oder in den militärischen Bereich gehen, wenn sie so korrupt wären, wie sie es schon so oft in der Vergangenheit gewesen sind. Das heißt, wenn wir den Krieg gewinnen, den Frieden verlieren und uns in einem Zustand wieder finden, der so schlimm ist, als hätte Deutschland den Krieg gewonnen, dann erschiene es mir notwendig, in einen politischen Krieg gegen diese gottlosen politischen Rädelsführer zu ziehen, die oft in unserem Kongress das Wort führen. Ich für meinen Teil mache mir aus Geld überhaupt nichts. So lange ich genug zu essen und ein paar Kleider am Leib habe, werde ich den Rest meiner Zeit dort einsetzen, wo ich das meiste Gute bewirken kann, *ob das nun bedeutet, internationale militärische Kriege zu führen, politische Rädelsführer zu bekämpfen oder ein paar der großen Rätsel der Wissenschaft zu lösen.*

Was mich am meisten überraschte, war das Zielbewusstsein, über das mein Vater als Zwanzigjähriger verfügte. Für ihn hatte Aufopferungsbereitschaft zweifellos den höheren Stellenwert als Selbsterfüllung. Er wollte seinen Landsleuten von Nutzen sein, genug Essen und Kleidung zum Leben haben und dann den Rest seiner Zeit dort einsetzen, wo er das meiste Gute bewirken konnte. Nachdem ich diesen Brief gelesen hatte, fragte ich meinen Vater, ob er als junger Mann eine außergewöhnliche Einstellung gehabt hätte. Er antwortete mir, dass seine Einstellung nichts Besonderes gewesen wäre. Die meisten seiner Freunde und Klassenkameraden hätten ähnliche Ansichten gehabt.

Der Wert der Aufopferungsbereitschaft ist aus unserer gegenwärtigen Gesellschaft fast völlig verschwunden. Schlimmer noch ist, dass selbst viele Christen ihn aufgegeben haben. Für einen Nachfolger Christi ist Glücklichsein nicht das wahre Lebensziel. Das ist, das Reich Gottes auszubreiten und vorwärts zu bringen. Freude und Erfüllung sind Nebenprodukte, wenn wir Jesus dienen. Jeder, der das Nebenprodukt eifriger sucht als das Ziel, verpasst beides. Jesus sagte: *«Wer mir nachkommen will, der verleugne sich selbst und nehme sein Kreuz auf sich und folge mir nach! Denn wer seine Seele retten will, der wird sie verlieren; wer aber seine Seele verliert um meinetwillen und um des Evangeliums willen, der wird sie retten.»* (Markus 8,34–35).

Jesus zu dienen und sich selbst zu dienen sind unvereinbare Ziele. Das eine basiert auf Aufopferungsbereitschaft, das andere auf Selbsterfüllung. Gott zwingt uns nicht, Ihm zu dienen. Er lässt uns die Wahl. Welchen Weg wir einschlagen – Dienst oder Selbsterfüllung – hängt von den Werten ab, die wir wirklich haben. Wenn du dich eingehender mit dem Thema des Wertewandels beschäftigen willst, empfehle ich dir mein Buch *Help! My Spouse Wants Out*[8] (deutsch: Hilfe! Mein Ehepartner will mich verlassen).

Der dritte Wert, der sich in unserer Gesellschaft gewandelt hat, ist der Wert der Ehe als Bund; viele Menschen sehen sie nun als Vertrag an. Vor den 1960er Jahren glaubten die meisten Menschen in der Gesellschaft und praktisch alle Kirchenführer an die Ehe als lebenslangen Bund, der die auf Gnade gegründete Beziehung zwischen Christus und Seiner Gemeinde versinnbildlicht (Epheser 5,31-32). In den meisten Kirchen beinhaltet das Ehegelöbnis eine Zeile, die in etwa so klingt: «Ich, John, nehme dich, Jane, von diesem Tag an zu meiner mir angetrauten Ehefrau, in guten und in schlechten Zeiten, in Reichtum und Armut, in Krankheit und Gesundheit, um dich gemäß Gottes heiliger Ordnung zu lieben und zu ehren bis der Tod uns scheidet; das gelobe ich hiermit feierlich.»

Der englische Ausdruck für «feierlich geloben» beinhaltet den Gedanken von «ein Treuegelöbnis als Pfand geben». Man sieht also, dass dieses Gelöbnis einem Bundesgelöbnis entspricht. Es entsteht ein Bund, der nur durch den Tod beendet werden kann.

Ein Vertrag und ein Bund sind zwei völlig unterschiedliche Konzepte. Ein Bund kann als einseitig, bedingungslos und unwiderruflich charakterisiert werden. Die beste Beschreibung für ihn ist ein Versprechen, das nicht gebrochen und nur durch den Tod aufgehoben werden kann. Ein Vertrag dagegen ist zweiseitig, basiert auf Bedingungen und kann widerrufen werden. Er ist eine Vereinbarung, die völlig von der Leistung der jeweiligen Parteien abhängt und im Falle von Untreue oder Unterlassung einer der Parteien beendet werden kann. Wie du sehen kannst, sind das völlig unterschiedliche Konzepte. Was noch wichtiger ist: Ein Bund ist abhängig von dem *Wort* dessen, der den Bund geschlossen hat. Ein Vertrag hingegen ist abhängig von den *Werken* (Leistung) der jeweiligen Parteien. Während ein Bund auf Aufopferungsbereitschaft, Gnade und Vergebung beruht, basiert ein Vertrag auf Selbsterfüllung, Werken und Recht.

Ein Vertrag ist wie eine Verkaufstransaktion. Wenn ich zustimme, John ein Auto für 10.000 Euro zu verkaufen, muss ich ihm das Auto nicht geben, wenn er mir nur 5.000 Euro gibt. Ich bin nicht an den Vertrag gebunden und kann das Auto an jemand anderen verkaufen, wenn John sein Wort nicht hält.

Ein Bund hingegen ist wie ein unwiderrufliches Versprechen. Wenn ich verspreche, John mein Auto zu geben, weil er mir wichtig ist und ich ihn segnen möchte, dann mache ich die Erfüllung meines Versprechens nicht von irgendetwas abhängig, was John tut oder nicht tut. John erhält das Auto ausschließlich deshalb, weil meine Integrität mich mein Wort halten lässt. Selbst wenn John zornig auf mich wird, Lügen über mich verbreitet, mich betrügt und versucht, mich zu zerstören, werde ich ihm immer noch mein Auto überlassen, weil ich ihm mein Wort gegeben habe, das zu tun. Das ist ein Bund.

Ähnelt deine Beziehung mit Jesus Christus mehr einem Bund oder einem Vertrag? Ich hoffe, sie ähnelt einem Bund. Er hängt nicht von deinen Werken ab, sondern von Seinem Wort. Wenn du gegen

Ihn sündigst, Ihn verrätst, von Dingen abhängig wirst oder sündhafte Gewohnheiten annimmst, die Ihm ein Gräuel sind, dann beendet Jesus nicht die Beziehung mit dir, schmeißt dich hinaus und ersetzt dich durch jemand anderen. Seine Beziehung mit dir ist ein Bund, der auf Seiner Verheißung beruht, nicht auf deiner Leistung.

Gott hat die Ehe als Bund geschaffen und sie auf Erden eingesetzt, um die Beziehung zwischen Christus und Seiner Gemeinde zu veranschaulichen. Leider hat der Feind jedes prophetische Bild dessen, wie Christus Seine Gemeinde behandelt, fast völlig ausradiert, weil wir das Konzept der Ehe als Bund durch das Konzept der Ehe als Vertrag ersetzt haben.

Viele Paare geloben bei der Hochzeitszeremonie immer noch: «Bis der Tod uns scheidet», aber sie leben, als sei ihre Ehe ein auf Bedingungen basierender Vertrag. Sie werden die Beendigung ihrer Ehe (Scheidung) akzeptieren und zulassen, und ihren Ehepartner durch jemand anderen ersetzen (Wiederheirat), wenn eine der vier Früchte (Ehebruch, Missbrauch, Verlassen oder Sucht) in ihrer Ehe auftaucht. Ich habe manchen Pastoren gesagt: «Wenn ihr glaubt, dass die Ehe ein Vertrag ist, dann hört bitte auf damit, die Leute bei der Hochzeitszeremonie zum Lügen zu bringen, indem ihr sie den Ausdruck des Bundes ‚bis dass der Tod uns scheidet' verwenden lasst. Es wäre besser, die Ausdrucksweise zu ändern und zu sagen, was du wirklich glaubst: ‚Ich nehme dich zu meinem mir angetrauten Ehemann…bis Ehebruch, Missbrauch, Verlassen, Süchte oder der Tod uns scheidet.'»

PRAKTISCHE SCHRITTE ZUR SCHAFFUNG EINER SEGNUNGSKULTUR

Wir haben nun jede der sieben wichtigen Segnungsphasen genauer betrachtet und festgestellt, dass es in der Kultur der alten Hebräer fast unmöglich war, in einer dieser Lebensphasen nicht gesegnet zu werden. In unserer modernen westlichen Kultur ist es eine Seltenheit, wenn jemand auch nur in einigen wenigen der wichtigen Lebensphasen gesegnet wird. Ich glaube, dass wir das ändern können, und in einer oder zwei Generationen werden deine Kinder und Enkelkinder sagen können: «Ich bin in einer Kultur des Segens groß geworden. Meine Eltern haben mich in allen sechs der wichtigen Lebensphasen gesegnet. War das nicht bei jedem so, der in einer christlichen Familie aufgewachsen ist?»

Wir können eine neue Generation junger Menschen wie John Quincy Adams oder Betsy Ross heranziehen, junge Männer und Frauen, die sich schon in sehr jungen Jahren ihrer Identität und ihrer Bestimmung bewusst sind. Diese neue Generation, die in einer Kultur des Segens aufwächst, wird über genug Sicherheit verfügen, die Werte, die der ganzen Gesellschaft und den zukünftigen Generationen zugute kommen werden, hochzuhalten. Warum sollten die Menschen, die diese Welt verändern, nicht deine Kinder und Enkelkinder sein?

Lass uns nun auf das schauen, was du praktisch als Familie tun kannst, um eine Segnungskultur zu schaffen und ein «Change Agent» zu werden, der dazu beiträgt, den Einfluss auf dem Berg der Familie in unserer Gesellschaft wiederzuerlangen. Wenn du verheiratet bist, ist es das Beste, diese Schritte als Ehepaar gemeinsam umzusetzen. Wenn du allein erziehend bist, kannst du die meisten dieser Schritte alleine umsetzen.

Was die Schritte, die nicht alleine umgesetzt werden können betrifft, suche nach gläubigen Familienmitgliedern und Menschen im Leib Christi, die mit dir für deine Kinder in den Riss treten. Du kannst Gott, deinem Jehova Jireh, vertrauen, der dir genau zur richtigen Zeit immer das gibt, was du brauchst. Lass uns nun die Schritte betrachten, die du tun kannst, um eine Segnungskultur in deiner Familie zu schaffen.

1. **Sei entschlossen, eine Segnungskultur in deiner Familie und in deiner Gemeinschaft zu schaffen, indem du Freunde, Nachbarn und Mitarbeiter segnest.**

2. **Wenn ihr verheiratet seid, macht es euch zur Gewohnheit, jeden Tag als Ehepaar zu beten und einen Segen über einander auszusprechen.**
   Denke daran, deinem Ehepartner beim Beten in die Augen zu schauen und darauf zu achten, dass sich jeder eine Minute Zeit für Buße und Vergebung, Danksagung und Segen nimmt.

3. **Nimm Seelsorge in Anspruch, um von den Auswirkungen von Flüchen auf deiner Identität geheilt zu werden.**

Unsere Seminare zur Segnung der Generationen bieten diese Art Seelsorge an. Sie befähigen Menschen, Heilung von früheren Flüchen zu erfahren und Segen von ihrem himmlischen Vater zu empfangen, wenn sie von ihren irdischen Eltern nicht gesegnet worden sind. Sie bereiten die Teilnehmer auch darauf vor, die Mitglieder ihrer eigenen Familie in jeder der sieben wichtigen Lebensphasen zu segnen.

4. **Beginne, Identität von Verhalten zu trennen, wenn du mit deinen Kindern Beziehung baust und sie disziplinierst.**
   Segne die Identität deiner Kinder, selbst wenn du ihrem Verhalten eine Konsequenz folgen lassen musst, um sie zu disziplinieren. Erinnere dich an die Prinzipien in Kapitel 2, in dem es darum geht, deinen Kindern klar deine Erwartungen zu kommunizieren, disziplinäre Maßnahmen im Voraus zu planen und schnell bereit zu sein, Buße zu tun und dein Kind zu segnen, wenn du einen Fehler machst.

5. **Mache es dir zur regelmäßigen Gewohnheit, einmal in der Woche ein gemeinsames Sabbatmahl zu halten.**
   Sprich einen Segen über jedes deiner Familienmitglieder aus und folge dabei den Tipps und Anregungen in Kapitel 3.

6. **Überlege, ob du ein «Change Agent» werden und eine andere Familie an deinem Familiensegnungsabend zum Essen einladen willst.**
   Nachdem du deine eigenen Familienmitglieder gesegnet hast, frage deine Gäste, ob du auch sie segnen kannst. Wenn sie darum bitten, lehre sie, wie sie ihre eigene wöchentliche Familiensegnungszeit gestalten können. Auf diese Weise kannst du dazu beitragen, eine Revolution des Segens in deiner Umgebung zu starten.

7. **Nimm die Macht des Segens in den sieben wichtigen Lebensphasen an und nutze sie.**

Segne deine Kinder zur Zeit der *Empfängnis.*

- Bete, um die Macht vergangener Flüche auf deinen Kindern zu brechen, die zur Zeit der Empfängnis auf sie gekommen sein können.

- Segne die Empfängnis deiner derzeitigen Kinder.
- Schaffe eine Atmosphäre des Segens für deine zukünftigen Kinder.

Segne deine Kinder während ihrer *Zeit im Mutterleib.*

- Bete, um die Macht vergangener Flüche zu brechen, die im Mutterleib auf dein Kind gekommen sein können.
- Segne jedes derzeitige Kind, dessen Identität du im Mutterleib unter einen Fluch gebracht oder nicht gesegnet hast.
- Segne dein ungeborenes Kind jeden Tag, den es im Mutterleib verbringt.

Segne deine Kinder *bei der Geburt.*

- Bete, um die Macht vergangener Flüche zu brechen, die bei der Geburt auf dein Kind gekommen sein können.
- Segne jedes derzeitige Kind, auf dessen Identität du bei der Geburt einen Fluch gebracht hast oder das du bei der Geburt nicht gesegnet hast.
- Führe ungefähr acht Tage nach der Geburt eine Segnungszeremonie für dein Neugeborenes durch, bei der das Kind öffentlich dem Herrn geweiht wird. Erkläre, was der Name des Kindes bedeutet, bestätige seine Geschlechtsidentität und seine Bestimmung, und wenn der Herr dir Worte für dein Kind gegeben hat, dann gib sie weiter.

Segne deine Kinder *während der Babyzeit und der frühen Kindheit.*

- Bete, um die Macht vergangener Flüche zu brechen, die in der Babyzeit und der frühen Kindheit auf dein Kind gekommen sein können.
- Segne jedes Kind, auf dessen Identität du in der Babyzeit und der frühen Kindheit einen Fluch gebracht hast oder das du in dieser Zeit nicht gesegnet hast.
- Segne deine Kinder regelmäßig während ihrer Babyzeit und ihrer frühen Kindheit.

Segne deine Kinder *in der Pubertät und entlasse sie in ihre Identität als Erwachsene.*

- Bete, um die Macht vergangener Flüche zu brechen, die in der Jugend auf dein Kind gekommen sein können.

- Plane und führe eine Zeremonie in der Art einer Segnung zur Bar/Bat Barakah durch, um deinen Sohn/deine Tochter in seine/ihre Identität als Erwachsene zu entlassen. Du solltest das in der Pubertät tun, aber wenn du diese Gelegenheit verpasst hast, dann plane eine Zeremonie ungeachtet des Alters deines Kindes. Denke daran, die drei Schlüsselkomponenten mit einzubeziehen: Anleitung und Vorbereitung, Zeremonie und Feier.

Segne deine Kinder *zur Zeit ihrer Eheschließung.*

- Wenn deine Kinder bereits verheiratet sind und du ihre Ehe nicht gesegnet hast, dann tue Buße und segne jetzt die Ehe und den Ehepartner deines Kindes - vorausgesetzt die Ehe ist nicht unmoralisch.
- Entwickle eine Familienstrategie bezüglich romantischer Beziehungen und Ehepartnerwahl der Kinder, bevor sie die Pubertät erreichen. Ich empfehle die Strategie der gottgemäßen Partnerschaft zwischen Eltern und Kind anstelle des traditionellen Verabredungssystems. Lehre deine Kinder deine Familienstrategie bezüglich solcher Beziehungen, wenn sie die Pubertät erreichen.
- Wenn dein erwachsenes Kind heiratet, dann gib dieser Ehe bei der Hochzeit offiziell deinen Segen und lasse dein erwachsenes Kind los, damit es sich mit seinem Ehepartner verbinden kann.

Segne deine Eltern *im fortgeschrittenen Alter.*

- Wenn du auf deine Eltern im fortgeschrittenen Alter einen Fluch gebracht hast, dann bitte Gott, dir zu vergeben.
- Wenn deine Eltern noch leben, dann setze eine Zeit fest, um sie mit einer öffentlichen Anerkennung zu ehren. Beziehe auch deine Kinder ein.
- Wenn deine Eltern noch nicht im fortgeschrittenen Alter sind, dann plane im Voraus, sie zu segnen. Vielleicht möchtest du deine Kinder und Geschwister fragen, ob sie dich dabei unterstützen wollen.

Wenn wir anfangen zu verstehen, wie weit unsere christliche Kultur sich von Gottes Segnungspfad der Vorzeit entfernt hat, dann kann das ziemlich überwältigend sein. Ich schlage vor, dass du hier mit der sprichwörtlichen Strategie vorgehst, mit der man einen Elefanten isst: du nimmst einen Bissen nach dem anderen. Nimm dir vor, nur eine neue Gewohnheit nach der anderen umzusetzen. Mein Vorschlag ist, dass du der Reihe nach die oben angeführten Schritte unternimmst. Mache einen Anfang, indem du beschließt, eine Kultur des Segnens in deiner Familie einzuführen. Wenn du verheiratet bist, beginne mit deinem Ehepartner zu beten und fangt an, einander täglich zu segnen. Wenn diese Gewohnheit installiert ist, gehe zu Schritt drei über. Beginne, eine Strategie zu planen und umzusetzen, mit der du deine Kinder segnen kannst, während du sie disziplinierst. Wenn das gut funktioniert, gehe zu Schritt fünf über und fahre auf diese Weise fort.

Ich möchte dich ermutigen, dich an die erste Anweisung zu halten, die Gott dem Menschen in der Bibel gegeben hat: *«Seid fruchtbar und mehret euch»* (1.Mose 1,28). In der Bibel motivierte Josua eine ganze Nation dazu, zu Gottes Wegen der Vorzeit zurückzukehren, indem er eine persönliche Erklärung abgab. Er sagte im Grunde: «Ich weiß nicht, was ihr machen wollt. Ihr müsst eure eigene Entscheidung treffen, ob ihr dem Herrn unserem Gott oder den Götzen der Nationen dienen wollt. *Aber ich und mein Haus, wir wollen dem Herrn dienen.»* (Siehe Josua 24,15.) Revolutionen fangen mit ansteckenden Menschen an, die ihre Umgebung mit ihrer Leidenschaft infizieren. Wenn du begonnen hast, eine Segnungskultur in deiner eigenen Familie zu schaffen, dann lade bewusst auch andere Familien zu dir nach Hause ein und stecke sie mit deinem Segensvirus an.

Wie werden wir als Nachfolger Jesu Christi nun zu «Change Agents» und gewinnen unser Recht zurück, auf den Berg der Familie in der Gesellschaft Einfluss zu nehmen? Wir initiieren eine Familienrevolution des Segnens – in einer Familie nach der anderen. Eltern, die ihre Kinder segnen, bringen gesegnete Familien hervor. Gesegnete Familien segnen bewusst andere Familien und bringen so gesegnete Gemeinschaften hervor. Gesegnete Gemeinschaften segnen andere Gemeinschaften und bringen so gesegnete Städte hervor, die letztendlich gesegnete Regionen und Nationen hervorbringen. Die Kirche kann ihre Autorität und Einfluss auf dem Berg der Familie in der Gesellschaft wiedererlangen – wenn jede Familie die Macht des elterlichen Gebets versteht, umsetzt und mit anderen teilt.

Quellennachweise

Einführung

1. Biblesoft's *New Exhaustive Strong's Numbers and Concordance with Expanded Greek-Hebrew Dictionary.* Copyright ©1994, Biblesoft and International Bible Translators, Inc., s.v. «*barak*», OT:1288.
2. W.E. Vine, *An Expository Dictionary of Biblical Words* (Nashville: Thomas Nelson Publishers, 1985), s.v. «*berakah*, to bless,» OT:1293.
3. Ibid., s.v. «*eulogeo*, to bless,» NT:2127.
4. Ibid.

Kapitel 2

EINE FAMILIENKULTUR DES SEGENS SCHAFFEN

1. John Trent und Gary Smalley, *The Blessing* (Nashville: Thomas Nelson, 1993), 30.
2. *Fiddler on the Roof,* Regie: Norman Jewinson (1971; Hollywood, CA:MGM).

Kapitel 3

GOTTES WEGE DER VORZEIT: DIE SIEBEN WICHTIGEN SEGNUNGSZEITEN

1. Steven Silbiger, *The Jewish Phenomenon* (Lanham, MD:M. Evans, 2009).
2. Ibid., 2.
3. Ibid., 4.
4. National Park Service, «John Quincy Adams Biography,» http://www.nps.gov/adam/jqabio.htm (gelesen am 7. Dezember 2012).
5. Nancy Spannaus, «Ben Franklin's Youth Movement: Making the American Revolution,» *Executive Intelligence Review, December 15, 2006,* http://www.larouchepub.com/other/2006/3350bens_youth_mvmt.html (gelesen am 7. Dezember 2012).
6. Noel und Phyl Gibson, *Evicting Demonic Squatters and Breaking Bondages* (Drummoyne, Australia: Freedom in Christ Ministries Trust, 1987).

Kapitel 4

WIE MAN SEIN KIND BEI DER EMPFÄNGNIS SEGNET

1. Centers for Disease Control and Prevention, «Unmarried Childbearing,» 14. September 2012, http://www.cdc.gov/nchs/fastats/unmarry.htm (gelesen am 7. Dezember 2012).
2. Für genauere Informationen über die biblische hebräische Kultur ist das folgende klassische Buch von Alfred Edersheim empfehlenswert: *Sketches of Jewish Social Life in the Days of Christ* (London: The Religious Tract Society, 1876).
3. National Marriage Project an der Universität von Virginia und das Center for Marriage and Families am Institut für amerikanische Werte, *The State of Our Unions 2009*, http://stateofourunions.org/2009/SOOU2009.pdf (gelesen am 7. Dezember 2012).

Kapitel 5

WIE MAN SEIN KIND IM MUTTERLEIB SEGNET

1. Craig Hill, *If God Is in Control, Then Why...?* (Littleton, CO: Family Foundations International, 2008).
2. Thomas Verny mit John Kelly, *The Secret Life of the Unborn Child* (New York: Simon and Schuster, Inc., 1981), 12-13. Mit freundlicher Genehmigung von Simon & Schuster, Inc., und Lowenstein Associates, Inc.
3. Ibid., 15.
4. Ibid., 22-23.
5. Ibid., 18-19.
6. Ibid., 25.
7. Ibid., 26-27.
8. Ibid., 30-31.
9. William Wilson, *Wilson's Old Testament Word Studies* (McLean; VA: Macdonald Publishing, n.d.), s.v. *«rasha»*.
10. Blue Letter Bible, «Lexicon Results: Strong's H2114-zuwr,» http://www.blueletterbible.org/lang/lexicon/lexicon.cfm?Strongs=H2114&t=KJV (gelesen am 10. Dezember 2012).
11. Blue Letter Bible, «Lexicon Results: Strong's H8582-ta'ah,» http://www.blueletterbible.org/lang/lexicon/lexicon.cfm?Strongs=H8582&t=KJV (gelesen am 10. Dezember 2012).

12. Weitere Informationen über Seminare «Der Segen der Generationen» auf www.familyfoundations.com.
13. Verny, *The Secret Life of the Unborn Child,* 65.

Kapitel 7

WIE MAN SEIN KIND IM BABYALTER UND IN DER FRÜHEN KINDHEIT SEGNET

1. Kim Knight, «The Consequences of Sensory Deprivation in Early Childhood», *The Art of Health,* 14. Juli 2010, http://kimknight101.wordpress.com/2010/07/14/the-consequences-of-sensory-deprivation-in-early-childhood/ (gelesen am 10. Dezember 2012).

Kapitel 8

WIE MAN SEIN KIND IN DER PUBERTÄT SEGNET

1. Craig Hill, *Bar Barakah: A Parent's Guide to a Christian Bar Mitzvah* (Littleton, CO: Family Foundations International, 2011).
2. Robert Lewis, *Raising a Modern-Day Knight* (Carol Stream, IL: Tyndale House Publishers, 2007), 103–104.

Kapitel 10

WIE MAN SEINE ELTERN IM FORTGESCHRITTENEN ALTER SEGNET

1. Dennis Rainey, The Tribute (Nashville: Thomas Nelson, 1994).
2. Terry und Melissa Bone, *The Family Blessing Guidebook* (Burlington: I.D. Ministries, 2012), 188-189. Abdruck genehmigungspflichtig.

Kapitel 11

DER FAMILIENSEGEN: DER SCHLÜSSEL, UM DEN BERG DER FAMILIE ZURÜCKZUGEWINNEN

1. Os Hillmann, *Change Agent* (Lake Mary, FL: Charisma House, 2011), 8.

2. James Davidson Hunter, «To Change the World,» *The Trinity Forum Briefing*, vol. 3, no. 2, 2002, http://www.ttf.org/pdf/Bv3n2-Hunter-Text.pdf (gelesen am 5. April 2011), wie in Hillman, *Change Agent*, 8 angegeben.
3. Hillman, *Change Agent*, 8-9, (Hervorhebung hinzugefügt).
4. Institut für amerikanische Werte und Universität von Virginia: The National Marriage Project, «The State of Our Unions: Marriage in America 2009,» Dezember 2009, wie in Hillmann, *Change Agent*. 117–118 angegeben.
5. Institut für amerikanische Werte, *Why Marriage Matters: Twenty-Six Conclusions From the Social Sciences*, zweite Auflage (New York: Institut für amerikanische Werte, n.d.), wie in Hillman, Change Agent, 118 angegeben.
6. Cheryl Wetzstein, «Majority of Teens Live in ‚Rejection' Families,» *Washington Times*, 15. Dezember 2010, wie in Hillmann, Change Agent, 118 angegeben.
7. Craig Hill, *Two Fleas and No Dog* (Littleton, CO: Family Foundations International, 2007).
8. Craig Hill, *Help! My Spouse Wants Out* (Littleton, CO: Family Foundations International, 1995), 45–54.

Über den Autor

Craig Hill und seine Frau Jan leiten Family Foundations International, einen gemeinnützigen christlichen Dienst, in dessen Rahmen sie lebensverändernde Wochenendseminare über Gottes Wege der Vorzeit (Ancient Paths) in achtundvierzig Ländern der Erde durchführen. Durch seine Erfahrung im Geschäftsleben, in der Mission, in der Seelsorge und im pastoralen Dienst hat Craig eine einzigartige Einsicht in Beziehungen im Bereich von Ehe, Familie, Generationen, Finanzen und zwischen Menschen im Allgemeinen. Indem er persönliche Geschichten mit biblischen Wahrheiten verknüpft, durchdringt Craig oft den Schleier des Verstandes, um den Tiefen des Herzens zu dienen. Dadurch haben schon viele eine authentische Veränderung in ihrem Leben erfahren. Craig ist der Autor vieler Bücher. Er und seine Frau leben in der Nähe von Denver, Colorado.